Stempel, Walzen & Schablonen

Traci Bunkers

Haupt
GESTALTEN

1. Auflage: 2011

ISBN 978-3-258-60027-7

Aus dem Englischen übersetzt von Sylvia Scheibe, D-Lübeck
Redaktion der deutschen Ausgabe: Christine Wiume, D-Waldbrunn-Lahr
Satz der deutschen Ausgabe: Die Werkstatt, D-Göttingen
Umschlaggestaltung: Die Werkstatt, D-Göttingen

Die amerikanische Originalausgabe erschien 2010 unter dem Titel *Print & Stamp Lab* bei Quarry Books, einem Imprint der Quarto Publishing Group.

Konzept, Gestaltung und Produktion: Quarry Books, an imprint of the Quarto Group
100 Cummings Center / Suite 265-D, Beverley MA 01915, USA
QuartoKnows.com

Gedruckt in China

MIX
Papier | Fördert gute Waldnutzung
FSC® C016973

Um lange Transportwege zu vermeiden, hätten wir dieses Buch gerne in Europa gedruckt. Bei Lizenzausgaben wie diesem Buch entscheidet jedoch der Originalverlag über den Druckort. Der Haupt Verlag kompensiert mit einem freiwilligen Beitrag zum Klimaschutz die durch den Transport verursachten CO_2-Emissionen. Dabei unterstützt der Verlag ein Projekt zur nachhaltigen Forstbewirtschaftung in der Zentralschweiz. Wir verwenden FSC®-zertifiziertes Papier. FSC® sichert die Nutzung der Wälder gemäß sozialen, ökonomischen und ökologischen Kriterien.

Diese Publikation ist in der Deutschen Nationalbibliografie verzeichnet.
Mehr Informationen dazu finden Sie unter http://dnb.dnb.de.

Der Haupt Verlag wird vom Bundesamt für Kultur für die Jahre 2021–2024 unterstützt.

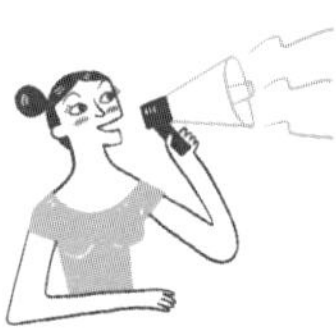

Stempel, Walzen & Schablonen

52 Ideen für selbstgemachte Druckwerkzeuge

Traci Bunkers

Haupt Verlag

Inhalt

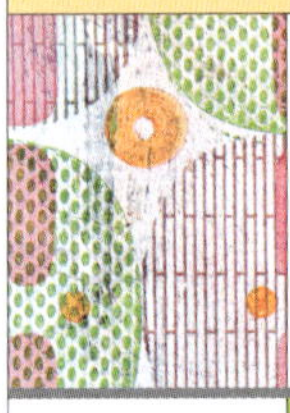

KAPITEL 1

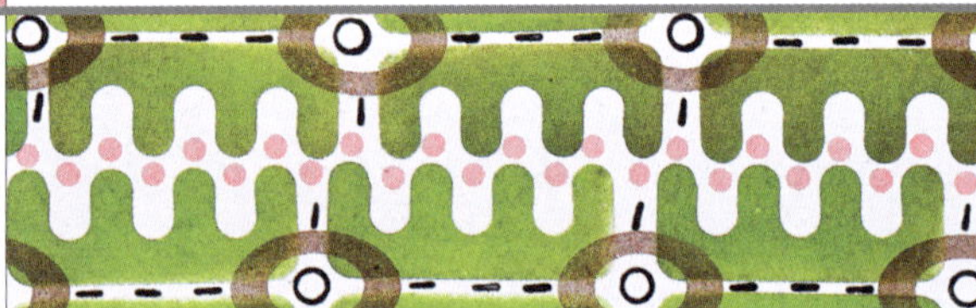

KAPITEL 2

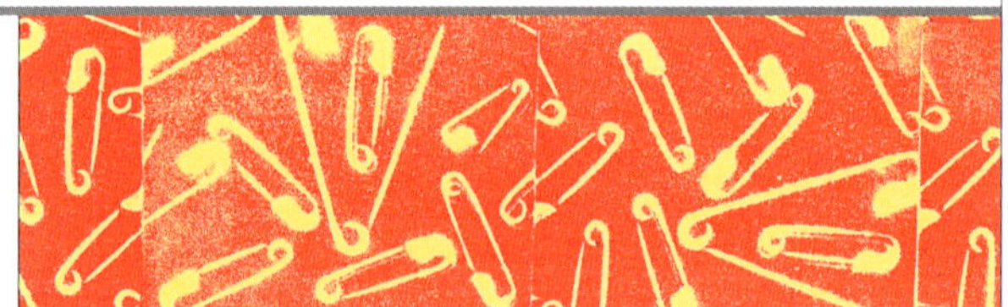

KAPITEL 3

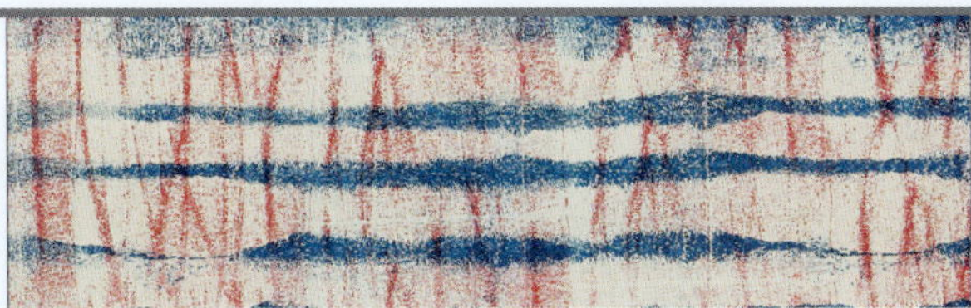

Walzen 80

KAPITEL 4

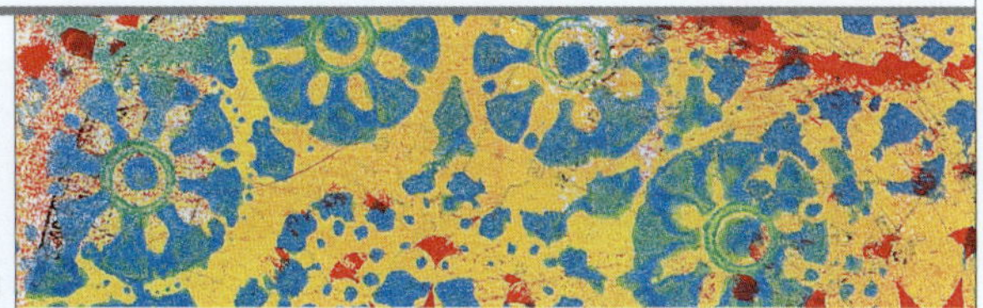

Schablonen 108

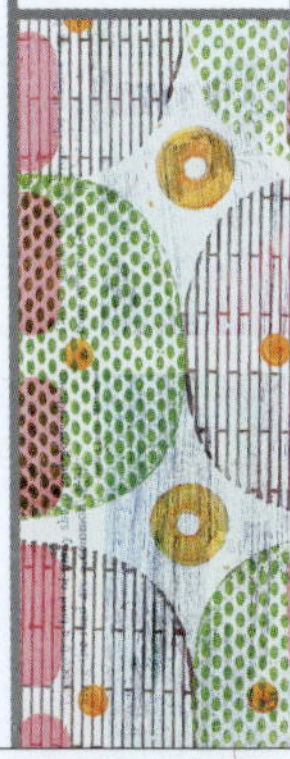

Einleitung

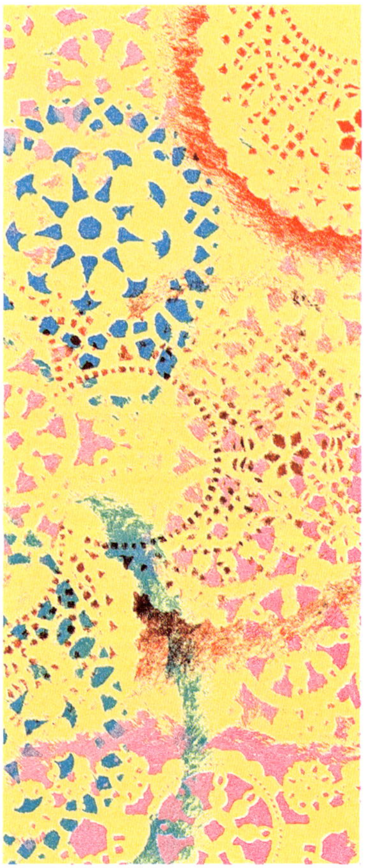

MIT DIESEM BUCH möchte ich meine Begeisterung für das, was ich alternatives Drucken nenne, mit Ihnen teilen. Vom völligen Laien bis hin zum erfahrenen Künstler kann jeder ganz einfach einzigartige und interessante Drucke mithilfe von normalen (oder auch ausgefallenen) Gegenständen herstellen. Sie benötigen dazu keine aufwändige oder teure Ausrüstung. Egal ob Sie eine einfache Grußkarte oder ein raffiniertes Kunstwerk herstellen möchten, dieses Buch wird Ihnen die Augen für eine neue Welt öffnen, in der jeder willkommen ist. Und Druckwerkzeuge sind quasi überall zu finden!

Eine meiner Superkräfte ist, dass ich so ziemlich alles in einen interessanten Stempel, einen Druckstock oder ein Druckwerkzeug verwandeln kann. (Im Bereich Kunst und Kunsthandwerkzeug bin ich die weibliche Version von MacGuyver.) Ich besitze diese Fähigkeit schon seit meiner Kindheit. Ich bin das Produkt einer sehr praktisch veranlagten Arbeiterfamilie, in der das Herstellen eigener Sachen ganz normal war. Da wir nicht viel hatten, mussten wir mit dem auskommen, was da war, oder etwas anderes als Ersatz nehmen. So habe ich die Fähigkeit entwickelt, Dinge mit anderen Augen zu sehen und sie für neue Zwecke wiederzuverwenden.

Diese Fähigkeit hilft mir, das Leben leicht zu nehmen und das zu tun, was mir Spaß macht – nämlich das Herstellen von Kunstwerken. Dabei entsteht nicht viel Abfall, denn ich verwende die Reste für weitere Projekte wieder, entweder als Collagematerial oder als einzelnes Objekt. Es hilft mir auch, unvoreingenommen und frei zu arbeiten, ohne mir über das Ergebnis Gedanken machen zu müssen oder daran gebunden zu sein. Problemlösung ist für mich ein normaler Teil des Kunstherstellungsprozesses, egal welches Medium ich verwende. Wenn etwas passiert, das ich nicht mag, führt eine kreative Reparatur normalerweise zu etwas, das noch besser ist, als wenn ich diesen interessanten Umweg nicht gegangen wäre. Dank dieser Offenheit und Furchtlosigkeit kommen mir immer neue schöpferische Ideen für meine Kunstwerke und neue Stempelwerkzeuge.

Begleiten Sie mich also in meine Welt, und ich zeige Ihnen, wie Sie bisher übersehene Alltagsgegenstände auf eine neue Weise sehen und wie Sie sie in einfach zu verwendende Druckstöcke und Werkzeuge umwandeln können. Warum sollten Sie sich auf handelsübliche Stempelgummis beschränken, wenn Sie Ihre eigenen Stempel- und Druckwerkzeuge herstellen können? Nutzen Sie sie, um Ihre Kunstwerke, Kleidung, Möbel und Papierartikel zu verschönern, oder um ein neues Kunstwerk zu erstellen. Die verschiedenen von mir behandelten Methoden reichen von sehr einfachen Stempelarbeiten bis hin zum Herstellen von Druckstöcken und Stempeln aus kostengünstigem Material.

Viele der hier vorgestellten Werkzeuge und Projekte wurden aus Fundstücken aus Secondhand- oder Schnäppchenläden oder aus Dingen erstellt, die zu Hause herumlagen. Sie müssen nicht unbedingt viel Geld ausgeben. Deshalb sollten Sie ein wenig experimentieren. Indem Sie Gegenstände wiederverwenden, hauchen Sie diesen neues Leben ein und schonen nebenbei auch noch die Umwelt und Ihren Geldbeutel! Darüber hinaus macht die „Jagd“ nach Dingen, die Sie als Druckwerkzeuge verwenden oder bedrucken können, ebensoviel Spaß wie das Drucken selbst.

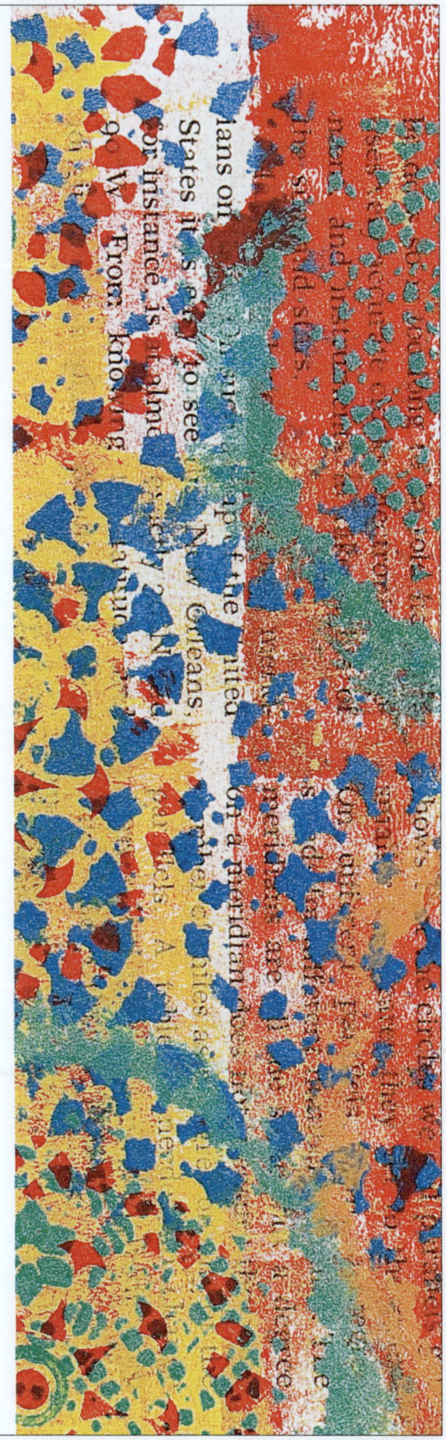

Überblick

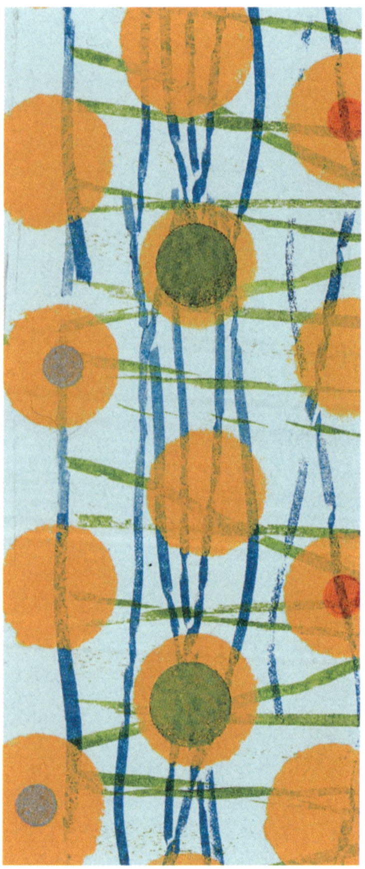

So verwenden Sie dieses Buch

Der Druck- und Stempelkurs besteht aus 52 Projekten, die in vier verschiedene Kapitel eingeteilt sind. In jedem Kapitel wird eine andere Art von Druck- und Stempelwerkzeug behandelt. Die Projekte innerhalb dieser Kapitel sind nach Schwierigkeitsgrad – vom am einfachsten herzustellenden bis zum schwierigsten – geordnet. Es ist jedoch nicht notwendig, erst ein einfacheres Projekt durchzuführen, um eine bestimmte Fertigkeit für ein schwierigeres Projekt zu erlernen. Auch hat die Komplexität des Werkzeugs keine Auswirkung darauf, wie interessant der Druck wird. Sie können verschiedene Werkzeuge allein oder zusammen verwenden, um so eine endlose Reihe von Mustern und Drucken zu schaffen.

Arbeiten Sie das Buch in jeder beliebigen Reihenfolge durch. Machen Sie sich bei experimentellen Drucken Notizen auf der Rückseite des Drucks oder in einem separaten Buch. Notieren Sie sich, welche Werkzeuge, welches Papier und welche Farbe oder Tinte Sie verwendet haben, und sonstige hilfreiche Informationen, zum Beispiel: „Ich habe einen schärferen Schablonenabdruck bekommen, als ich einen trockenen Pinsel mit wenig Farbe verwendet habe."

Nehmen Sie sich beim Anfertigen von Werkzeugen und Drucken aus dem Buch auch genügend Zeit zum Experimentieren. Versuchen Sie, das Ergebnis nicht zu steuern und einfach nur Spaß zu haben. Wenn Sie die Arbeit genießen und sich nicht um das Endprodukt sorgen, macht das Drucken viel mehr Spaß, und Sie erreichen bessere Ergebnisse.

Alle Projekte haben dasselbe Format. Es werden Materialien, Anleitungen und Tipps aufgelistet. Unter **Material** finden Sie die Materialliste zum Herstellen des Druckwerkzeugs oder Stempels für das Projekt. **Anleitungen** sind die grundlegenden Schritte zum Herstellen des Druckwerkzeugs und zum Drucken. **Tipps** enthalten Materialvariationen und andere Dinge, die Sie auf Grundlage des jeweiligen Projekts ausprobieren können. In jedem Projekt werden das Material, der fertige Stempel oder das fertige Druckwerkzeug und drei verschiedene Drucke gezeigt: ein einfacher Druck, ein etwas aufwändigerer Druck mit demselben Druckwerkzeug und ein komplexer Druck mit dem Druckwerkzeug und einem oder mehreren Druckwerkzeugen aus anderen Projekten. Dies soll Ihre Fantasie anregen, um andere Möglichkeiten zu finden, diese Werkzeuge zu kombinieren.

Ganz am Ende der Projekte befindet sich eine Galerie. Sie enthält verschiedene Projekte, Anwendungen, Kombinationen und Variationen von allem, was Sie in diesem Kurs gelernt und entdeckt haben. Die Fotos sind durch grundlegende Informationen ergänzt. Weitere Informationen zu den für diese Projekte verwendeten Materialien finden Sie auf meiner Website unter www.tracibunkers.com. Die Galerie soll ein Sprungbrett für Ihre Inspiration sein, um Ihnen zu zeigen, wie alles, was Sie gelernt haben, kombiniert und künstlerisch auf beinahe jeder nur denkbaren Oberfläche angewendet werden kann. Die Möglichkeiten sind grenzenlos!

Nun wünsche ich Ihnen viel Spaß beim Herstellen von Druckwerkzeugen aus tollen und lustigen Materialien!

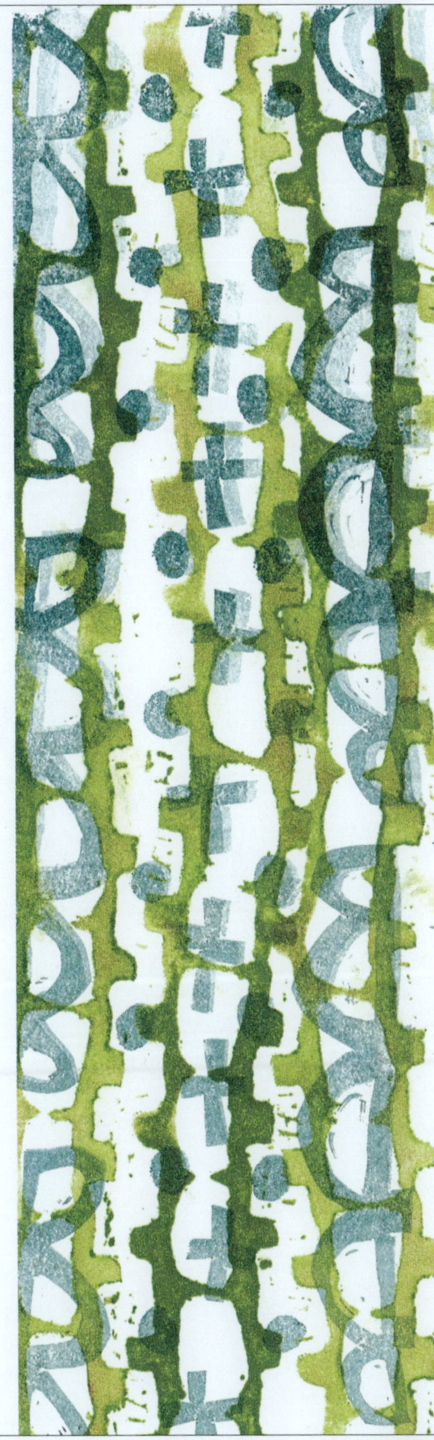

Grundlagen

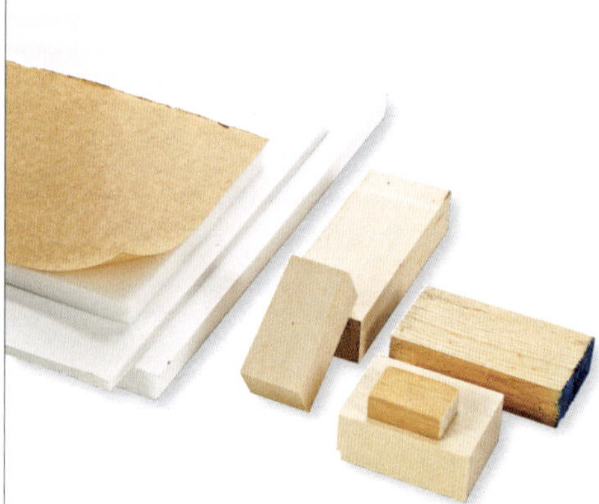

Trägermaterial zum Erstellen von Stempelblöcken und Druckwerkzeugen

Ein Träger (oder Block) dient zwei Zwecken: als Basis, auf der lose Materialien befestigt werden, und zur einfacheren Handhabung eines dünnen Gegenstands beim Drucken. Beinahe jedes robuste Material kann als Träger verwendet werden. Holz ist beständig, jedoch nicht gerade einfach zu verwenden, es sei denn, Sie haben Elektrowerkzeuge oder einen Fuchsschwanz zum Zurechtsägen oder Sie kennen jemanden, der das Holz für Sie zurechtsägen kann. Manchmal finden sich in Bastelgeschäften Holzblöcke in verschiedenen Größen, die gut als Träger geeignet sind, und die meisten Baumärkte verkaufen Holzleisten und -kanten in verschiedenen Breiten.

Eine schnelle und einfache Alternative zu Holz ist jedoch Schaumkern. Schaumkern, auch bekannt als Sandwichplatten, ist Polystyrolschaum zwischen Lagen aus pigmentgestrichenem Papier. Es ist robust und in zwei Stärken erhältlich: 4,8 mm und 1,3 cm. Ich bevorzuge die Stärke 1,3 cm, da sie beim Drucken oder Stempeln einfacher zu greifen ist. Die Stärke 4,8 mm funktioniert jedoch auch und ist weniger teuer und häufiger zu finden. Diese Stärke verwende ich, um einen dünnen Stempel einfacher handhaben zu können.

Ein weiteres gutes Trägermaterial ist Stempelgummi-Montageschaum. Dieser 1,3 cm dicke Schaumstoff ist an einer Seite mit einer Haftschicht versehen und lässt sich einfach mit einem Hobbymesser schneiden.

Dieses Material wird normalerweise zum Befestigen von Stempelgummi verwendet, ist haltbarer als Schaumkern, aber auch teurer.

Schneiden von Schaumkern oder Stempelgummi-Montageschaum

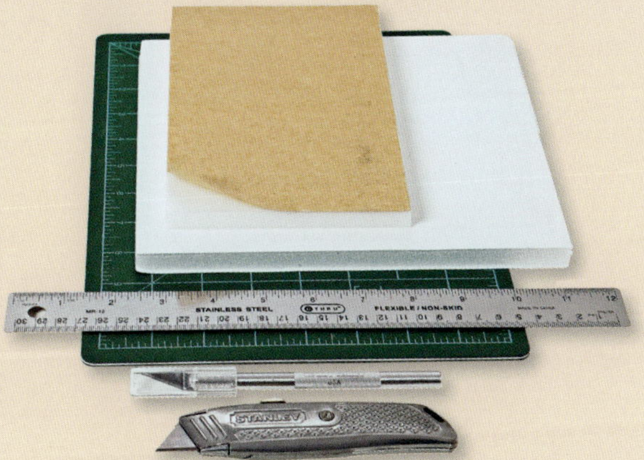

MATERIAL

- Schneideunterlage
- Hobbymesser oder Gipskartonmesser
- Scharfe Klinge
- Stahllineal mit Korkrückseite
- Schaumkern oder Stempelgummi-Montageschaum

Schneiden Sie immer auf einer Schneideunterlage, damit Sie nicht versehentlich in den Tisch schneiden. Verwenden Sie außerdem immer eine scharfe Klinge, um einen sauberen Schnitt zu erreichen.

1. Messen Sie mit dem Lineal die Größe des gewünschten Trägers ab, und markieren Sie sie auf dem Schaumkern oder auf der Schutzfolie des Stempelgummi-Montageschaums. Schneiden Sie den Block so klein wie möglich für das daran zu befestigende Material zu – idealerweise auf dieselbe Größe.
2. Legen Sie das Lineal mit der Korkseite nach unten an die Markierung, und schneiden Sie mit einem scharfen Hobbymesser am Lineal entlang. Versuchen Sie nicht, das Material in einem Durchgang in seiner gesamten Stärke durchzuschneiden. Ziehen Sie das Messer mehrmals durch, und halten Sie es dabei senkrecht zum Material. Wenn Sie es nicht senkrecht halten, erhalten Sie einen Schrägschnitt.

TIPP: Falls Sie nur den dünneren Schaumkern finden, können Sie mehrere Stücke mit Weißleim oder doppelseitigem Klebeband aneinanderkleben, um die gewünschte Stärke zu erhalten. Wenn Sie Leim verwenden, beschweren Sie die geleimten Teile, damit sie beim Trocknen gleichmäßig aneinandergefügt werden und gut halten.

Reinigen von Druckwerkzeugen

Ich reinige die meisten meiner handgefertigten Druckwerkzeuge mit Baby-Feuchttüchern, damit sie nicht richtig nass werden. Wenn Sie möchten, dass Sie Ihre Werkzeuge mit Wasser abwaschen können, sollten Sie Holz oder Stempelgummi-Montageschaum als Stempelblock verwenden. Ich habe zwar auch schon Schaumkern-Druckstöcke unter dem Wasserhahn abgewaschen, habe diese aber zur Sicherheit sofort mit einem Fön getrocknet. Egal, welches Material Sie als Stempelblock verwenden, er sollte die Größe 10 x 10 cm nicht überschreiten. Größere Stempelblöcke sind schwer zu handhaben.

Klebstoffe

Einige der Materialien, die ich zum Herstellen meiner Stempel und Druckstöcke verwende, sind auf einer Seite mit einer Haftschicht versehen. Dadurch sind sie sehr einfach zu verwenden. Bei anderen Materialien verwende ich entweder permanent haftendes doppelseitiges Klebeband oder doppelseitiges Schaumstoff-Klebeband. Beide halten auch nach längerer Zeit und häufiger Benutzung unglaublich gut auf Holz, Schaumkern oder Kunststoff. Es gibt jedoch einige Materialien, die beim Drucken nicht am Klebeband haften. Normalerweise ist dies bei flaumigen, aus Fasern hergestellten oder nicht massiven Gegenständen der Fall. Befestigen Sie diese Gegenstände mit Weißleim oder Gelmedium.

PERMANENT HAFTENDES DOPPELSEITIGES KLEBEBAND

Doppelseitiges Klebeband kann an jede Art von Trägermaterial angebracht werden, an flaches wie Schaumkern oder Holzblöcke ebenso wie an rundes, zum Beispiel an einen Holzdübel oder eine Farbwalze. Achten Sie darauf, permanent haftendes doppelseitiges Klebeband zu verwenden. Wenn Sie wieder verwendbares Klebeband verwenden, haften die Materialien nicht gut. Reißen Sie Klebebandstreifen ab, und bedecken Sie eine Seite des Stempelblocks vollständig damit. Keine Sorge, wenn Enden überstehen. Sie können diese anschließend abschneiden. Bringen Sie die Klebestreifen so an, dass sich die Kanten berühren oder leicht überlappen, sodass die gesamte Fläche bedeckt ist. Sie können auch Klebefolie kaufen, die ähnlich wie doppelseitiges Klebeband ist. Ich bevorzuge jedoch das Klebeband, da es einfacher zu handhaben und billiger ist.

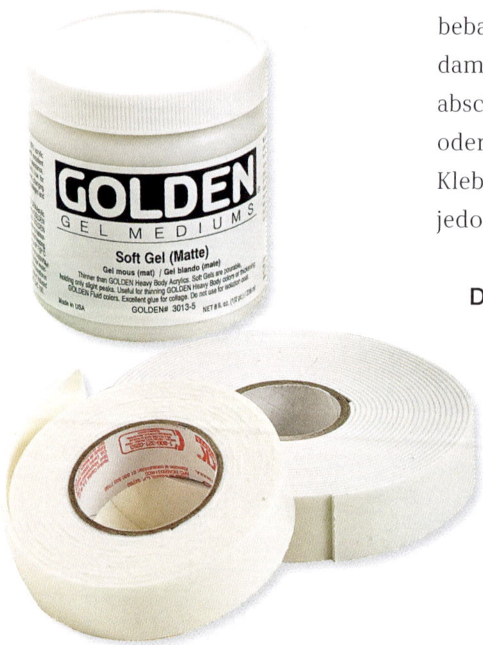

DOPPELSEITIGES SCHAUMSTOFF-KLEBEBAND

Schaumstoff-Klebeband dient demselben Zweck wie das Kissen unter Stempelgummis, die auf Blöcken angebracht sind. Es dämpft den Stempel und erzeugt so einen besseren Kontakt mit dem Papier, wodurch ein besserer Abdruck entsteht. Es ist auch von Vorteil, wenn man Materialien von verschiedener Höhe verwendet, wie zum Beispiel bei dem Knopfstempel in Projekt 10. Der Schaumstoff bildet nicht nur einen Puffer, sondern ebnet alles auf eine Höhe. Sie finden Schaumstoff-Klebeband in Bastelgeschäften, Baumärkten, Schreibwarengeschäften und auch in Schnäppchenläden. Es gibt jedoch sehr unterschiedliche Arten von Schaumstoff-Klebeband. Einige sind sehr, sehr klebrig und bleiben an Ihren Fingern kleben. Wenn Sie es jedoch schaffen, das Klebeband am Träger zu befestigen und Ihre Materialien anzukleben, funktioniert es sehr gut. Experimentieren Sie mit verschiedenen Marken, um herauszufinden, womit Sie am besten arbeiten können. Alternativ können Sie zum Beispiel auch doppelseitig klebende Stempelgummi-Puffer oder Bastelschaumstoffplatten mit haftender Rückseite verwenden. Da Bastelschaumstoffplatten mit haftender Rückseite nur auf einer Seite eine Haftschicht haben, müssen Sie die andere Seite selbst mit Klebstoff versehen. Hierzu können Sie doppelseitiges Klebeband oder ein Xyron-Gerät verwenden, das Klebstoff auf die Rückseite des Mediums aufträgt, dass Sie durchlaufen lassen.

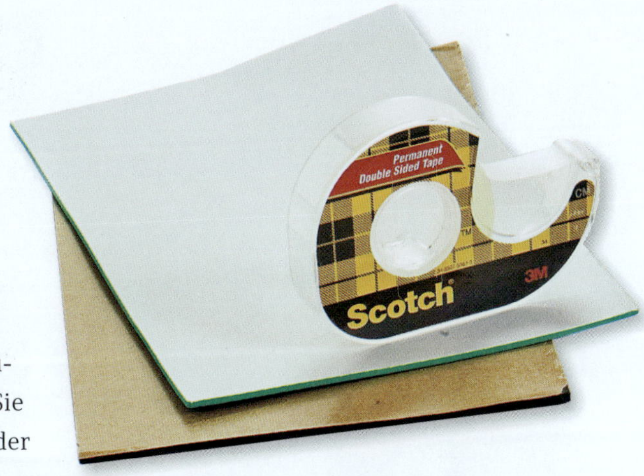

Unabhängig davon, welche Art von Klebeband oder Puffer Sie verwenden, werden nach dem Montieren der Elemente auf dem Träger Klebeflächen freiliegen. Ihre Klebewirkung geht nach mehreren Anwendungen verloren. Wenn Sie jedoch gleich zu Anfang eine ungewünschte Klebewirkung vermeiden wollen, streuen Sie Talkumpuder oder Speisestärke auf die freiliegenden Flächen und schütteln Sie das überschüssige Puder ab.

LEIM

In den seltenen Fällen, in denen doppelseitiges Klebeband oder Schaumstoff-Klebeband nicht geeignet sind, können Sie Weißleim oder Gelmedium verwenden. Streichen Sie eine Seite des Trägers mit Klebstoff ein und platzieren Sie die Elemente darauf. Decken Sie das Ganze mit einem Stück Wachspapier ab, und setzen Sie ein Gewicht, auf den Träger, um beim Trocknen einen guten Kontakt zu gewährleisten. Das Wachspapier schützt das Buch vor überschüssigem Leim.

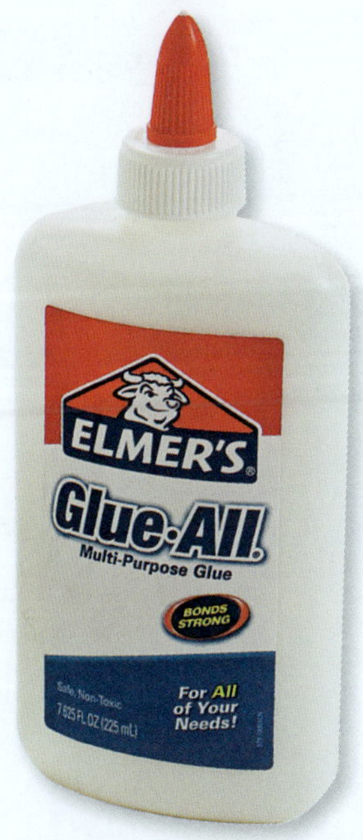

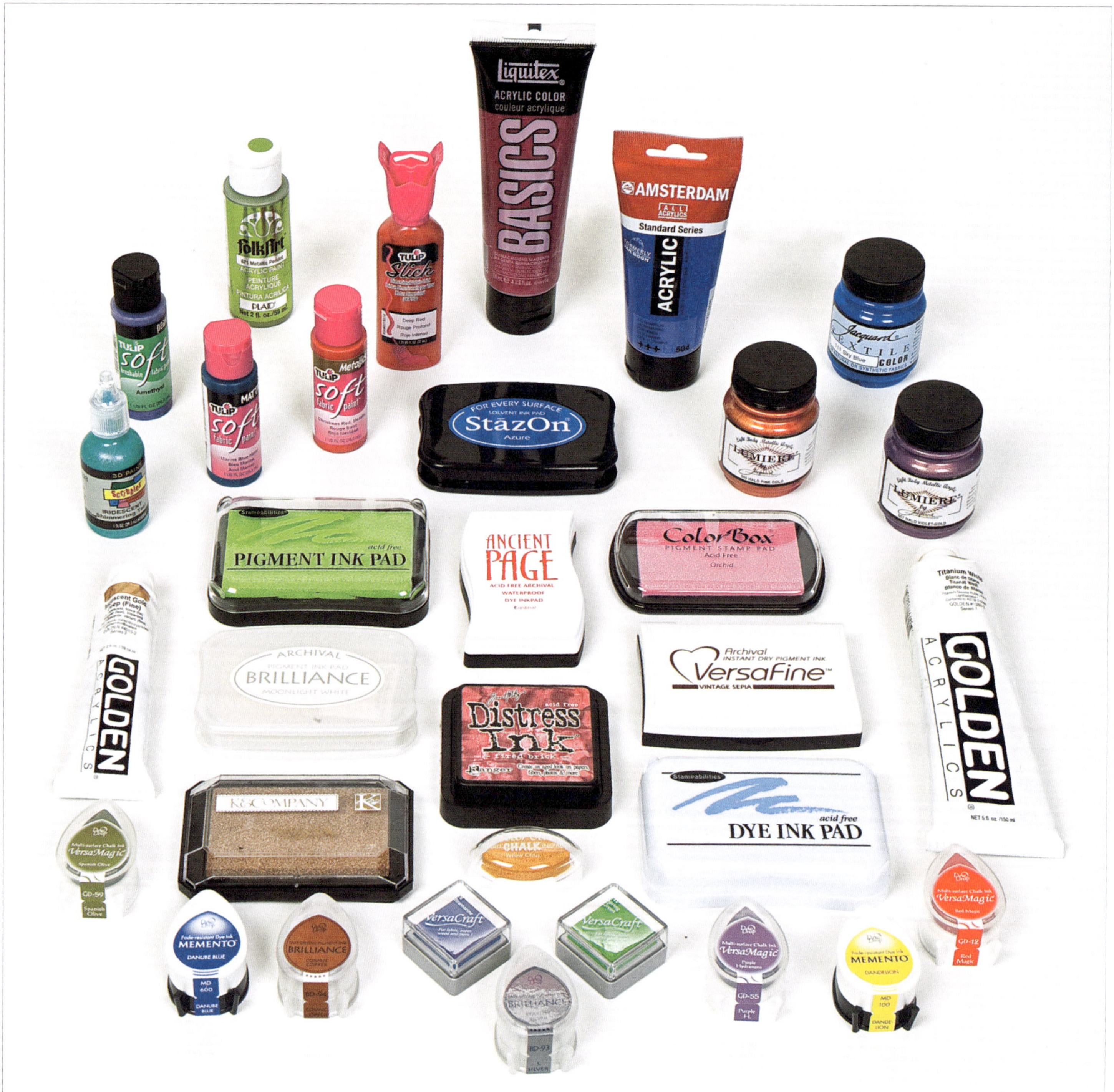
Liquitex
ACRYLIC COLOR
couleur acrylique
BASICS
AMSTERDAM
Standard Series
ACRYLIC
FolkArt
PLAID
TULIP
Slick
TULIP soft
StazOn
Azure
PIGMENT INK PAD
acid free
ANCIENT PAGE
ColorBox
Orchid
LUMIERE
TEXTILE COLOR
GOLDEN
ACRYLICS
ARCHIVAL
BRILLIANCE
MOONLIGHT WHITE
Archival
VersaFine
VINTAGE SEPIA
Distress Ink
K&COMPANY
DYE INK PAD
VersaMagic
MEMENTO
BRILLIANCE
VersaCraft
CHALK

Farben und Gummistempelkissen

Sie fragen sich vielleicht, ob Sie zum Drucken Acrylfarbe oder Gummistempelkissen verwenden sollten. Die Antwort ist: Beides! Dies hängt von vielen verschiedenen Variablen ab, zum Beispiel von den Druckwerkzeugen, die Sie verwenden, und dem Untergrund, auf den Sie drucken. Einige Werkzeuge drucken besser mit Farbe, andere drucken besser mit einem Stempelkissen. Ich habe auch festgestellt, dass dasselbe Druckwerkzeug bei verschiedenen Personen unterschiedlich druckt. Experimentieren Sie, um herauszufinden, was Ihnen gefällt und was bei Ihnen am besten funktioniert. Eine Faustregel: Wenn der Stempel oder das Druckwerkzeug sehr detailreich ist, zum Beispiel ein komplexes Design auf formbarem Schaumstoff, ist ein Stempelkissen besser geeignet. Farbe sorgt für einen „saftigen" Druck, und einige Details können verloren gehen, wenn die Farbe zu dick aufgetragen wird oder zu wässrig ist. Außerdem kann Farbe formbaren Schaumstoff härten, auch wenn Sie ihn gut auswaschen. Danach kann der Schaumstoff nicht mehr verformt werden. (Das muss jedoch kein Problem sein, denn normalerweise, wenn ich einen Stempel aus formbarem Schaumstoff herstelle, finde ich, es ist der beste Stempel, den ich je gemacht habe, und will ihn gar nicht mehr ändern.)

Wenn Sie Stempelblöcke oder Druckwalzen mit Draht oder Büroklammern oder Ähnlichem versehen haben, ist es einfacher, mit Farbe zu drucken. Sie können zwar auch ein Stempelkissen verwenden, aber Sie werden einen blasseren Druck erhalten.

Es gibt Tinten, die speziell für den Blockdruck hergestellt werden, (und Sie können diese gerne verwenden, wenn Sie möchten). Hierauf gehe ich in diesem Buch jedoch nicht ein, denn Acrylfarben und Stempelkissen sind einfach zu finden, zu verwenden und zu reinigen!

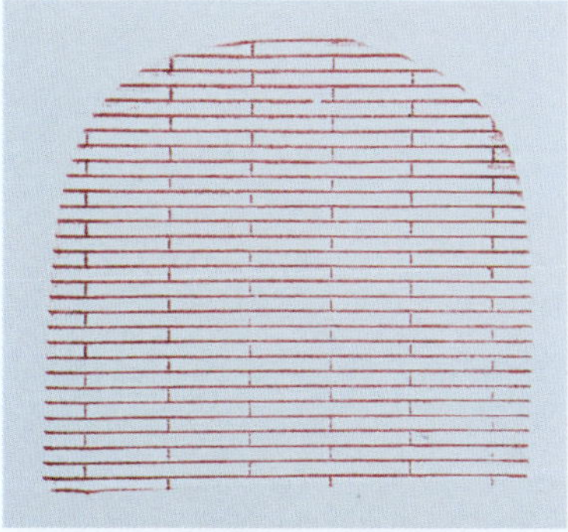

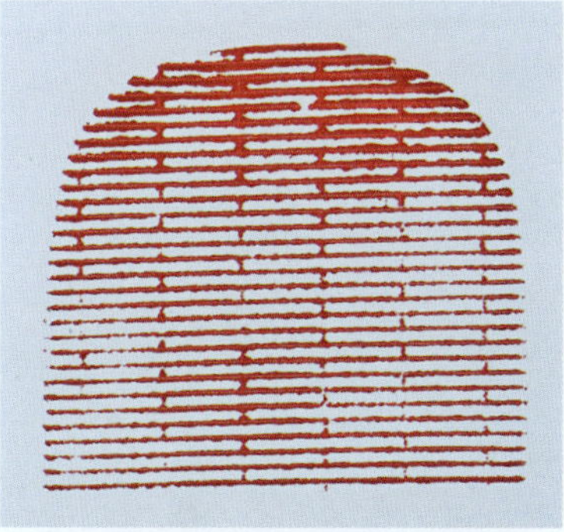

Drucke eines Flip-Flops, die den Unterschied zwischen dem Drucken mit einem Stempelkissen und mit Farbe zeigen. Für den oberen Druck wurde ein Stempelkissen verwendet und für den unteren Acrylfarbe.

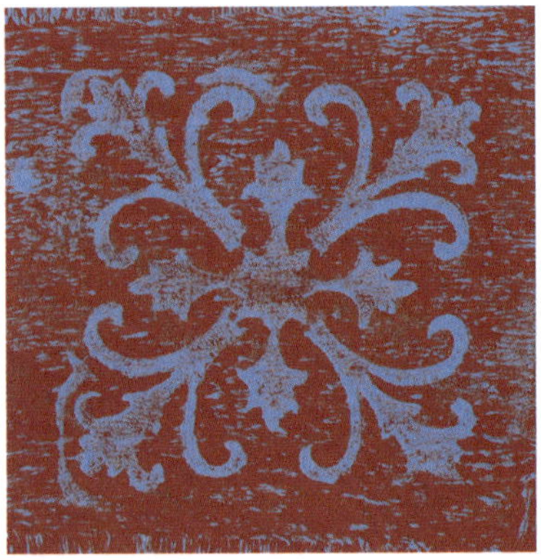

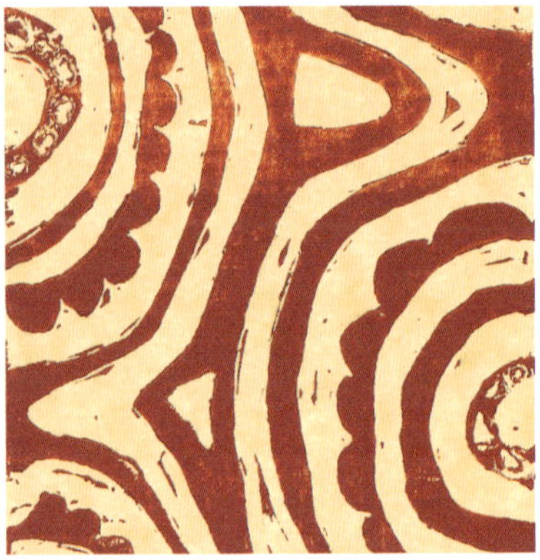

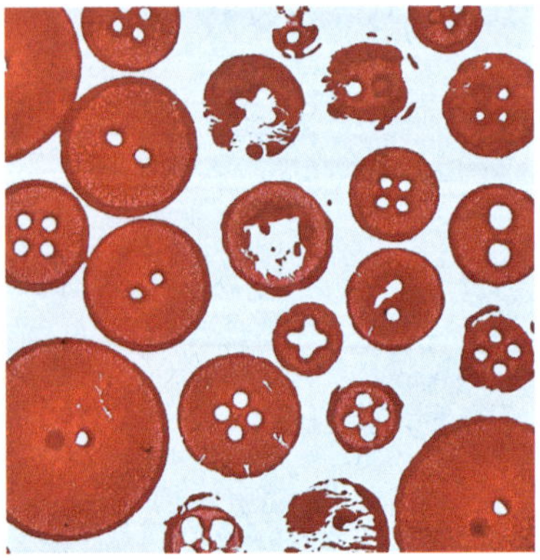

Die oben abgebildeten Bilder wurden alle mit Farbe gedruckt.

EINIGE ÜBERLEGUNGEN ZU ACRYLFARBE

Zum Drucken sind am besten dicke, schwere Acrylfarben geeignet, da sie das Motiv besser wiedergeben. Dünne Farbe kann zerlaufen und ein unscharfes Druckbild ergeben. Außerdem haben Sie mehr Möglichkeiten, was das Papier betrifft, wenn Sie dicke Farben verwenden. Einige Papiersorten neigen eher zum Zerlaufen als andere, wenn sie bedruckt werden. Dicke Farbe vermindert diese Eigenschaft. Zerlaufen muss jedoch nicht unbedingt ein Problem sein. Manchmal erhalten Sie sehr interessante Effekte mit leicht zerlaufender Farbe.

Ich habe sehr viele verschiedene Acrylfarben verwendet. Sie funktionieren alle gut, jedoch mit unterschiedlichen Ergebnissen. Experimentieren Sie auch hier, und schauen Sie, was für Ihre Zwecke am besten geeignet ist. Je nach bedrucktem Papier oder bedruckter Oberfläche und verwendetem Druckwerkzeug erhalten Sie unterschiedliche Effekte.

Wenn Sie auf Stoff oder einem anderen Material drucken, das gewaschen werden muss, verwenden Sie Stoff- oder Textilfarbe. Sie können auch Acrylfarben verwenden. Diese neigen jedoch dazu, den Stoff steif zu machen. Wenn das kein Problem ist, sind Acrylfarben gut geeignet. Befolgen Sie bei Stoff- oder Textilfarben die Herstelleranleitung. Möglicherweise müssen Sie die Farbe vor dem Waschen fixieren, damit sie dauerhaft hält.

Zum Drucken mit Acrylfarbe geben Sie einen kleinen Klecks Farbe von etwa 2,5 cm Durchmesser auf ein Stück Plexiglas. Verteilen Sie die Farbe durch Rollen mit einer Farbwalze gleichmäßig auf dem Plexiglas und stempeln Sie anschließend auf Papier. Drücken Sie hierzu das Druckwerkzeug in die Farbschicht auf dem Plexiglas. Wenn Sie eine Druckwalze verwenden, rollen Sie sie durch die Farbe, bis der gesamte Umfang bedeckt ist und rollen Sie sie dann über das Papier.

Die Farbe kann auch durch Rollen mit einer Farbwalze auf das Druckwerkzeug aufgetragen werden. Nachdem die Farbe auf dem Plexiglas getrocknet ist, können Sie sie einfach abschaben, sodass Sie das Plexiglas immer wieder verwenden können. Alternativen zu Plexiglas sind günstige Bilderrahmen mit Glaseinsatz oder Kunststoff-Platzdeckchen. Sie können auch eine Schaumstoffplatte verwenden. Waschen Sie diese jedoch ab und verwenden Sie sie mehrfach wieder, bevor Sie sie wegwerfen.

EINIGE ÜBERLEGUNGEN ZU GUMMI-STEMPELKISSEN

Ich verwende gerne wasserfeste Tinte, da sie sofort trocknet. Dies ist besonders praktisch bei der Arbeit mit mehreren Schichten, denn Sie können eine Farbschicht oder etwas bereits Gestempeltes oder Gedrucktes übermalen. Außerdem reinige ich meine Stempel nicht gerne. Wenn ich wasserfeste Tinte verwende, muss ich meine Stempelwerkzeuge nicht reinigen. Die Tinte trocknet sofort auf dem Stempel und wird (meistens) nicht auf das nächste Stempelkissen übertragen. Falls dies doch einmal geschieht, entsteht ein interessanter Farbeffekt durch den Übergang von der alten in die neue Farbe. Ich finde das schön. Sie können mit wasserfesten Stempelkissen auf beinahe alle Oberflächen stempeln, einschließlich glänzendes Papier, Metall und Glas. Und Sie müssen die Tinte nicht fixieren, damit sie dauerhaft hält. Andere Stempelkissen funktionieren jedoch auch. Wenn Sie nicht vorhaben, über eine Stelle zu malen, auf der Sie bereits mit einem nicht wasserfesten Stempelkissen gestempelt haben, können Sie diese problemlos verwenden. Unterschiedliche Stempelkissen und unterschiedliche Papierarten ergeben verschiedene Effekte und Oberflächenbeschaffenheiten. Mir gefällt besonders der matte Effekt von Kreidestempeln. Probieren Sie verschiedene Stempelkissen aus, und schauen Sie, was Ihnen gefällt. Genau wie bei Acrylfarbe ist je nach Druckwerkzeug einmal das eine und einmal ein anderes Stempelkissen besser geeignet.

Zum Drucken mit einem Stempelkissen drücken Sie einfach den Druckstock (oder rollen Sie die Druckwalze) auf das Stempelkissen und bewegen Sie ihn, bis die Oberfläche vollständig mit Tinte bedeckt ist, und stempeln oder rollen Sie dann auf Papier. Bei größeren Druckstöcken ist es möglicherweise einfacher, diese mit der druckenden Seite nach oben hinzulegen und das Stempelkissen auf den Druckstock zu drücken und zu bewegen, bis dessen Oberfläche vollständig mit Tinte bedeckt ist.

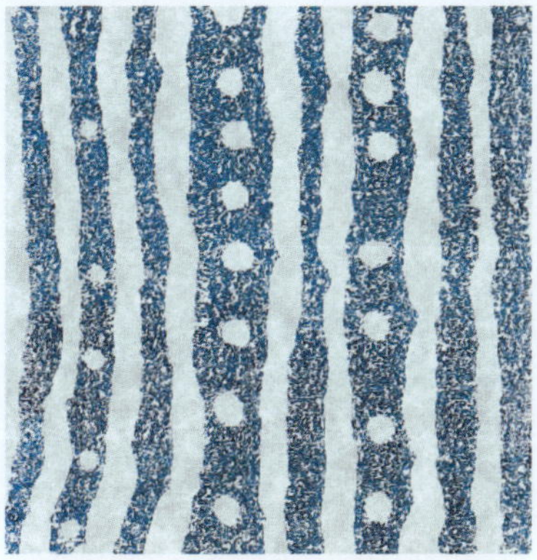

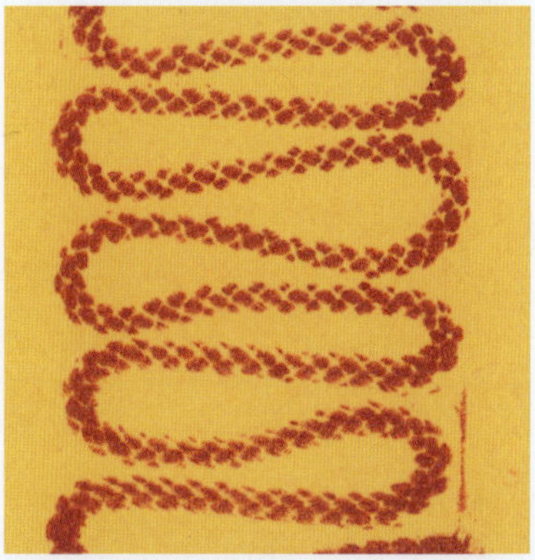

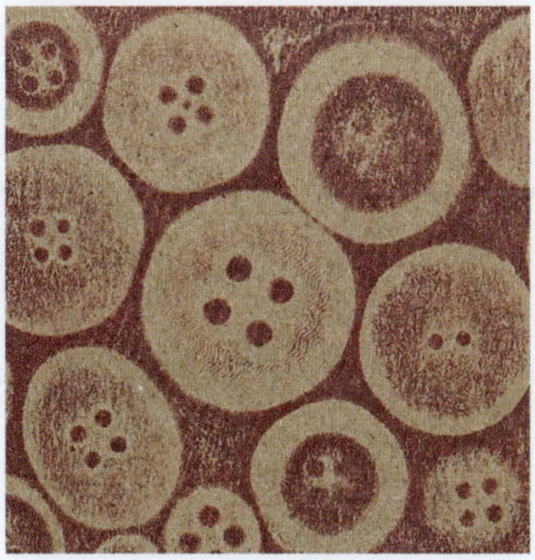

Die oben abgebildeten Bilder wurden alle mit Stempelkissen gestempelt.

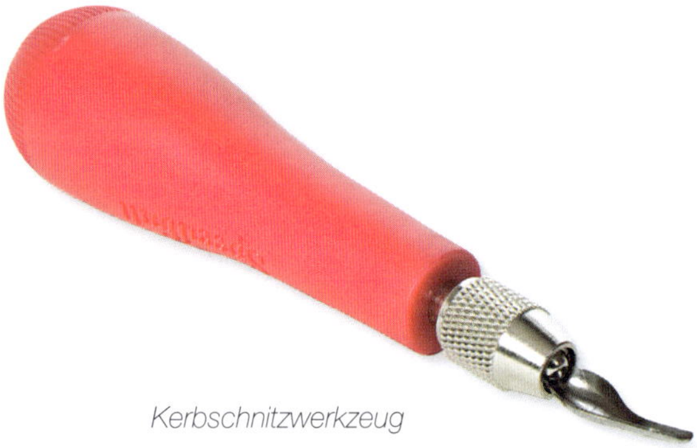

Kerbschnitzwerkzeug

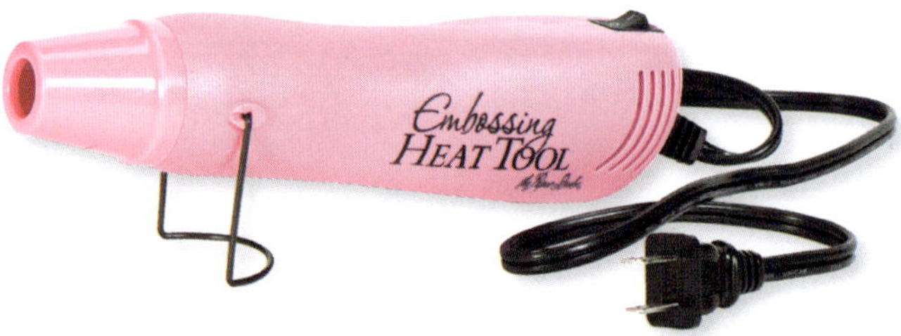

Embossingfön

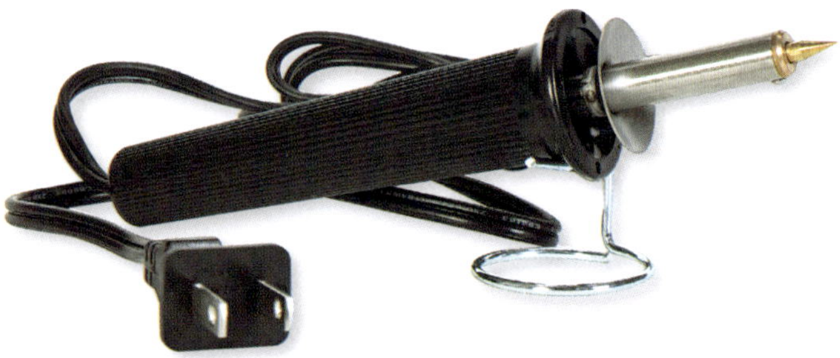

Lötkolben

Ausrüstung

Obwohl die meisten Druckwerkzeuge, die ich verwende, einfach herzustellen sind, ist für einige spezielles Werkzeug erforderlich. Eine Schere, ein Stahllineal, eine Schneideunterlage und ein Hobbymesser sind einfache Werkzeuge, mit denen die meisten von Ihnen vertraut sein werden. Für einige Projekte benötigen Sie weitere kleine Werkzeuge, zum Beispiel Kerbschnitzwerkzeuge (Projekte 21, 40 und 41), einen Embossingfön (Projekte 22-28 und 35) und ein Brandmalgerät oder einen Lötkolben (Projekte 37-39 und 52). All diese Werkzeuge finden Sie in Bastel- oder Künstlerbedarfsgeschäften.

Ein Kerbschnitzwerkzeug wird zum Schnitzen von Gummistempeln und Linoleum verwendet. Sie brauchen nur einen Griff, für den verschiedene Arten von Klingen oder Schneiden erhältlich sind. Für die Projekte in diesem Buch werden nur die kleinste V-förmige Schneide (Nr. 1) und eine größere V- oder U-förmige Schneide benötigt.

Ein Embossingfön wird normalerweise zum Erhitzen spezieller Embossingpulver und zum Fixieren von Stempelkissentinte verwendet. In Kapitel 2 verwenden wir dieses Werkzeug zum Erwärmen von Schaumstoff, um Schaumstoffstempel zu formen. Durch die Hitze verändert sich der Schaumstoff, sodass er den Abdruck jeder Form, gegen die er gedrückt wird, aufnehmen und halten kann. Ein Embossingfön wird auch zum Schmelzen der Schaumstoff-Rohrleitungsisolierung in Projekt 35 verwendet. Dieses Werkzeug erzeugt starke Hitze. Halten Sie es daher von Gegenständen fern, die dadurch beschädigt werden könnten.

In den Projekten 37-39 verwenden wir die heiße Spitze eines Lötkolbens oder Brandmalgeräts zum

Schmelzen eines Motivs in Schaumstoff, und in Projekt 52 wird dieses Werkzeug zum Schneiden einer Schablone verwendet. Im Gegensatz zu Lötkolben, die nur eine Spitze haben, haben Brandmalgeräte verschiedene Spitzen, die Sie verwenden können. Verwenden Sie zum Einbrennen in Schaumstoff die kleinste verfügbare Spitze. Einige Brandmalgeräte haben eine spezielle Spitze zum Schneiden von Schablonen. Andernfalls können Sie hierzu auch die kleinste Spitze verwenden. Seien Sie beim Umgang mit diesen heißen Werkzeugen vorsichtig.

Reinigen der Druckwerkzeuge

Gehen Sie beim Reinigen Ihrer Werkzeuge mit gesundem Menschenverstand vor. Verwenden Sie je nach Eigenschaften des Trägers (wasserfest wie Holz oder Stempelgummi-Montageschaum, zerbrechlich usw.) des Druckwerkzeugs eine geeignete Reinigungsmethode. Einige Druckwerkzeuge können einfach mit Wasser und Seife abgewaschen werden. Andere, die dafür nicht geeignet sind oder nicht so stark gereinigt werden müssen, können mit Baby-Feuchttüchern abgewischt werden. Ich bevorzuge alkoholfreie Tücher, da sie sanfter zu den Werkzeugen und zu Ihren Händen sind. Wenn ich Stempelkissen zum Drucken verwende, reinige ich meine Druckwerkzeuge mit Baby-Feuchttüchern. Ich wasche sie nur mit Wasser ab, wenn ich Acrylfarbe verwende und auch dann nur, wenn sie zu sehr verschmutzt sind, um sie mit Baby-Feuchttüchern zu reinigen. Dasselbe gilt auch für die Reinigung meiner Farbwalze.

Wichtige Tipps zum Drucken

Hier sind einige Hinweise zum Drucken, die bei der Arbeit hilfreich sein können.

- Legen Sie Ihren Arbeitsbereich mit Schmierpapier, Kunststofffolie oder Wachspapier aus, damit keine Farbe oder Tinte auf den Tisch gelangt.
- Einige Druckstöcke und -walzen drucken besser, wenn Sie unter das Papier, auf das Sie drucken, einen Puffer legen. Verwenden Sie einen Bogen Bastelschaumstoff, den Sie in der Kinderabteilung von Bastel- oder Hobbygeschäften finden, als Druckpuffer.
- Wenn ein Druckwerkzeug mit einem bestimmten Stempelkissen nicht gut funktioniert, probieren Sie eine andere Sorte aus. Bei verschiedenen Stempelkissen werden unterschiedliche Kissen zum Aufnehmen der Farbe eingesetzt, und einige sind fester als andere.

Druckstöcke & Stempel

KAPITEL 1

DIE ARBEIT AN DIESEM KAPITEL WAR SEHR INSPIRIEREND. Ich konnte kaum in einen Laden gehen, ohne einen neuen kostengünstigen Gegenstand zu sehen, den ich in ein tolles Druckwerkzeug umwandeln konnte. Deshalb ist dieses Kapitel das größte im Buch, und es kommen sehr viele verschiedene Gegenstände zum Einsatz. Sie werden mit Dingen wie Ohrstöpseln oder Zehenspreizern (normalerweise für die Pediküre) drucken und Stempel aus modernen Radiergummis schnitzen.

Einige der Elemente können so, wie sie sind, ohne vorherige Montage zum Stempeln verwendet werden. Ich wette, Sie haben vorher nie daran gedacht, sie auf diese Art zu verwenden. Andere Gegenstände werden wahllos oder in Mustern auf Trägern montiert, um einen Druckstock zu erstellen.

Eine Vielzahl der hier gezeigten Materialien finden sich im Haushalt oder können günstig erstanden werden. Die Suche nach ausgefallenen Gegenständen, die

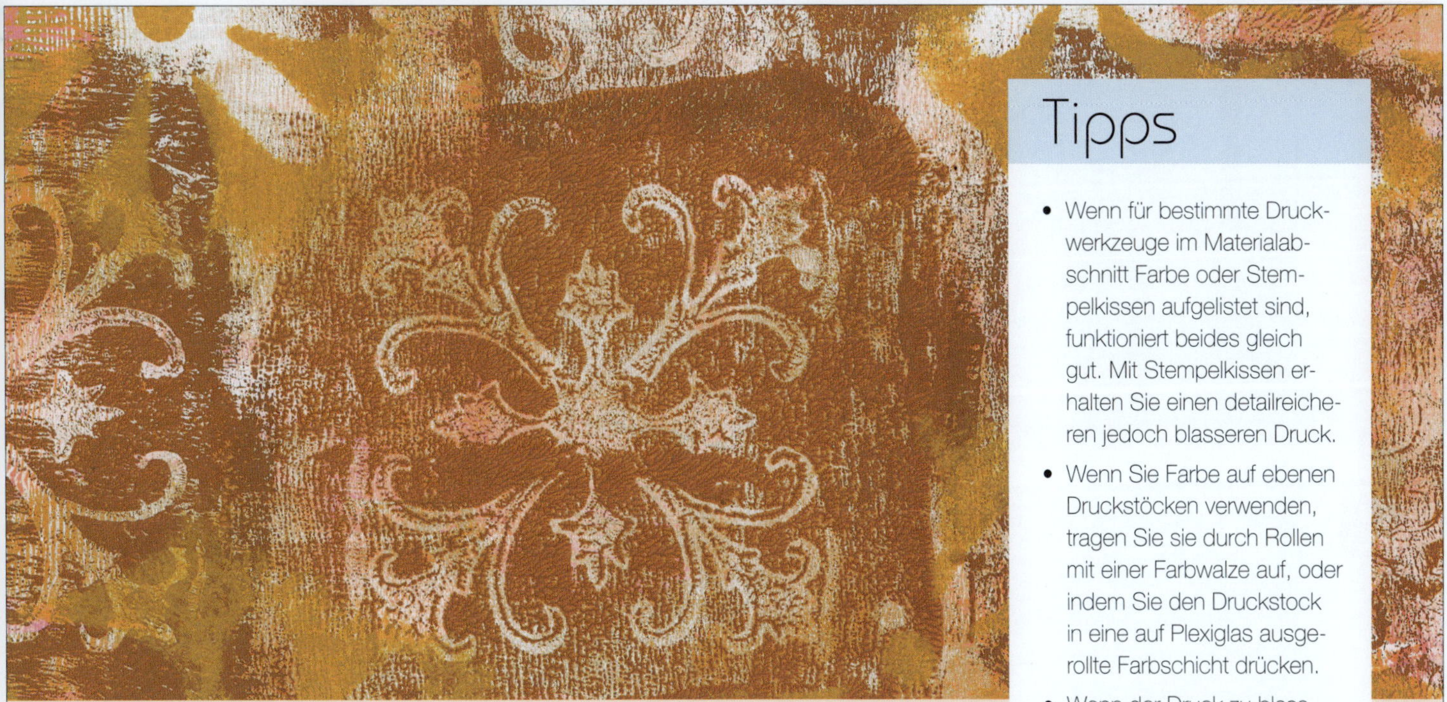

sich als Druckwerkzeuge eignen, macht genauso viel Spaß wie das Drucken selbst. Ich liebe es, neue Anwendungsmöglichkeiten für Alltagsgegenstände zu finden, die wir als selbstverständlich annehmen, zum Beispiel Büroklammern oder Gummibänder. Drucken mit ganz gewöhnlichen Dingen finde ich viel aufregender als sie für ihren eigentlichen Zweck zu verwenden. Obwohl in den einzelnen Projekten bestimmte Gegenstände verwendet werden, sollen diese nur als Ausgangpunkt dienen. Hoffentlich inspirieren sie Sie zu neuen Ideen für Druckexperimente.

Die meisten dieser Projekte können entweder mit Farbe oder mit Stempelkissen gedruckt werden, wodurch sich unterschiedliche Effekte ergeben. Bevor Sie mit dem Experimentieren beginnen, lesen Sie die Grundlagen auf Seite 10. Dort erhalten Sie wichtige Informationen über Trägermaterialien und wie Sie diese zuschneiden, Acrylfarben, Stempelkissen und das Drucken.

Tipps

- Wenn für bestimmte Druckwerkzeuge im Materialabschnitt Farbe oder Stempelkissen aufgelistet sind, funktioniert beides gleich gut. Mit Stempelkissen erhalten Sie einen detailreicheren jedoch blasseren Druck.
- Wenn Sie Farbe auf ebenen Druckstöcken verwenden, tragen Sie sie durch Rollen mit einer Farbwalze auf, oder indem Sie den Druckstock in eine auf Plexiglas ausgerollte Farbschicht drücken.
- Wenn der Druck zu blass ist, insbesondere, wenn Sie ein Stempelkissen verwenden, legen Sie einen Bogen Bastelschaumstoff als Puffer unter das Papier.

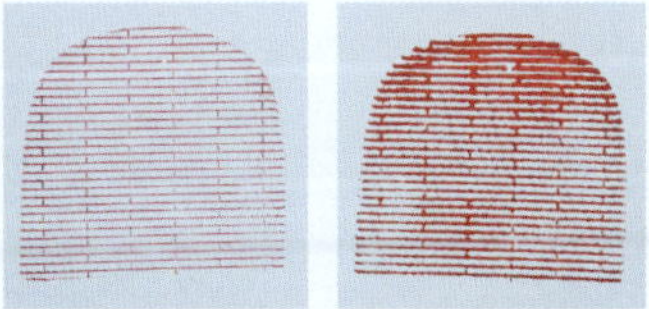

Drucke, die den Unterschied zwischen dem Drucken mit einem Stempelkissen und mit Farbe zeigen. Für den linken Druck wurde ein Stempelkissen verwendet und für den rechten Acrylfarbe.

PROJEKT 1

Ohrstöpsel & Korken

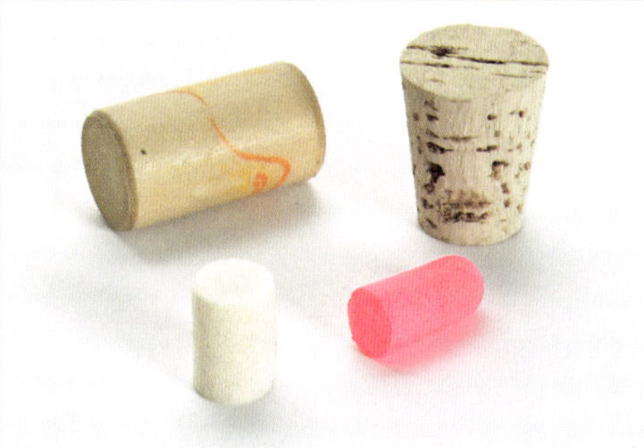

Material

- Ohrstöpsel oder Korken
- Stempelkissen oder Farbe
- Farbwalze und Plexiglas, falls Sie Farbe verwenden
- Papier

DA OHRSTÖPSEL FORMBAR SIND, drucken sie unvollkommene Kreise, bei denen jede Rille sichtbar ist. Wenn Sie sie loslassen, nehmen sie ihre ursprüngliche Form wieder an. Ich habe verschiedene Sorten ausprobiert, und die meisten liefern ähnliche Ergebnisse. Mit latexfreien Ohrstöpseln erhalten Sie beim Drucken mit Stempelkissen jedoch strukturiertere Abdrücke als mit latexhaltigen. Darüber hinaus sind sie fester und halten die Form besser.

Geschnitzte Korken werden schon seit langem als Druckwerkzeuge verwendet. Ich mag aber auch den strukturierten Abdruck, den sie hinterlassen, wenn man sie unbearbeitet verwendet. Synthetische Korken und Naturkorken drucken unterschiedlich, und das Loch, das ein Korkenzieher darin hinterlassen hat, ergibt einen schönen abgenutzten Effekt. Sammeln Sie Korken von Weinflaschen, oder kaufen Sie sie in Baumärkten. Sie sind in verschiedenen Formen und Größen erhältlich.

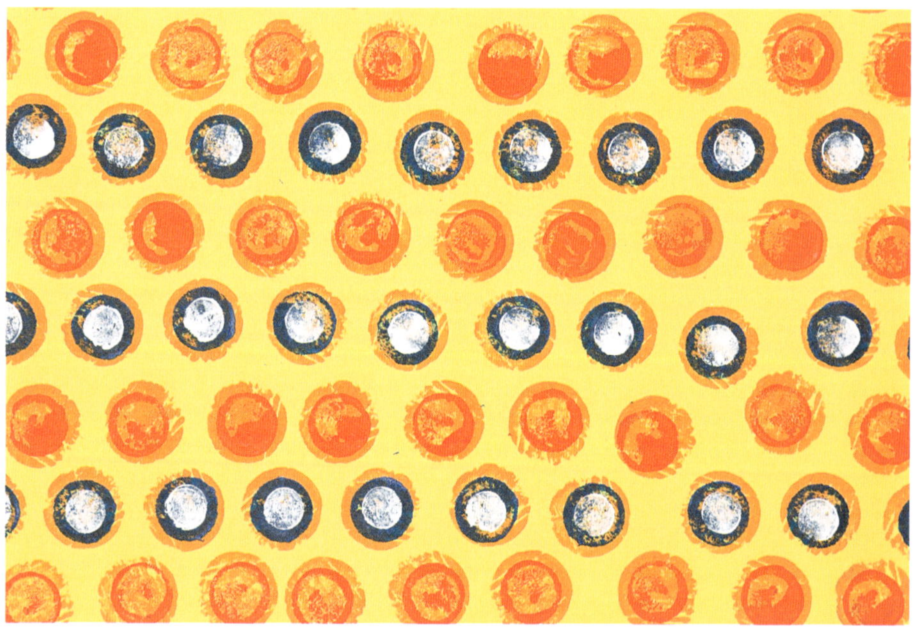

Gestempelt mit Farbe auf Skizzenpapier.

Anleitung

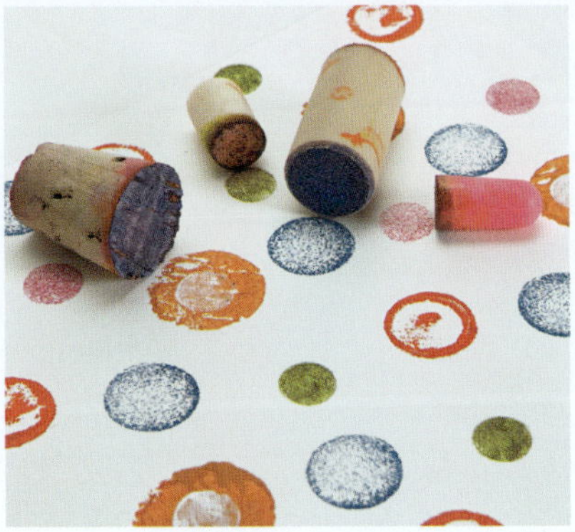

Drücken Sie die Ohrstöpsel oder Korken auf das Stempelkissen oder in eine auf dem Plexiglas ausgerollte Farbschicht, und stempeln Sie auf das Papier.

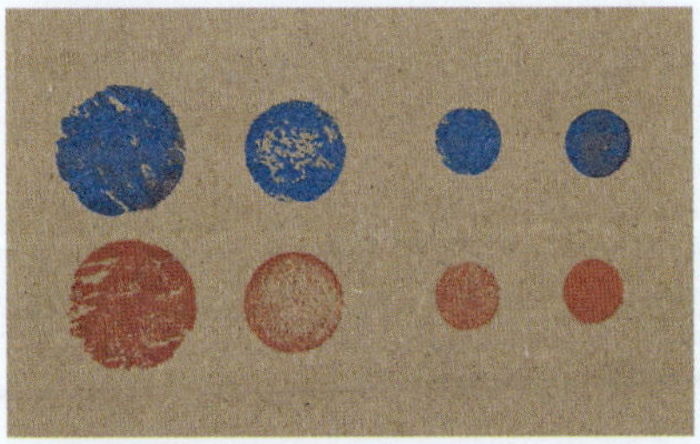

Vom größten zum kleinsten Abdruck: gestempelt mit Naturkork, synthetischem Kork, latexfreiem Ohrstöpsel und latexhaltigem Ohrstöpsel. Blau wurde mit Farbe gestempelt, Rot mit einem Stempelkissen.

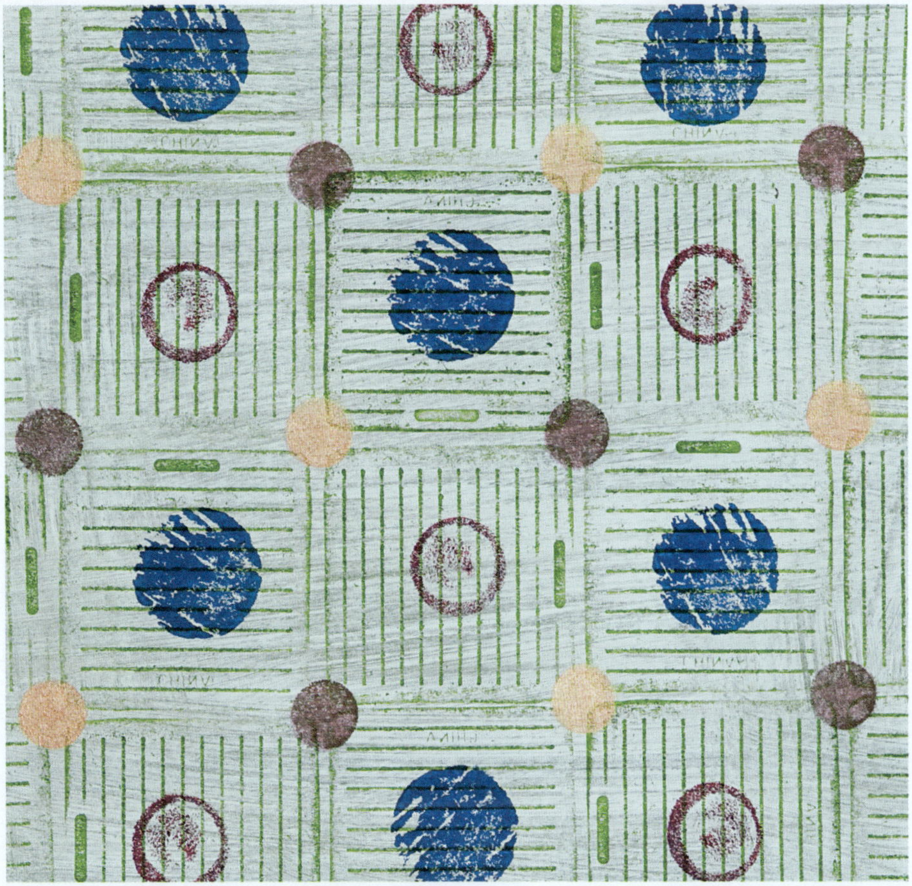

Das Tonpapier wurde leicht mit Kreidegrund bestrichen, mit einer Tischbeinkappe (Projekt 5) und grünem Stempelkissen und dann mit Korken und Ohrstöpseln mit Farbe und Stempelkissen gestempelt.

Tipp

Wenn Sie einen Korken zum Drucken kaufen, wählen Sie einen mit verschieden großen Enden. So können Sie mit demselben Korken zwei verschieden große Kreise drucken.

PROJEKT 2

Flaschenverschlüsse

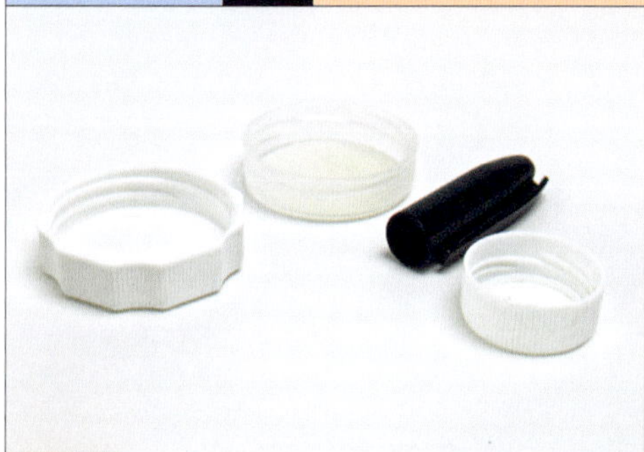

Material

- Flaschenverschlüsse aus Kunststoff
- Stempelkissen oder Farbe
- Farbwalze und Plexiglas, falls Sie Farbe verwenden
- Papier

ICH DRUCKE GERNE KREISE und bin daher eifrig am Recyceln. Flaschenverschlüsse aus Kunststoff sind für mich perfekte Druckwerkzeuge. Suchen Sie im Haushalt nach Verschlüssen, die für Ihre Drucke geeignet sind. Sie werden sich darüber freuen, etwas wiederzuverwenden, das normalerweise weggeschmissen wird, und haben bald einen endlosen Vorrat von kreisförmigen Druckwerkzeugen. Verwenden Sie beide Seiten eines Verschlusses, um gefüllte und ungefüllte Kreise zu drucken.

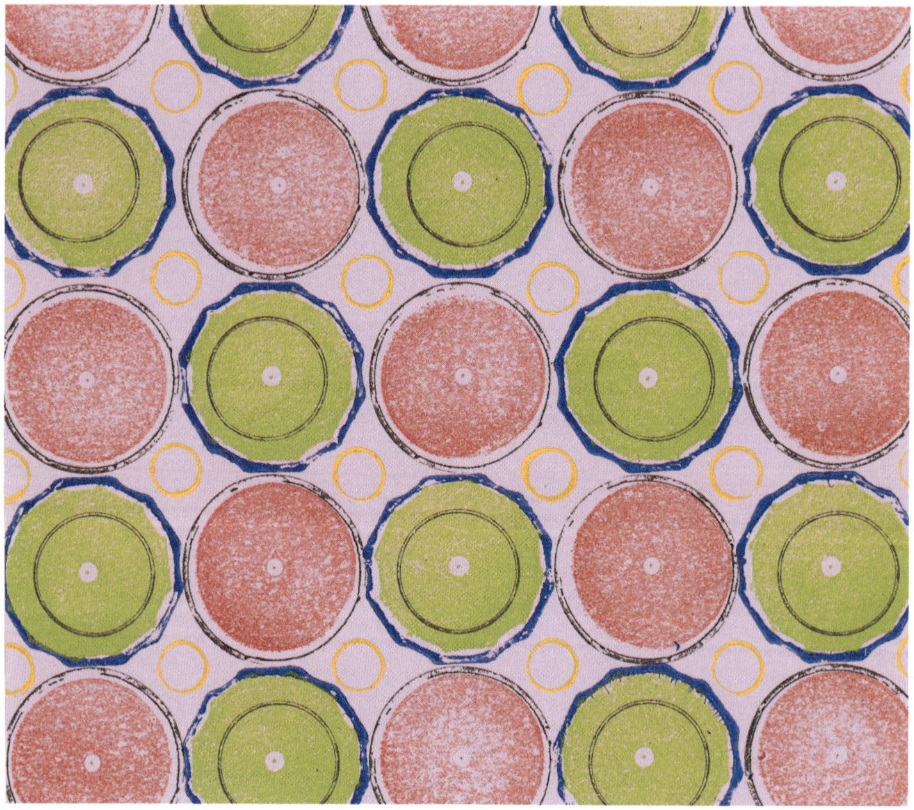

Gestempelt auf Tonpapier. Die blauen und gelben Abdrücke wurden mit Farbe und der Rest mit Stempelkissen erzeugt.

Anleitung

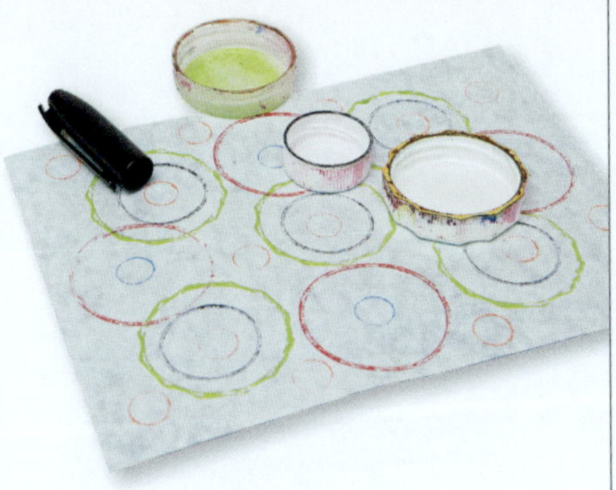

Drücken Sie eine Seite des Flaschenverschlusses auf das Stempelkissen oder in eine auf dem Plexiglas ausgerollte Farbschicht, und stempeln Sie auf das Papier.

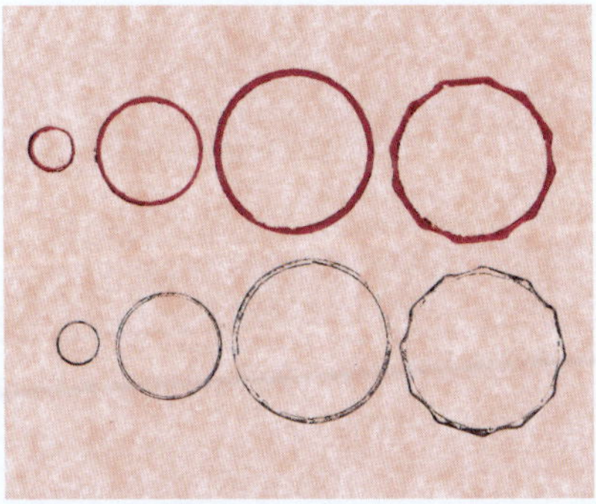

Der kleinste Kreis wurde mit einer Stiftkappe erzeugt, und der Rest stammt von Getränkeflaschenverschlüssen. Rot wurde mit Farbe gestempelt und Schwarz mit einem Stempelkissen.

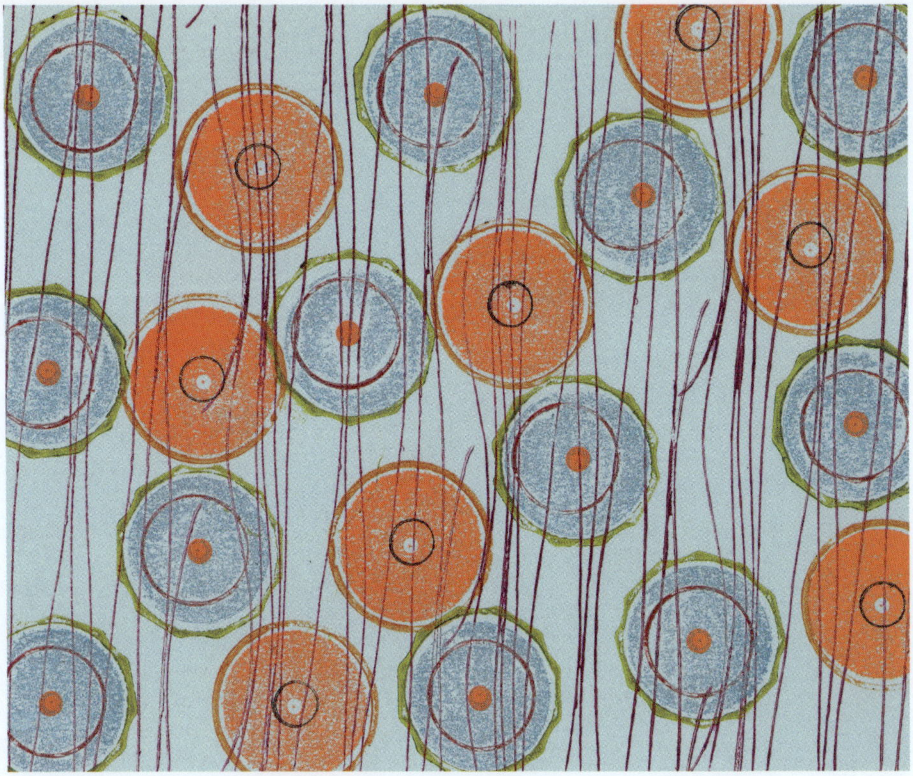

Auf Tonpapier wurde zunächst mit einem drahtumwickelten Holzdübel (Projekt 34) mit magentaroter Farbe gedruckt, dann wurden verschiedene Verschlüsse und ein Bleistiftradiergummi (Projekt 4) mit Farbe und Stempelkissen gestempelt.

Tipp

Suchen Sie Verschlüsse in verschiedenen Formen, um eine Vielzahl von Kreisen zu drucken. Der größte Verschluss mit den geraden Kanten an der Außenseite stammt von einer Cranberrysaftflasche.

PROJEKT 3

Schreibhilfen

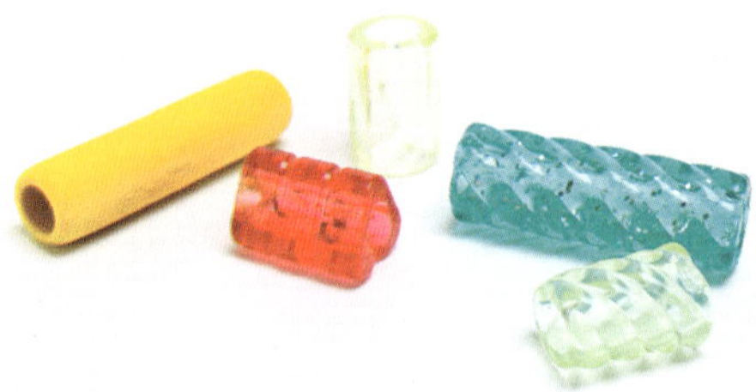

IN DER SCHULBEDARFSABTEILUNG VON GESCHÄFTEN finden Sie neuartige Schreibhilfen, die für Kinder entwickelt wurden. Sie haben interessante Formen, Größen und Strukturen, wodurch sie großartig zum Stempel geeignet und einfach zu benutzen sind. Mit einigen können Sie vertikal stempeln, als ob sie auf einen Stift gesteckt wären, und auch seitwärts. Einfache alte Schaumstoff-Schreibhilfen drucken sehr schöne Kreise. Da Schreibhilfen polsternd und weich sind, können sie zusammengedrückt werden, um verschiedene Formen zu drucken. Schreibhilfen sind alles andere als einseitig. In Projekt 30 verwenden wir sie als Walze.

Material

- Schreibhilfen
- Stempelkissen oder Farbe
- Farbwalze und Plexiglas, falls Sie Farbe verwenden
- Papier

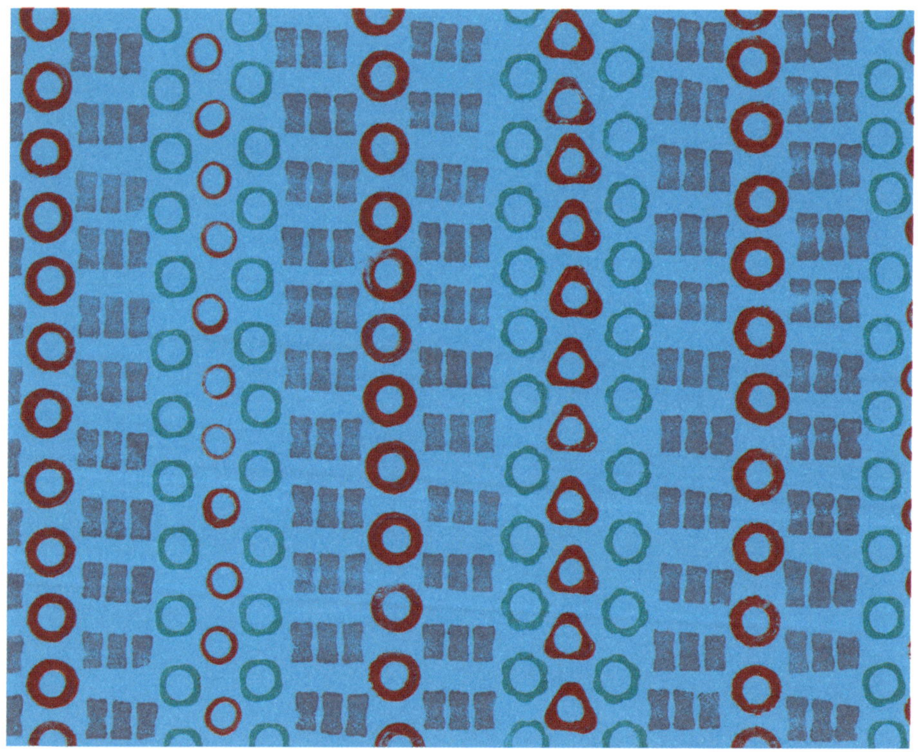

Gestempelt auf Tonpapier in vertikalen Spalten. Das Rot ist Farbe, der Rest stammt von Stempelkissen.

Anleitung

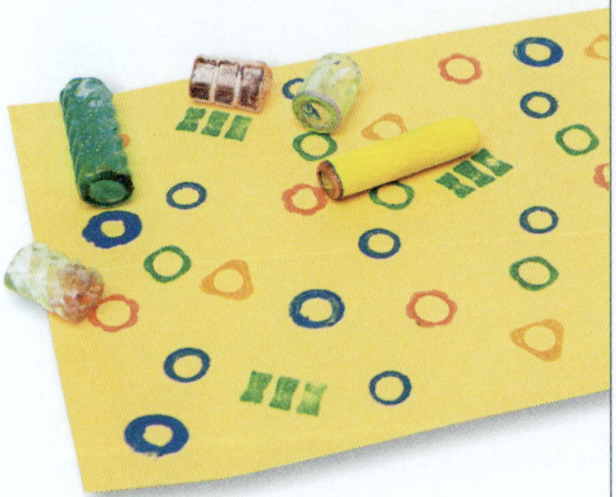

Drücken Sie ein Ende oder eine Seite der Schreibhilfe auf das Stempelkissen oder in eine auf dem Plexiglas ausgerollte Farbschicht, und stempeln Sie auf das Papier.

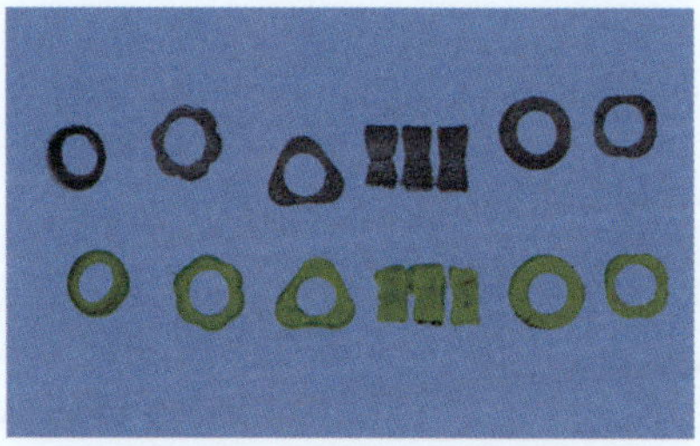

Abdrücke von fünf verschiedenen Schreibhilfen. Der Druck mit den drei Balken stammt von der Seite eines dreieckigen Halters. Grün wurde mit Farbe gestempelt, und Schwarz wurde mit einem Stempelkissen gestempelt.

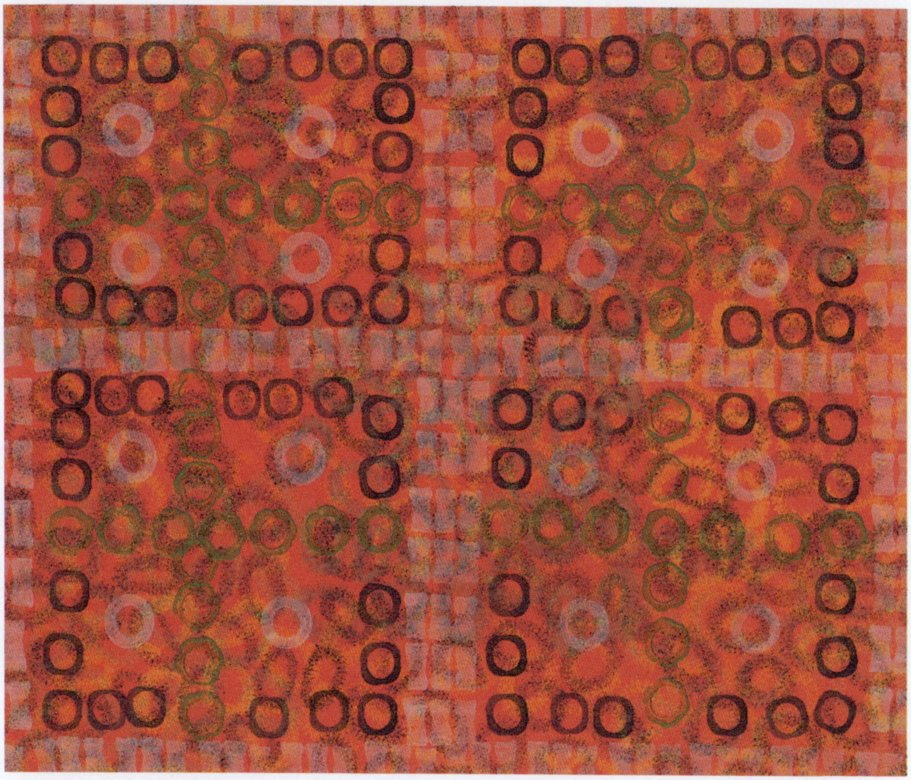

Zuerst mit dem Haargummistempel (Projekt 17) in Lagen aus verschiedenen Farben auf Tonpapier gestempelt, dann mit grüner Farbe und verschiedenfarbigen Stempelkissen mit Schreibhilfen gestempelt.

Tipps

- Um die Form der Schreibhilfe beizubehalten, stecken Sie einen Stift teilweise hinein, sodass das Loch beim Drucken erhalten bleibt.
- Wenn die Schreibhilfe zu lang ist, kürzen Sie sie mit einer Schere oder einem Hobbymesser.

PROJEKT

4 Radiergummi & Radiergummikappe

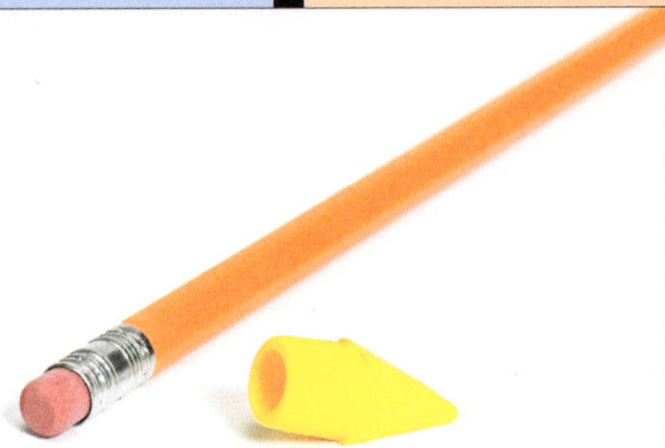

UM SCHNELL UND EINFACH EINEN KREIS zu drucken, verwenden Sie den Radiergummi am Ende eines Bleistifts. Die Form des Kreises kann unterschiedlich sein, je nachdem, ob der Radiergummi bereits für seinen eigentlichen Zweck verwendet wurde. Darüber hinaus gibt es noch die pfeilspitzenförmige Radiergummikappe, ein großartiges Mehrzweck-Stempelwerkzeug. Mit einer einzigen Radiergummikappe können Sie einen ungefüllten Kreis, einen Strich, ein Rechteck und ein schmales Dreieck stempeln! Verwenden Sie beide Radiergummis zusammen, dann haben Sie einen gefüllten und einen ungefüllten Kreis.

Material

- Bleistift mit Radiergummi oder Radiergummikappe
- Stempelkissen oder Farbe
- Farbwalze und Plexiglas, falls Sie Farbe verwenden
- Papier

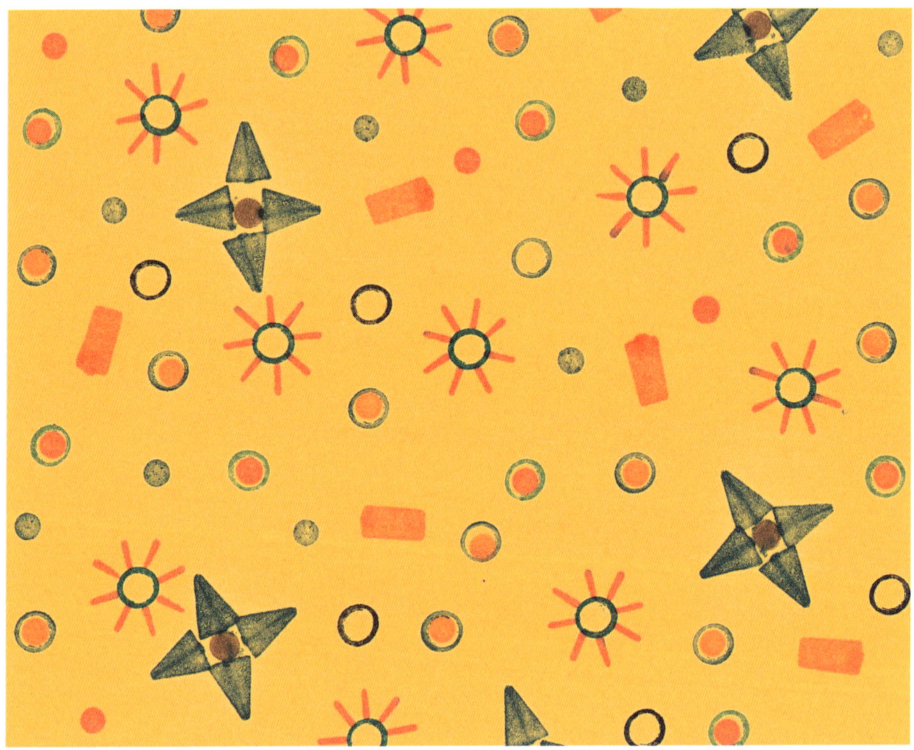

Wahllos gestempelt mit Stempelkissen auf Tonpapier. Die dreieckigen Seiten der Radiergummikappe wurden aufgedrückt, sodass beide Dreiecke beim Drucken ein größeres Dreieck gebildet haben.

Anleitung

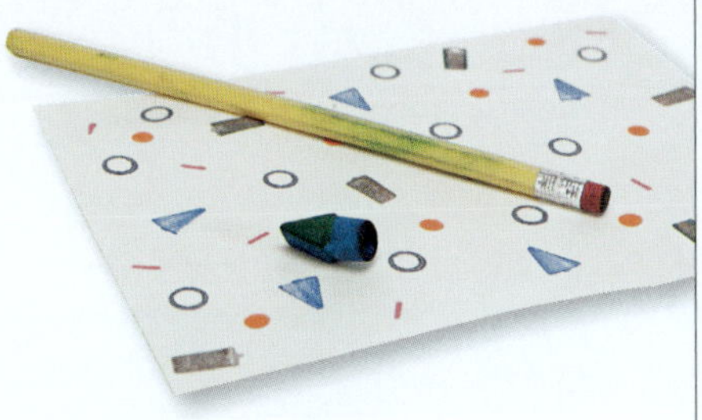

Drücken Sie den Bleistiftradiergummi oder einen Teil der Radiergummikappe auf das Stempelkissen oder in eine auf dem Plexiglas ausgerollte Farbschicht, und stempeln Sie auf das Papier.

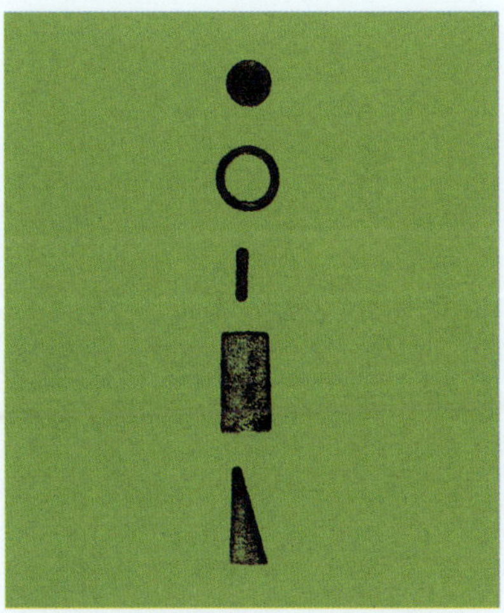

Mit einem Stempelkissen gestempelt. Der gefüllte Kreis stammt von einem Bleistiftradiergummi und der Rest von einer Radiergummikappe.

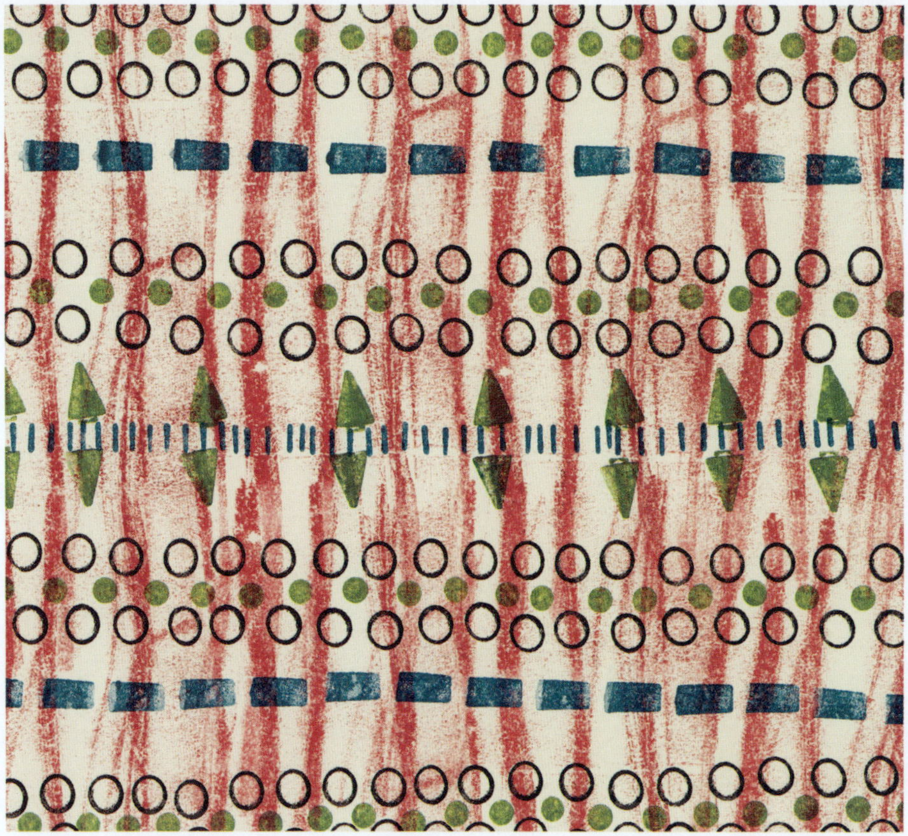

Gedruckt auf Tonpapier mit Stempelkissen, wobei zunächst die Rohrleitungsisolierungs-Walze (Projekt 35) und dann der Bleistiftradiergummi und die Radiergummikappe verwendet wurden.

Tipp

Drücken Sie das offene Ende der Radiergummikappe beim Stempeln zusammen, um Kreise zu erhalten, die nicht perfekt rund sind.

PROJEKT 5

Tischbeinkappen

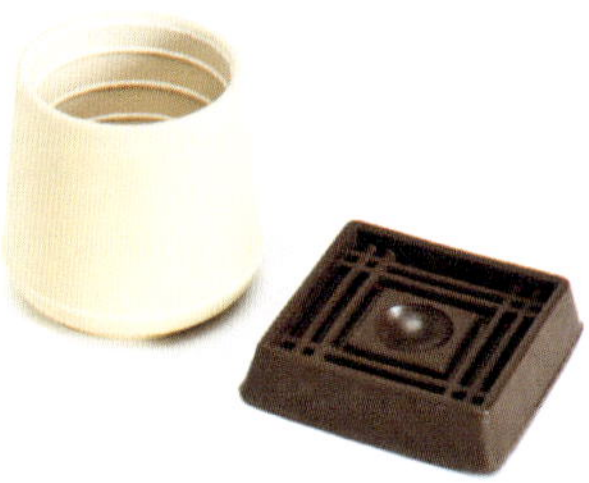

Material

- Runde oder quadratische Tisch- oder Stuhlbeinkappen
- Stempelkissen oder Farbe
- Farbwalze und Plexiglas, falls Sie Farbe verwenden
- Papier

NORMALERWEISE WERDEN TISCH- ODER STUHLBEINKAPPEN VERWENDET, um den Boden vor Kratzern durch das Verschieben von Möbelstücken zu schützen. Sie sind in verschiedenen Größen kreisförmig oder quadratisch in Baumärkten erhältlich. Beide Seiten können zum Drucken verwendet werden. Die quadratischen Kappen drucken ein ungefülltes Quadrat mit der einen Seite und ein mit Linien gefülltes Quadrat mit der anderen Seite. Die runden Kappen für Stuhlbeine drucken zwei verschieden große Kreise. Als ich diese Kappen zuerst gesehen habe, habe ich mich direkt für die größte Größe entschieden. Bei Druckwerkzeugen ist größer nicht immer besser, in diesem Fall war es das jedoch schon.

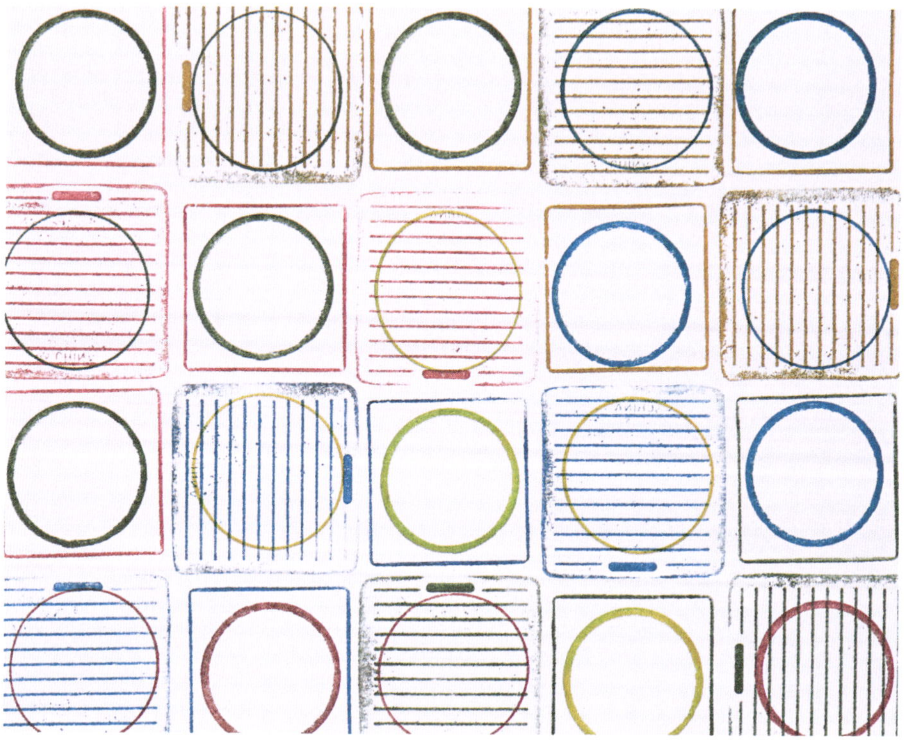

Mit einem Stempelkissen mit beiden Seiten der Werkzeuge auf Tonpapier gestempelt.

Anleitung

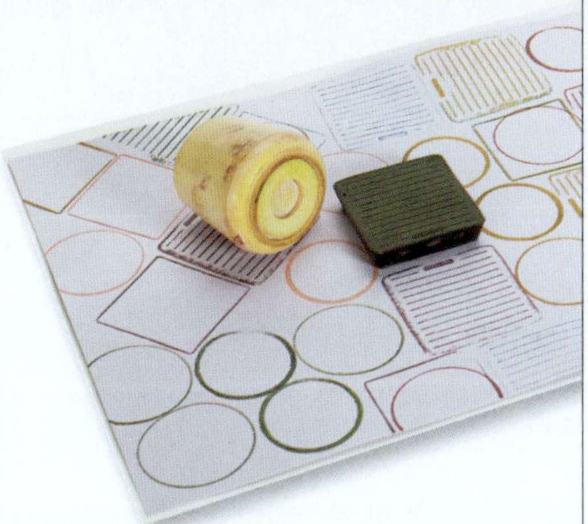

Drücken Sie die Tisch- oder Stuhlbeinkappen auf das Stempelkissen oder in eine auf dem Plexiglas ausgerollte Farbschicht, und stempeln Sie auf das Papier.

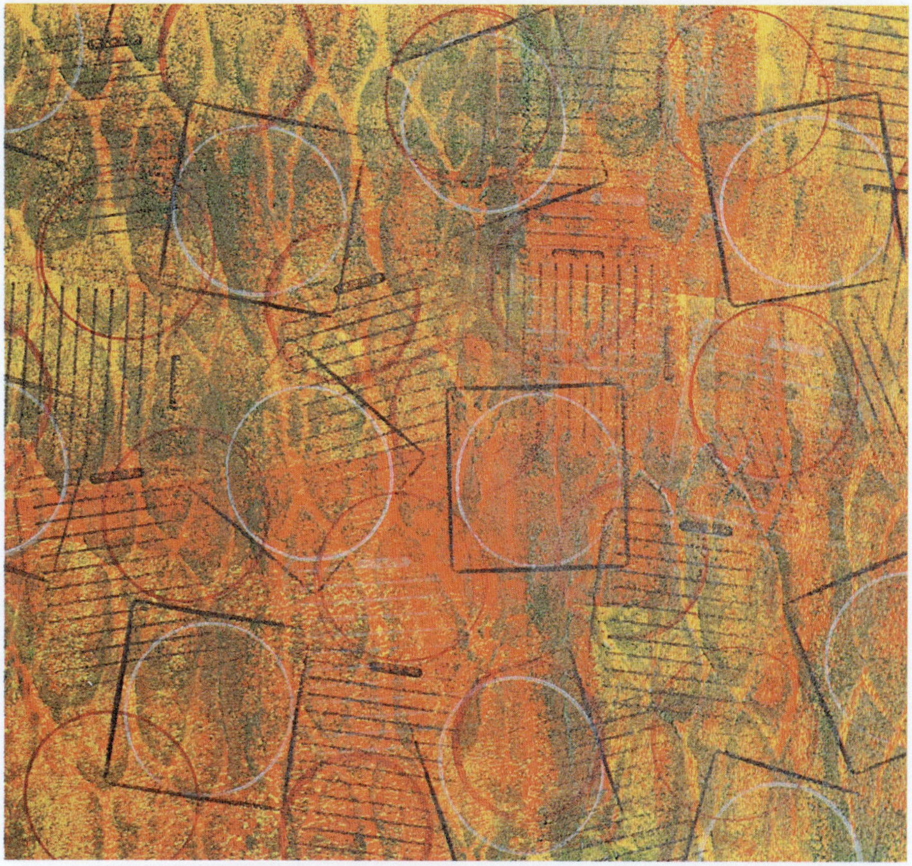

Mit Stempelkissen auf Tonpapier gestempelt, das zuerst mit orangefarbener Farbe bestrichen (Projekt 29) und dann mit grüner Farbe mit einem Farbroller bedruckt wurde (Projekt 31).

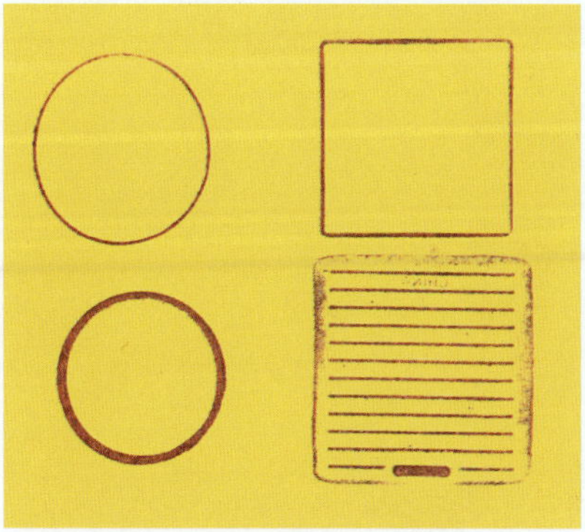

Mit einem Stempelkissen mit beiden Seiten der Werkzeuge gestempelt.

Tipp

Drücken Sie die Tisch- oder Stuhlbeinkappen beim Drucken zusammen, um Kreise zu drucken, die nicht perfekt rund sind.

PROJEKT

6 Druckschutzpflaster

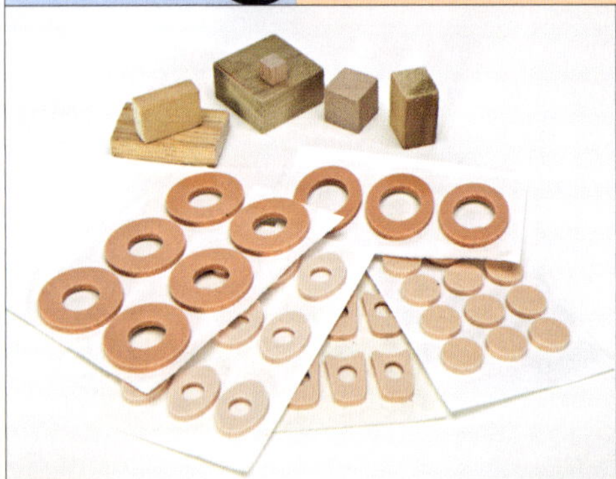

ICH VERWENDE DIE EINFACHEN OVALEN HÜHNERAUGENPFLASTER schon seit Jahren als Druckwerkzeuge und habe mich gefreut, als ich entdeckt habe, dass sie in verschiedenen Formen und Größen erhältlich sind. Ihr größter Vorteil ist, dass sie günstig und an einer Seite mit einer Haftschicht versehen sind, sodass man sie zum Drucken leicht an einem Stempelblock befestigen kann. Da sie in Packungen zu mehreren erhältlich sind, können Sie mit einzelnen Pflastern drucken oder ein Design mit mehreren Pflastern auf demselben Stempelblock herstellen. Die No-Name-Produkte funktionieren genauso gut wie Markenprodukte. Der hier verwendete kleine gefüllte Kreis ist das ausgestanzte Stück aus der Mitte des runden Hühneraugenpflasters.

Material

- Material für Stempelblöcke, siehe Seite 10
- Hühneraugen- und Ballen-Druckschutzpflaster
- Stempelkissen oder Farbe
- Farbwalze und Plexiglas, falls Sie Farbe verwenden
- Papier

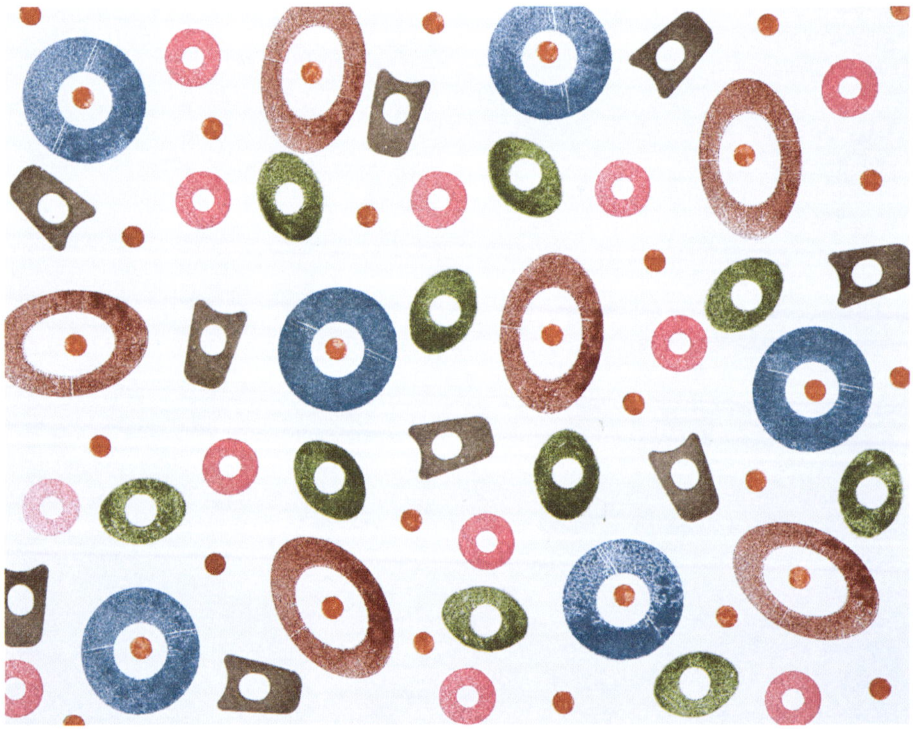

Gestempelt auf Tonpapier mit einem Stempelkissen.

Anleitung

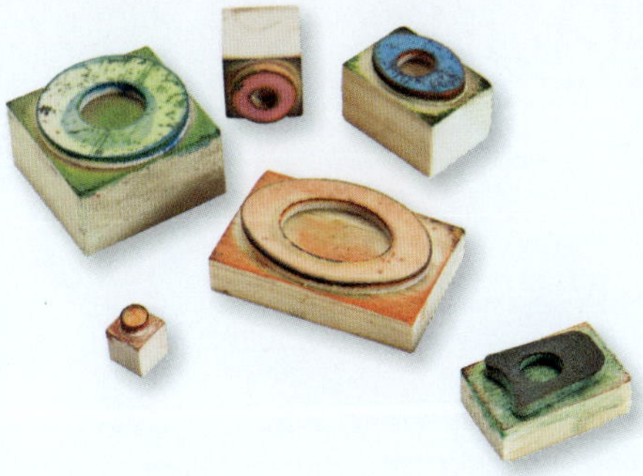

1. Schneiden Sie die Stempelblöcke auf die gewünschte Größe zu.
2. Entfernen Sie das Hühneraugen- oder Ballen-Druckschutzpflaster von der Trägerfolie, platzieren Sie es auf dem Stempelblock und drücken Sie es fest an.
3. Drücken Sie das Hühneraugen- oder Ballen-Druckschutzpflaster auf das Stempelkissen oder in eine auf dem Plexiglas ausgerollte Farbschicht, und stempeln Sie auf das Papier.

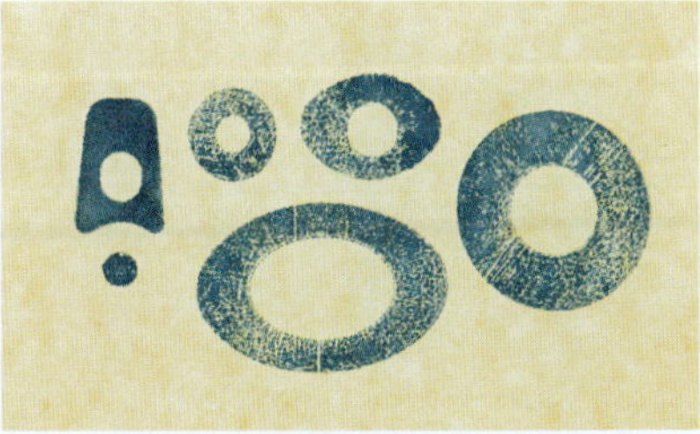

Mit einem Stempelkissen gestempelt.

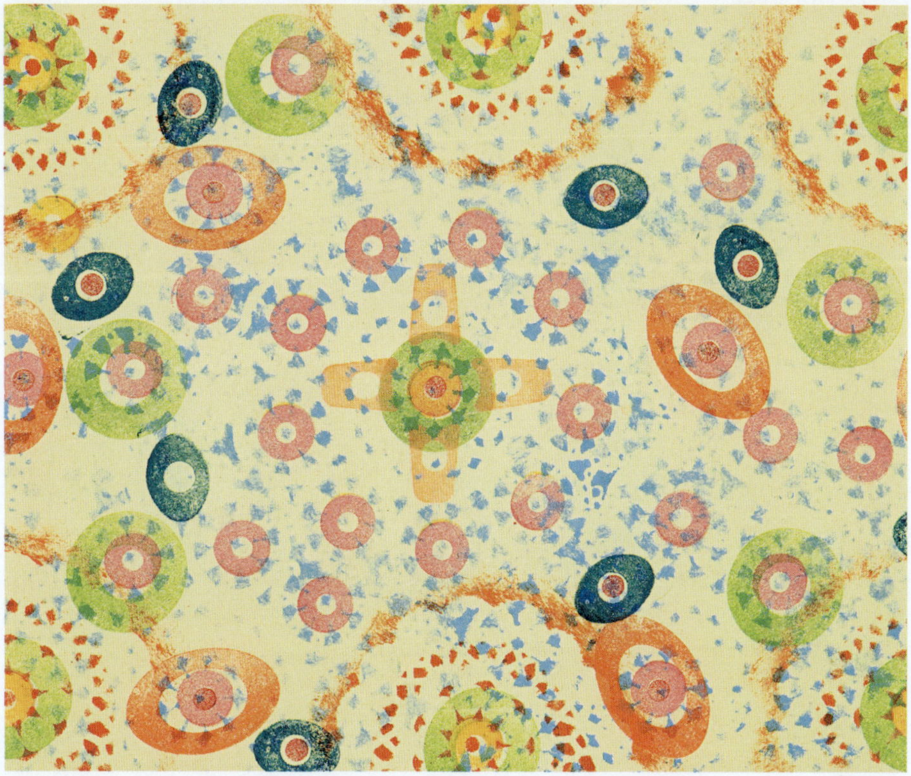

Gestempelt mit Stempelkissen auf Skizzenpapier, das zunächst mit Zierdeckchen (Projekt 44) in verschiedenen Farben schabloniert wurde.

Tipps

- Schneiden Sie die Druckschutzpflaster in der Mitte durch, um Bögen zu erhalten.
- Befestigen Sie mehrere Druckschutzpflaster auf demselben Stempelblock, um einen größeren Stempel zu erhalten. Probieren Sie damit herum, um ein interessantes wiederholtes Muster zu schaffen.

PROJEKT 7

Zehenspreizer

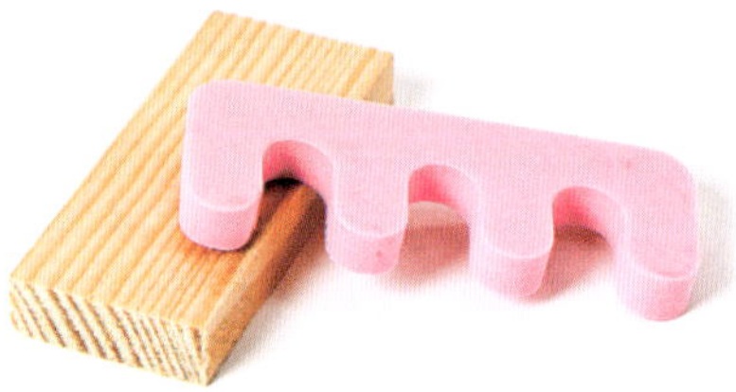

OBWOHL SCHAUMSTOFF-ZEHENSPREIZER in der Kosmetikabteilung vieler Geschäfte oder in Drogeriemärkten erhältlich sind, habe ich sie zuerst im Schnäppchenladen um die Ecke in einem Pediküreset entdeckt. Ich dachte sofort, dass sie großartige Stempelwerkzeuge abgeben würden. Die Zehenspreizer sind in Zweierpacks in verschiedenen Formen und Größen erhältlich. Schauen Sie, ob Sie interessante Exemplare finden können.

Material

- Material für Stempelblock, siehe Seite 10
- Doppelseitiges Klebeband
- Schere oder Hobbymesser
- Schaumstoff-Zehenspreizer
- Stempelkissen oder Farbe
- Farbwalze und Plexiglas, falls Sie Farbe verwenden
- Papier

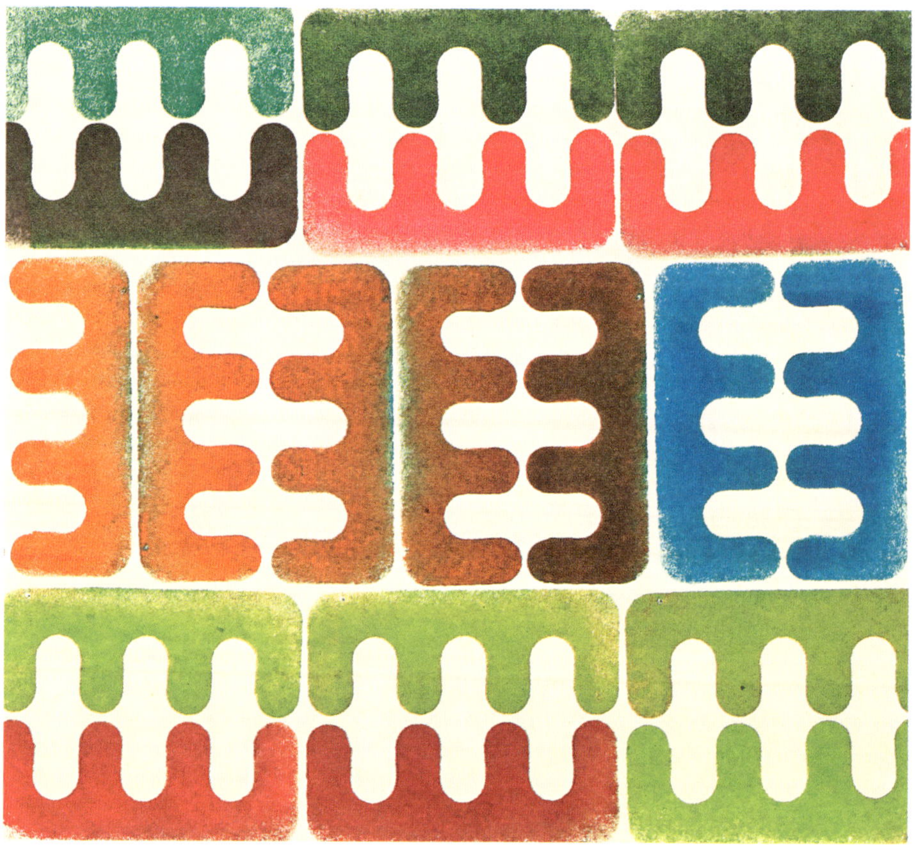

Gestempelt mit Stempelkissen auf Skizzenpapier.

Anleitung

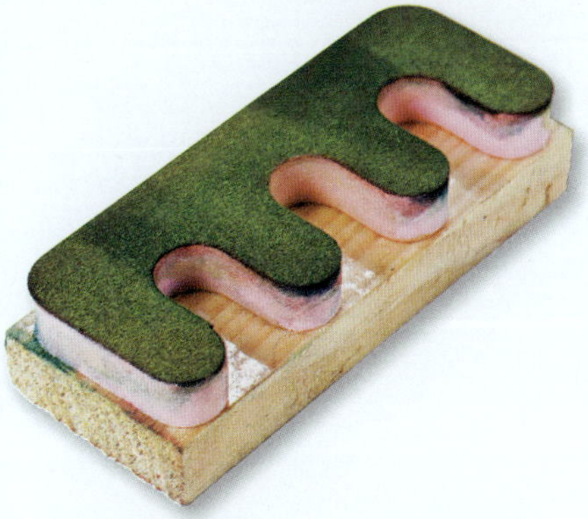

1. Schneiden Sie den Stempelblock auf dieselbe Länge und Breite wie den Schaumstoff-Zehenspreizer oder auf die gewünschte Größe zu.
2. Versehen Sie eine Seite des Stempelblocks mit doppelseitigem Klebeband, und schneiden Sie die überstehenden Kanten ab.
3. Platzieren Sie den Schaumstoff-Zehenspreizer auf dem mit Klebeband versehenen Stempelblock, und drücken Sie ihn fest an.
4. Drücken Sie den Schaumstoff-Zehenspreizer-Stempel auf das Stempelkissen oder in eine auf dem Plexiglas ausgerollte Farbschicht, und stempeln Sie auf das Papier.

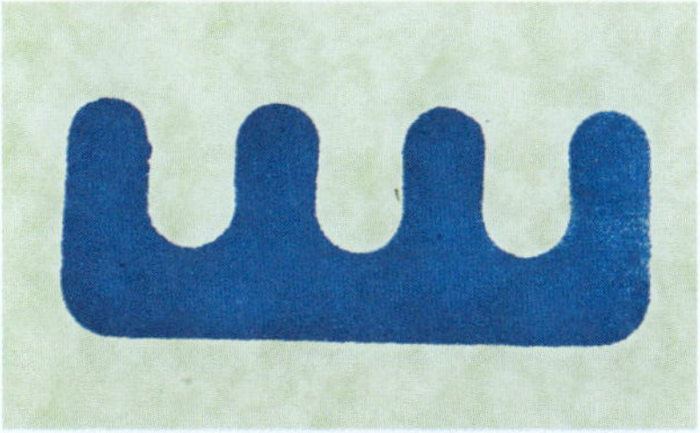

Mit einem Stempelkissen gestempelt.

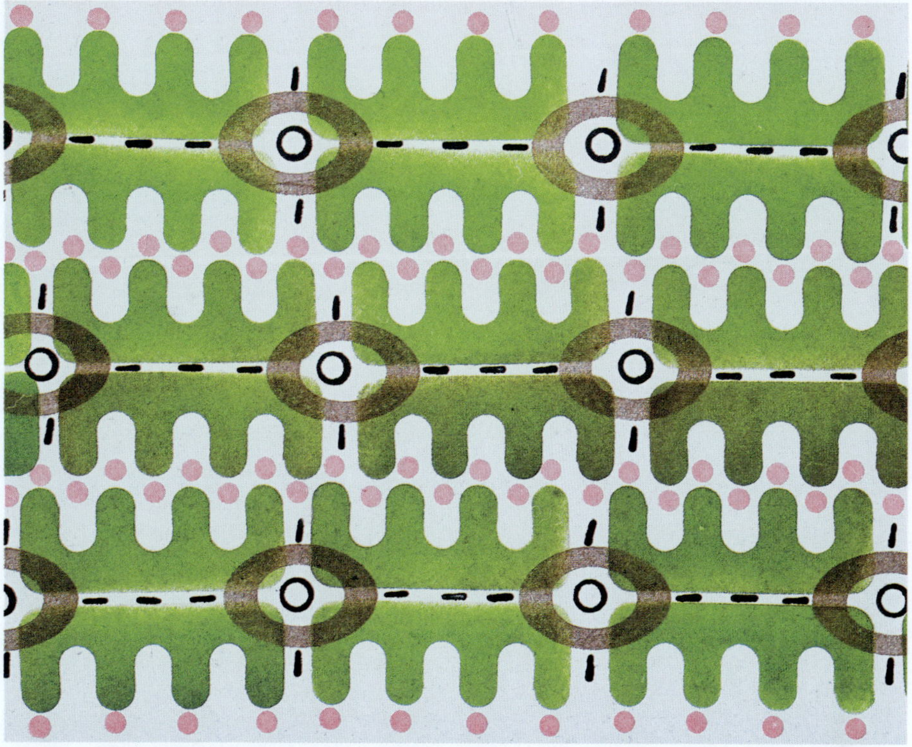

Auf handgeschöpftes Papier wurde zunächst mit dem Schaumstoff-Zehenspreizer mit Stempelkissen und dann mit einem Ballen-Druckschutzpflaster (Projekt 6), einem Bleistiftradiergummi und einer Radiergummikappe (Projekt 4) gestempelt.

Tipps

- Dieser Schaumstoff kann auch ohne vorherige Montage auf einem Stempelblock verwendet werden. Da er recht dünn ist, ist er mit einem Stempelblock jedoch einfacher zu handhaben.
- Bei der Montage auf Stempelgummi-Montageschaum wird kein doppelseitiges Klebeband benötigt.
- Da die Zehenspreizer in Zweierpacks verkauft werden, können Sie beide zusammen auf einem Stempelblock montieren, um einen größeren Stempel zu erhalten. Experimentieren Sie ein wenig, um ein interessantes wiederholtes Muster zu erhalten.

PROJEKT 8

Bithalter

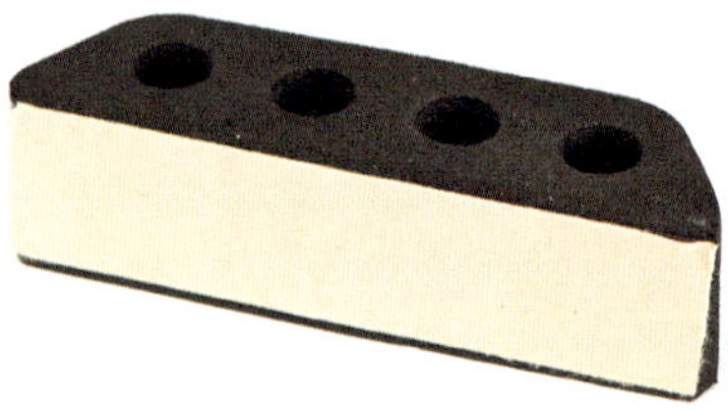

Material

- Schaumstoff-Bithalter
- Stempelkissen oder Farbe
- Farbwalze und Plexiglas, falls Sie Farbe verwenden
- Papier

ALS ICH DIESEN SCHRAUBENDREHER-BITHALTER aus Schaumstoff im Baumarkt gesehen habe, wusste ich zuerst nicht, wozu er gut war, aber ich dachte mir, dass dieses kleine Stück geformter Schaumstoff mit Löchern darin einen unglaublich guten Stempel abgeben würde. Ich konnte mir schon die Designs vorstellen, die ich mit den verschiedenen Seiten stempeln konnte. Sein eigentlicher Zweck ist das Halten von Schraubendreher-Bits für Bohrer, und er kann mit der haftenden Seite zur sicheren Aufbewahrung am Bohrer befestigt werden. Ich bin an dem Tag schnell mit dem Bithalter vom Baumarkt nach Hause gelaufen und habe wie verrückt gestempelt und alle möglichen Muster (mit Löchern darin) gedruckt.

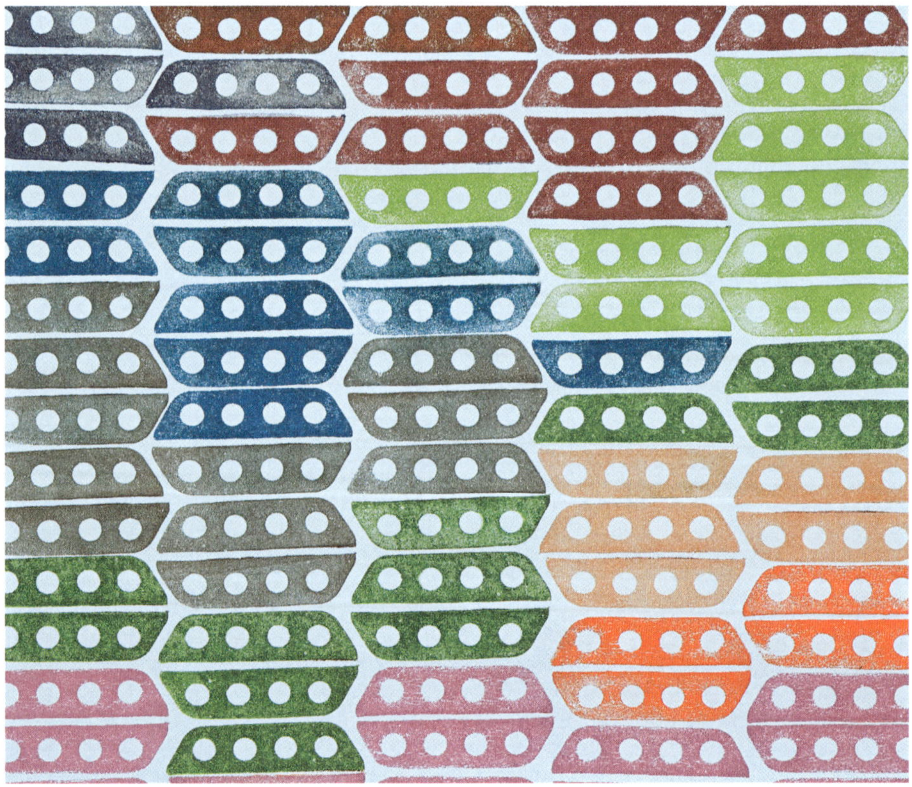

Mit Stempelkissen auf Tonpapier gestempelt.

Anleitung

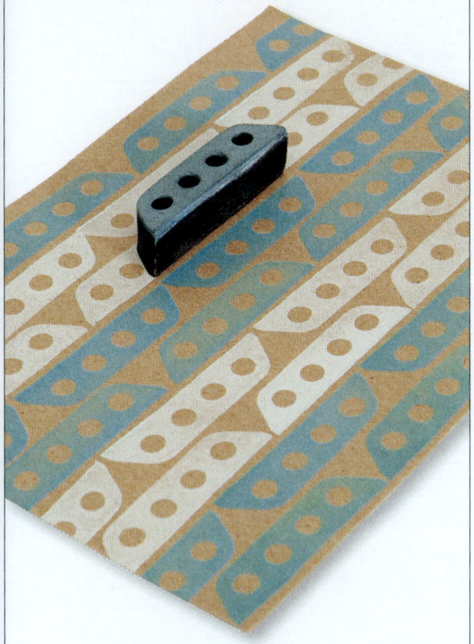

Drücken Sie den Schaumstoff-Bithalter auf das Stempelkissen oder in eine auf dem Plexiglas ausgerollte Farbschicht, und stempeln Sie auf das Papier.

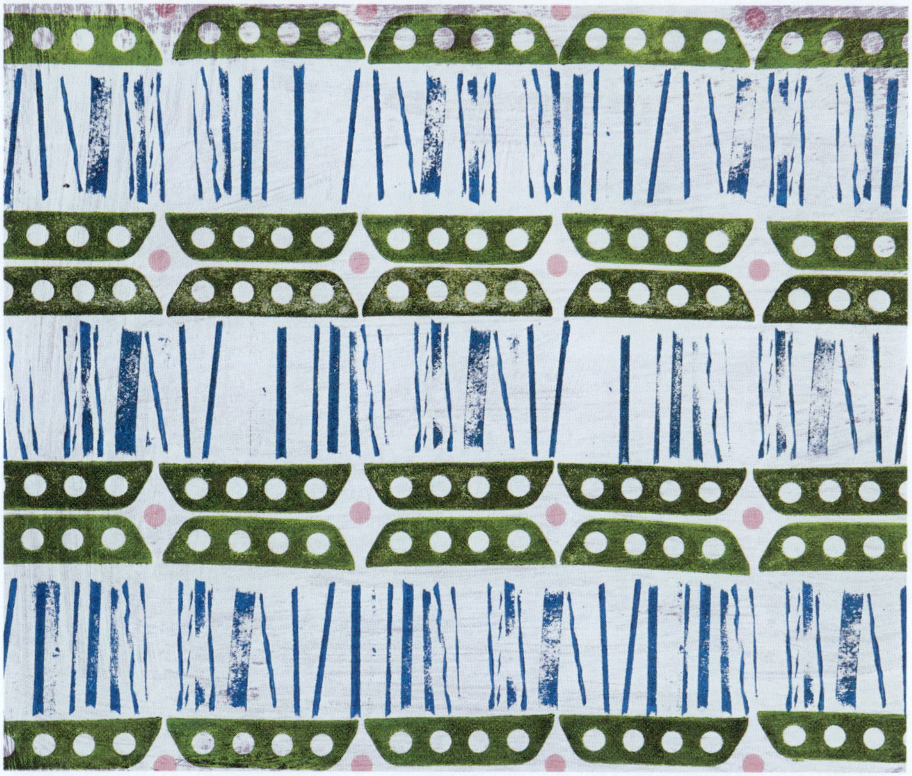

Gedruckt auf Tonpapier, das zunächst leicht mit Kreidegrund bestrichen wurde. Anschließend wurde mit Stempelkissen und dem Gummibandstempel (Projekt 12), einem Bleistiftradiergummi (Projekt 4) und dem Schaumstoff-Bithalter gestempelt.

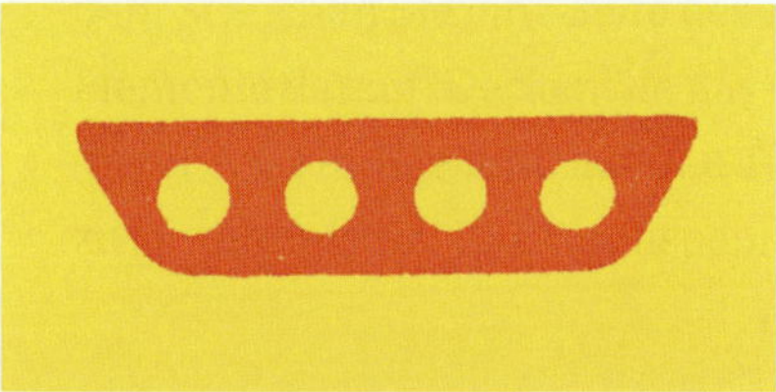

Mit einem Stempelkissen gestempelt.

Tipps

- Wenn Sie die Schutzfolie von der haftenden Seite abnehmen möchten, jedoch nicht wollen, dass das Stück haftet, streichen Sie eine dünne Schicht Farbe über den Klebstoff, und lassen Sie sie trocknen, oder bestreuen Sie die Haftschicht mit Talkumpuder.
- Mit der Seite des Schaumstoff-Bithalters können Sie ein gefülltes Rechteck drucken.
- Befestigen Sie mehrere Schaumstoff-Bithalter mit doppelseitigem Klebeband an einem Stempelblock, um einen größeren Stempel zu erstellen. So erhalten Sie ein einfach wiederholbares Muster.

PROJEKT 9

Büroklammernstempel

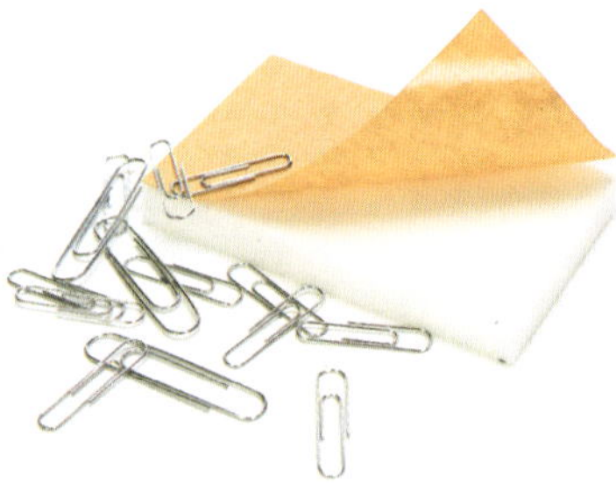

Material

- Material für Stempelblock, siehe Seite 10
- Doppelseitiges Klebeband und Schere oder Hobbymesser (wenn Sie keinen Stempelgummi-Montageschaum als Stempelblock verwenden)
- Büroklammern
- Stempelkissen oder Farbe
- Farbwalze und Plexiglas, falls Sie Farbe verwenden
- Papier
- Ein Bogen Bastelschaumstoff als Druckunterlage

BÜROKLAMMERN GEHÖREN ZU DEN VIELEN ALLTAGSGEGENSTÄNDEN, die interessante Druckwerkzeuge ergeben. Sie sind günstig und in allen möglichen verschiedenen Formen und Größen erhältlich. Es ist jedoch wichtig, dass alle Büroklammern in etwa dieselbe Drahtstärke haben. Wenn einige dicker als andere sind, werden die dünnen nicht gedruckt, da sie nicht mit dem Papier in Kontakt kommen. Sie können jede Art von Stempelblock verwenden, achten Sie jedoch darauf, dass der Block eine lange Lebensdauer hat und starken Druck aushalten kann. Hier habe ich Stempelgummi-Montageschaum verwendet, weil er mit einer Haftschicht versehen ist und als Puffer wirkt. Aber da Büroklammern billig sind, können Sie einfach einen neuen Stempel basteln, wenn ein Stempelblock aus Schaumkern abgenutzt ist.

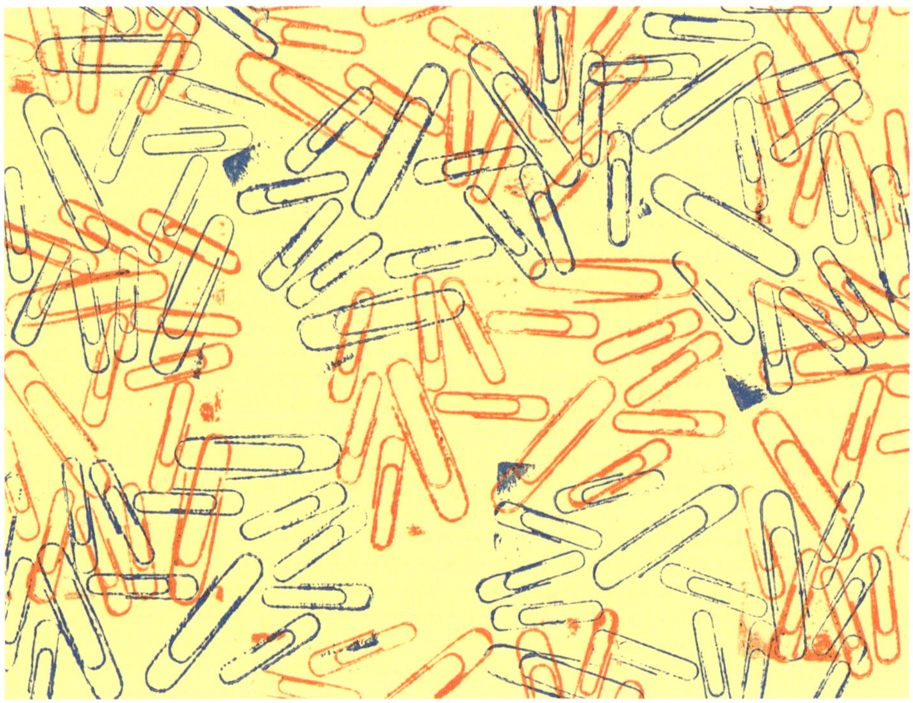

Wahllos mit zwei verschiedenen Farben auf Tonpapier gedruckt.

Anleitung

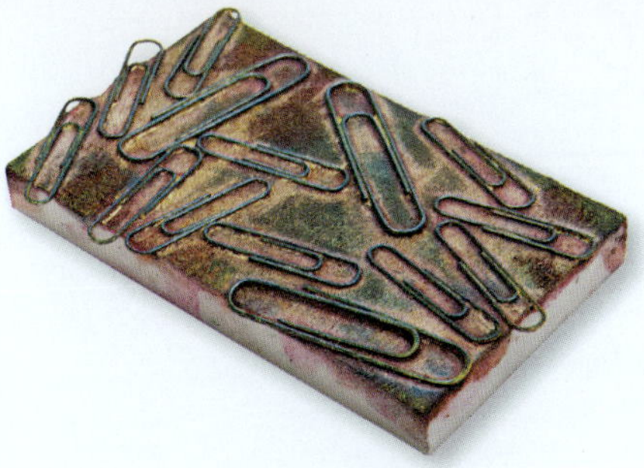

1. Schneiden Sie den Stempelblock auf die gewünschte Größe zu.
2. Wenn Sie einen Stempelblock ohne Klebeschicht verwenden, befestigen Sie doppelseitiges Klebeband daran, und schneiden Sie die Enden ab.
3. Platzieren Sie wahllos Büroklammern mit derselben Dicke auf der Haftschicht, und drücken Sie sie fest an.
4. Drücken Sie den Büroklammernstempel auf das Stempelkissen oder in eine auf dem Plexiglas ausgerollte Farbschicht.
5. Platzieren Sie Bastelschaumstoff als Puffer unter dem Papier, drücken Sie den Büroklammernstempel fest auf das Papier, und halten Sie beim Abnehmen des Stempels das Papier fest.

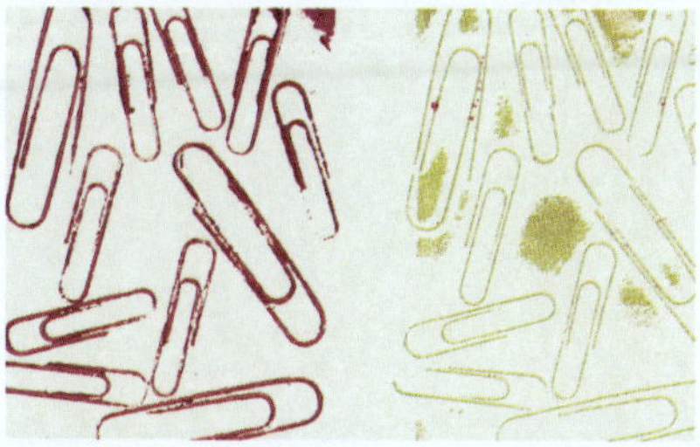

Rot wurde mit Farbe gedruckt, Grün mit einem Stempelkissen.

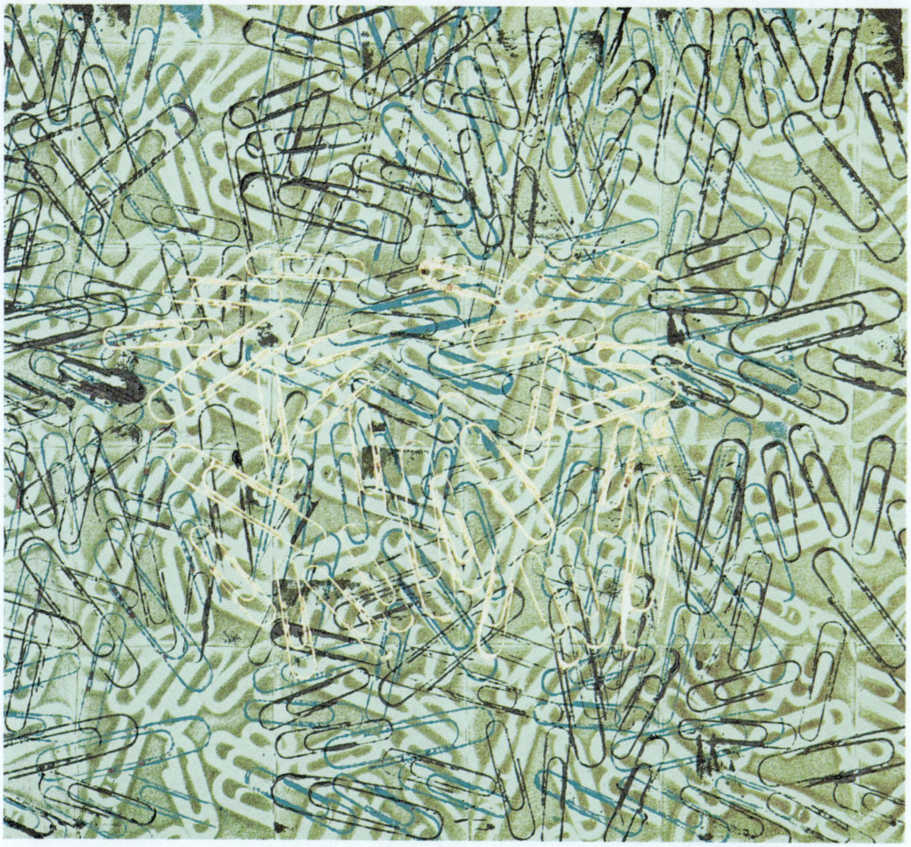

Wahllos mit verschiedenen Farben auf Tonpapier gedruckt, das zuerst mit einem braunen Stempelkissen mit dem mit Büroklammern geformten Schaumstoffwürfel (Projekt 28) gestempelt wurde.

Tipp

Ich empfehle für diesen Stempel kein Schaumstoff-Klebeband oder beidseitig klebende Puffer. Da die Büroklammern so dünn sind, würde beim Aufdrücken des Stempels die Pufferschicht mitgedruckt werden. Stempelgummi-Montageschaum ist fest genug, damit dies nicht passiert.

PROJEKT 10

Knopfstempel

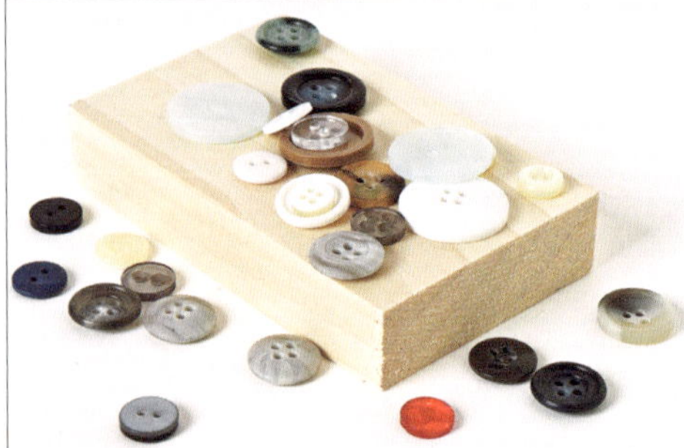

DER KNOPFSTEMPEL IST EINES MEINER LIEBLINGS-STEMPELWERKZEUGE, und ich mag den etwas abgenutzt wirkenden Druckeffekt. Verwenden Sie Knöpfe, die möglichst gleich dick sind. Obwohl das Schaumstoff-Klebeband leichte Dickenunterschiede ausgleicht, werden die dünnen Knöpfe nicht gedruckt, wenn der Unterschied zu groß ist. Ich bevorzuge Holz als Stempelblock, da ich diesen Stempel sehr häufig benutze. Außerdem kann ich mit dem Holz großen Druck anwenden, damit alle Knöpfe gedruckt werden. Ich habe jedoch auch schon Schaumkern als Stempelblock verwendet, was auch funktioniert. Sie können Beutel oder Röhren mit gemischten Knöpfen in Handarbeits-, Stoff- oder auch Secondhandläden finden.

Material

- Material für Stempelblock, siehe Seite 10
- Schaumstoff-Klebeband (oder Klebepuffer)
- Schere oder Hobbymesser
- Knöpfe
- Farbwalze
- Dicke Acrylfarbe
- Plexiglas
- Ein Bogen Bastelschaumstoff als Druckunterlage
- Papier

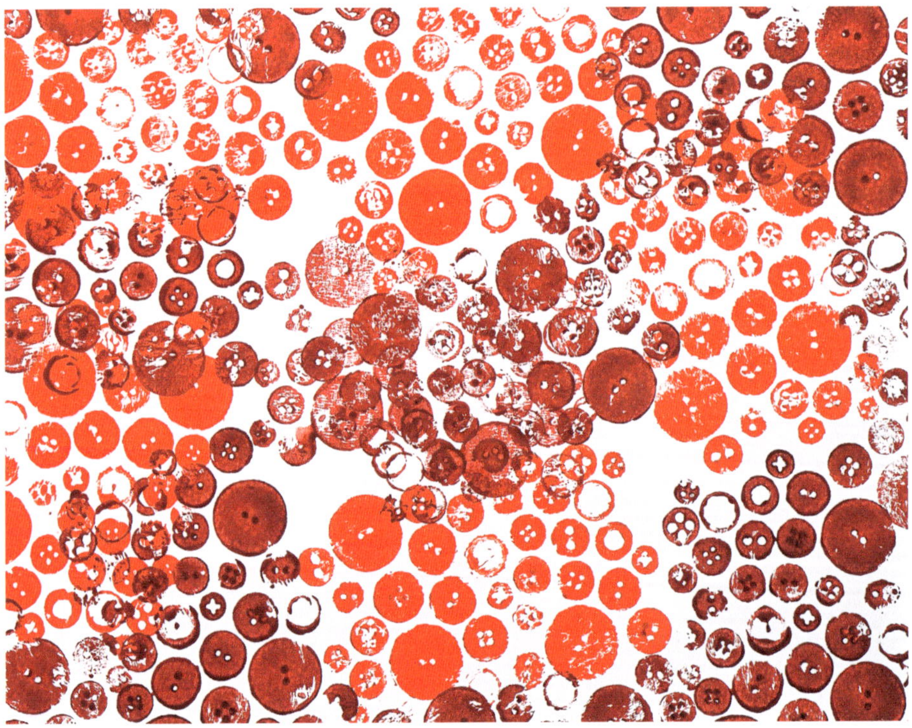

Gestempelt mit Farbe auf Aquarellpapier.

Anleitung

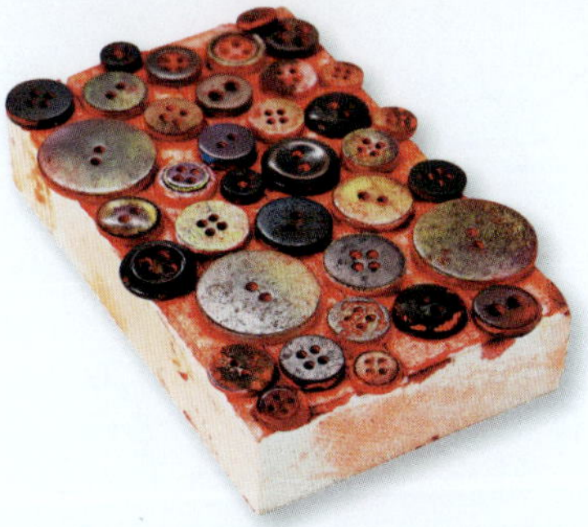

1. Schneiden Sie den Stempelblock auf die gewünschte Größe zu.
2. Bekleben Sie eine Seite des Stempelblocks mit Schaumstoff-Klebeband oder Klebepuffer und ziehen Sie die Schutzfolie ab.
3. Ordnen Sie Knöpfe mit derselben Dicke wahllos auf der Klebeschicht an, und drücken Sie sie fest an.
4. Rollen Sie die Farbwalze durch Farbe und dann über den Knopfstempel, oder drücken Sie den Knopfstempel in eine auf dem Plexiglas ausgerollte Farbschicht.
5. Platzieren Sie Bastelschaumstoff als Puffer unter dem Papier, drücken Sie den Knopfstempel fest auf das Papier, und halten Sie beim Abnehmen des Stempels das Papier fest.

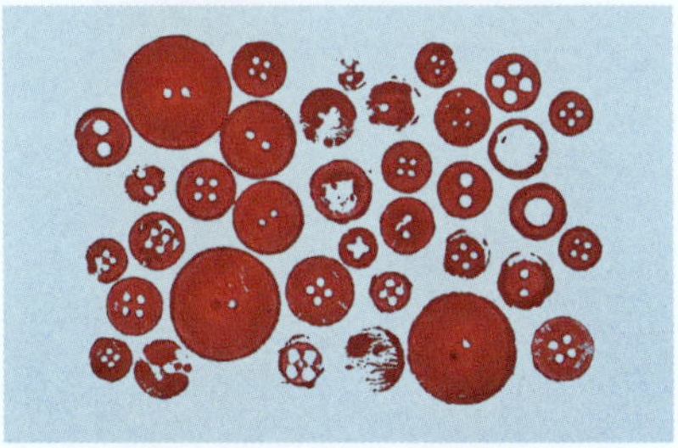

Gestempelt mit Farbe.

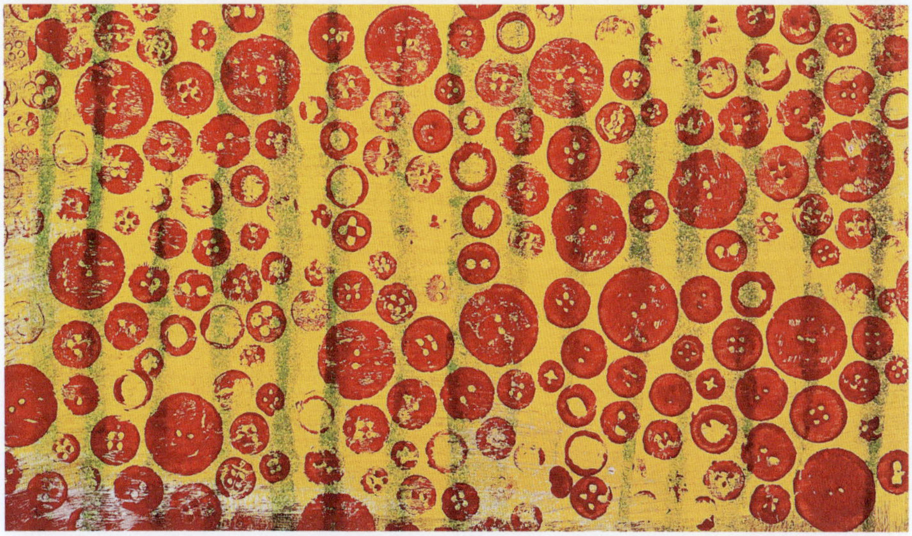

Das Tonpapier wurde erst leicht mit Kreidegrund bestrichen. Anschließend wurde mit der Farbwalze gelbe Farbe aufgetragen (Projekt 29), und dann wurden grüne Linien mit einer Druckwalze aus geschmolzener Schaumstoff-Rohrleitungsisolierung (Projekt 35) aufgedruckt. Anschließend wurde mit Farbe und dem Knopfstempel gedruckt.

Tipps

- Nur die höchsten Punkte der Knöpfe werden gedruckt. Knöpfe mit einem erhöhten Rand, der nach oben zeigt, werden nur als ungefüllte Kreise gedruckt. Drehen Sie sie um, um einen gefüllten Kreis mit Löchern zu drucken. Ich kombiniere gerne verschiedene Größen und verschiedene Seiten.
- Der Knopfstempel druckt am besten mit dicker Farbe, kann jedoch auch mit einem Stempelkissen verwendet werden (siehe rechts), wenn er mit einer dünnen Schicht bearbeitbaren Fixiermittel eingesprüht wird. Durch das Fixiermittel hält die Tinte an den Knöpfen. Wenn Sie bereits mehrmals mit Farbe gedruckt haben, ist zum Drucken mit einem Stempelkissen kein Fixiermittel mehr notwendig.

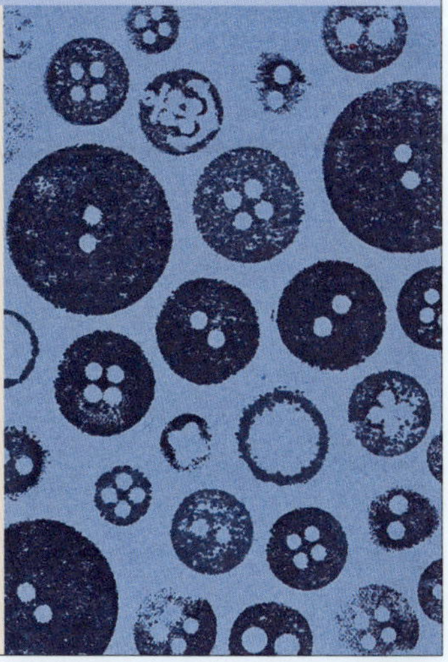

PROJEKT 11

Kordelstempel

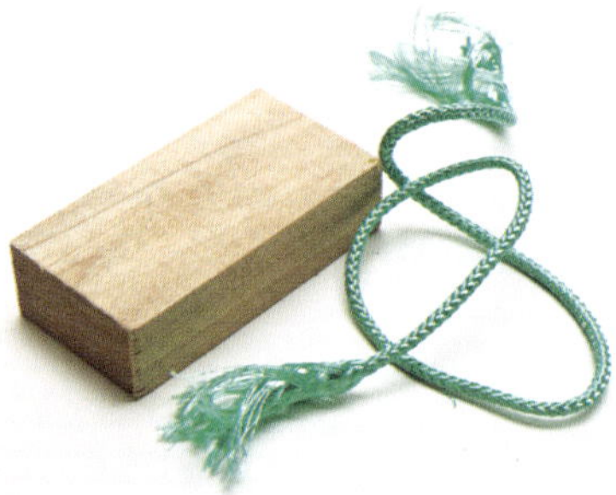

Material

- Material für Stempelblock, siehe Seite 10
- Klebstoff
- Schere oder Hobbymesser, falls Sie doppelseitiges Klebeband oder Schaumstoff-Klebeband verwenden
- Kordel
- Stempelkissen oder Farbe
- Farbwalze und Plexiglas, falls Sie Farbe verwenden
- Papier

ALS KIND HABE ICH IM KUNSTUNTERRICHT mit dem Bowling-Shirt meiner Mutter als Malerkittel Garn auf Tonpapier geklebt und damit ziemlich chaotische Drucke angefertigt. Dies ist eine etwas ausgereiftere Version jenes Stempels. Sie können jede Art von Kordel verwenden. Kordeln mit Flechtmuster verleihen dem Druck jedoch mehr Textur. Je nach Art der Kordel und ihrer Absorptionsfähigkeit können Sie sie mit doppelseitigem Klebeband oder Schaumstoff-Klebeband befestigen oder Klebstoff verwenden. Hier habe ich Schaumstoff-Klebeband verwendet, und es hat gehalten, bis ich den Stempel zu sehr mit Baby-Feuchttüchern gesäubert habe. Die Kordel hat zu viel Flüssigkeit aufgesaugt und sich nach einer Weile gelöst. Daher habe ich sie getrocknet, ein wenig Klebstoff aufgetragen und konnte weitermachen. Bei anderen Kordeln hatte ich mit doppelseitigem Klebeband keine Probleme. Probieren Sie aus, was für Sie am besten geeignet ist.

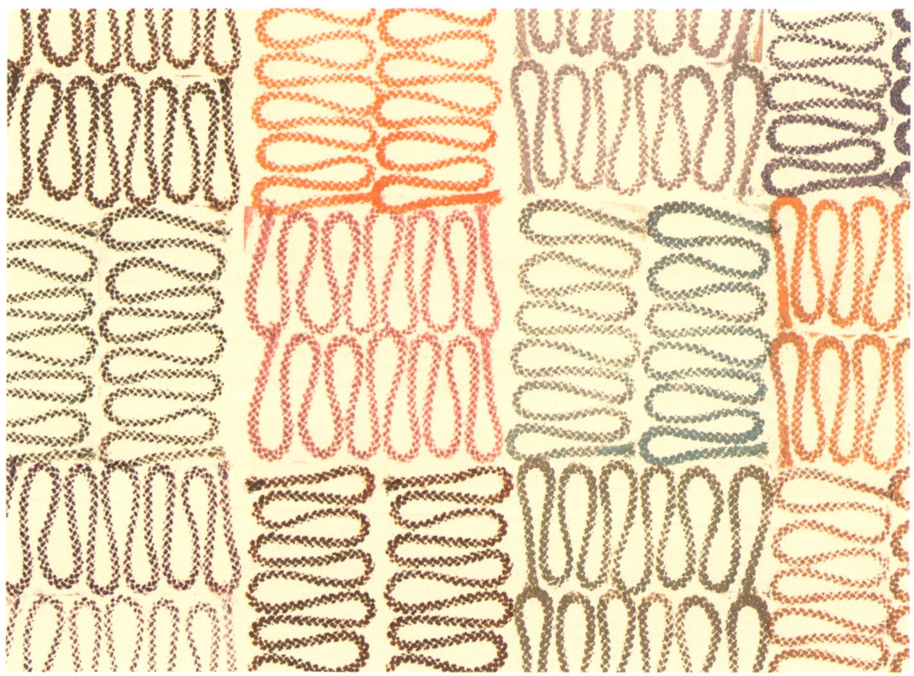

Gestempelt in abwechselnden Richtungen mit Stempelkissen auf Tonpapier.

Anleitung

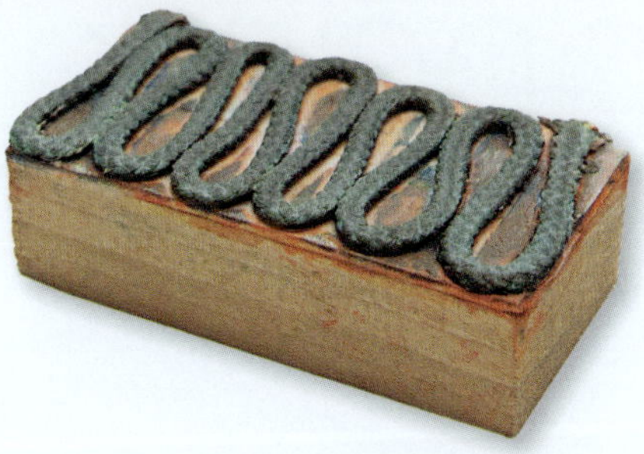

1. Schneiden Sie den Stempelblock auf die gewünschte Größe zu.
2. Bekleben Sie eine Seite des Stempelblocks mit doppelseitigem Klebeband oder Schaumstoff-Klebeband oder streichen Sie sie mit Klebstoff ein.
3. Legen Sie die Kordel im gewünschten Muster auf den Stempelblock, und drücken Sie sie fest an. (Wenn Sie Klebestoff verwendet haben, lassen Sie ihn trocknen.)
4. Drücken Sie den Kordelstempel auf das Stempelkissen oder in eine auf dem Plexiglas ausgerollte Farbschicht, und stempeln Sie auf das Papier.

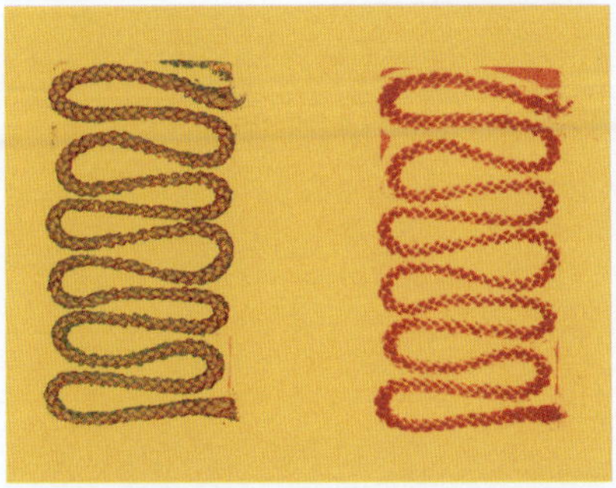

Grün wurde mit Farbe und Rot mit einem Stempelkissen gestempelt.

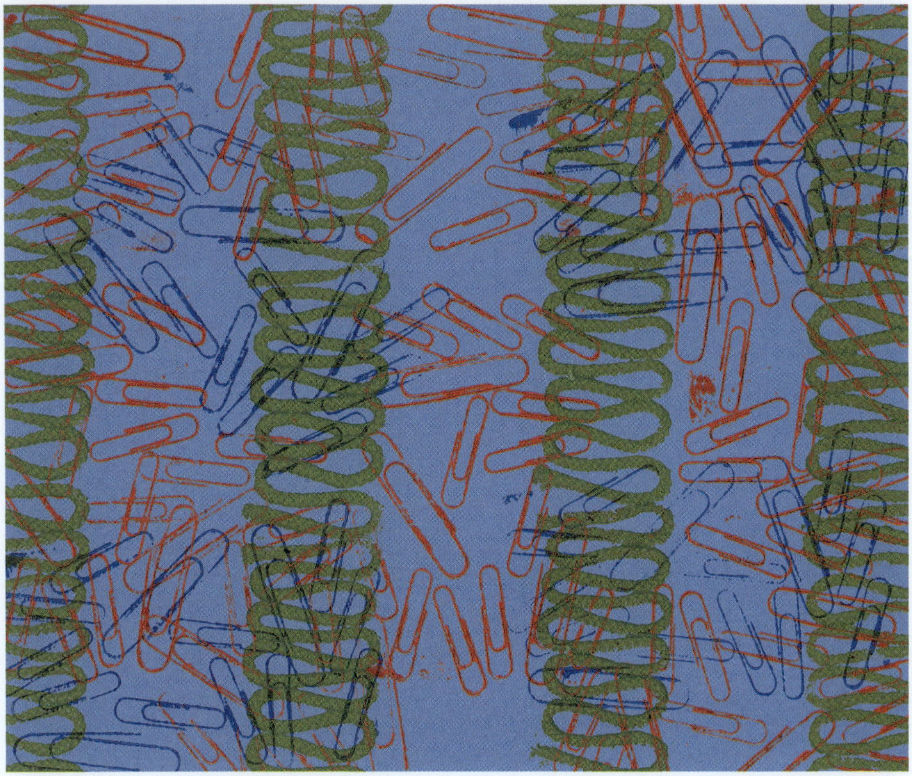

Das Tonpapier wurde zunächst mit dem Büroklammernstempel (Projekt 9) mit roter und blauer Farbe und dann mit dem Kordelstempel mit grüner Farbe bedruckt.

Tipps

- Wenn Sie eine Synthetikkordel verwenden, können Sie verhindern, dass die Enden ausfransen, indem Sie sie mit einem Streichholz oder einem Feuerzeug schmelzen. Sie können auch klaren Nagellack auf die Enden auftragen.
- Eine Kordel wird auch zum Herstellen eines umwickelten Dübels im Kapitel über Walzendruck verwendet (Projekt 33).

PROJEKT 12

Stempel mit Gummibändern

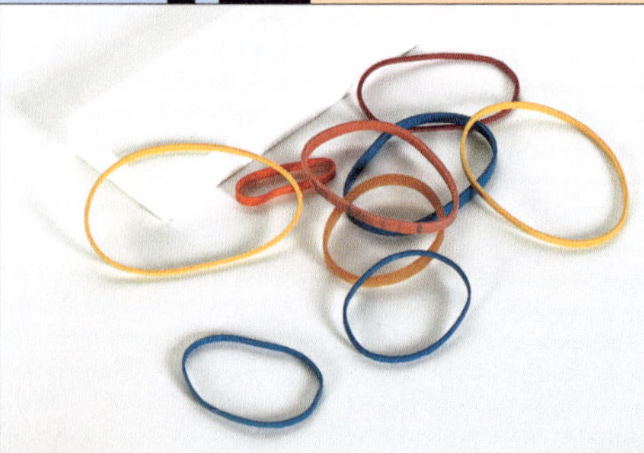

GUMMIBÄNDER SIND DER BEWEIS DAFÜR, dass man kein kompliziertes oder teures Zubehör benötigt, um grafisch interessante Bilder zu drucken. Selbst Kinder können daraus schnell einen einfachen Stempel basteln. Wenn Ihnen Ihr Stempelabdruck nicht gefällt, verschieben Sie die Gummibänder einfach ein wenig, fügen Sie weitere hinzu oder entfernen Sie welche. Sie können den Stempel sofort verwenden und sich über das Ergebnis freuen. Jetzt haben Sie endlich einen Verwendungszweck für die Gummibänder, die Sie immer aufbewahrt haben, auch die vom Broccoli!

Material

- Material für Stempelblock, siehe Seite 10
- Gummibänder in verschiedenen Stärken
- Stempelkissen oder Farbe
- Farbwalze und Plexiglas, falls Sie Farbe verwenden
- Papier

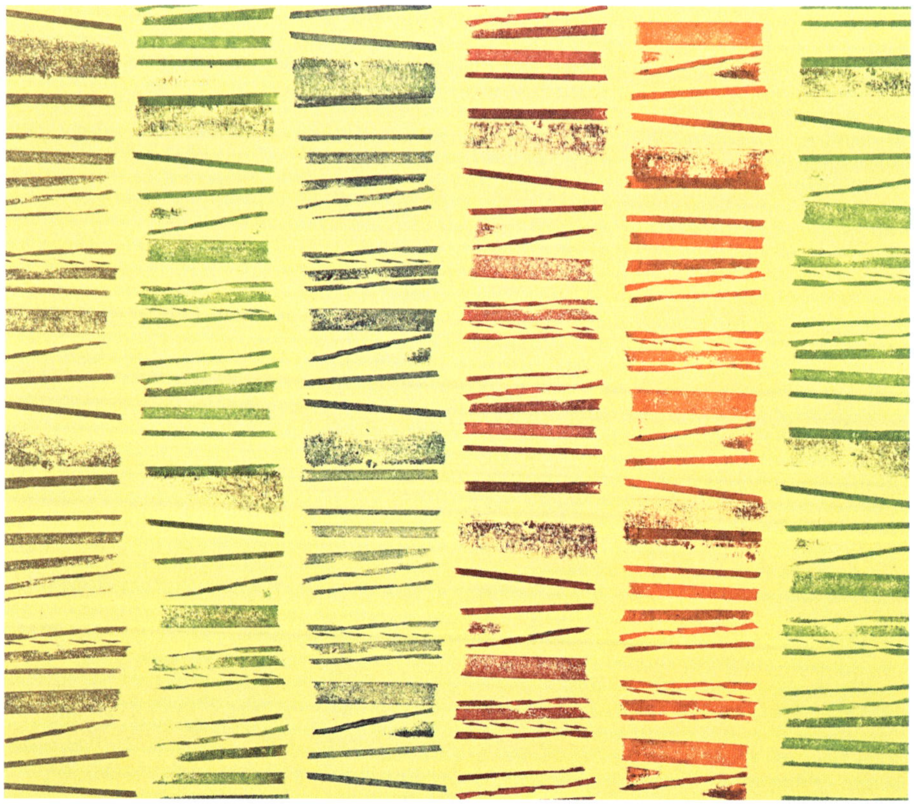

Gestempelt mit Stempelkissen auf Skizzenpapier.

Anleitung

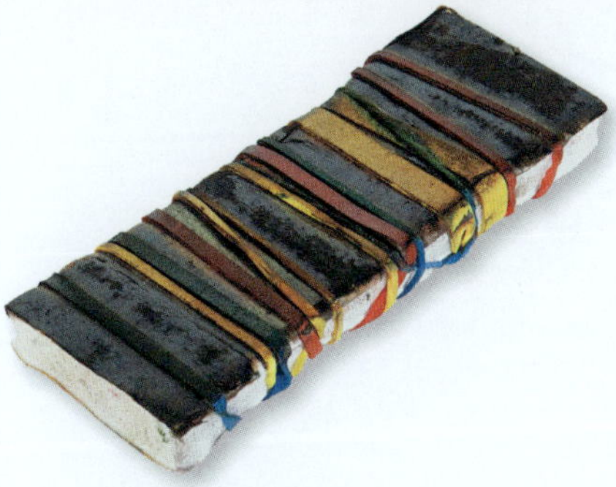

1. Schneiden Sie den Stempelblock auf die gewünschte Größe zu.
2. Spannen Sie Gummibänder verschiedener Stärke um den Stempelblock, und erstellen Sie dabei nach Wunsch Überkreuzmuster, horizontale Streifen oder Zickzacklinien. Die Gummibänder können glatt oder verdreht liegen. Versuchen Sie jedoch, die Seite, die gedruckt wird, einigermaßen glatt zu halten.
3. Drücken Sie den Gummibandstempel auf das Stempelkissen oder in eine auf dem Plexiglas ausgerollte Farbschicht, und stempeln Sie auf das Papier.

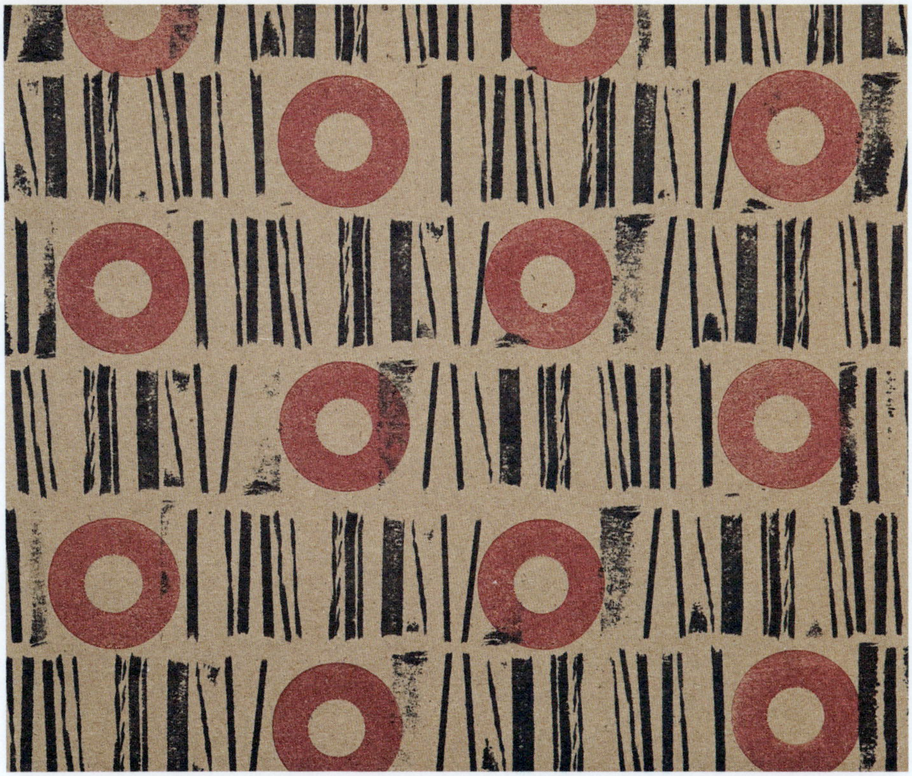

In Kombination mit einem großen Ballen-Druckschutzpflaster (Projekt 6) mit Stempelkissen auf Tonpapier gestempelt.

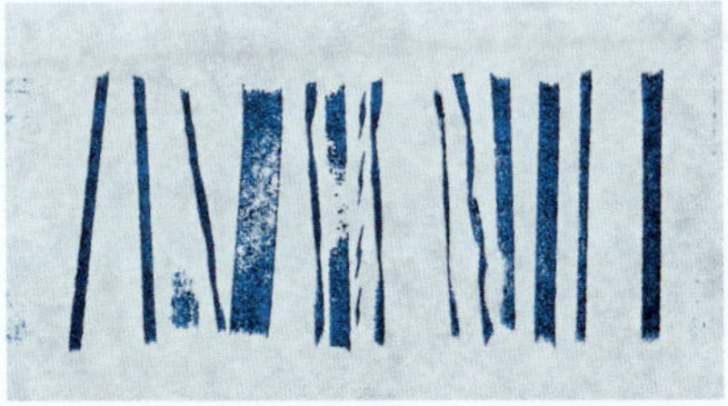

Mit einem Stempelkissen gestempelt.

Tipps

- Probieren Sie verschiedene quadratische und rechteckige Stempelblöcke aus, und wickeln Sie die Gummibänder in verschiedene Richtungen, um interessantere Muster zu erhalten.
- Anstatt einen Stempelblock aus Holz oder Schaumkern zurechtzuschneiden, suchen Sie nach verschiedenen Gegenständen, die einen interessanten Stempelblock ergeben könnten.

PROJEKT 13

Drahtstempel

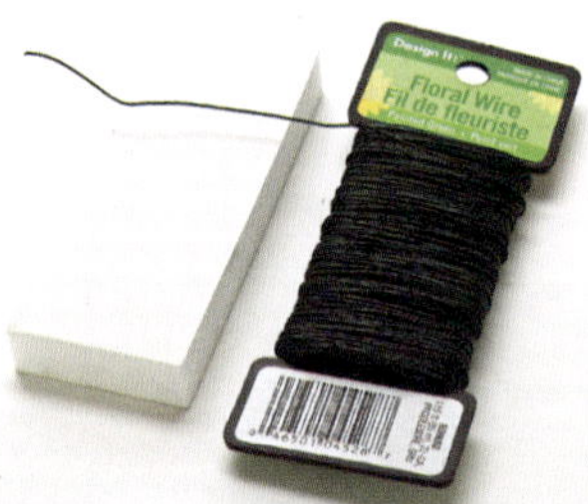

Material

- Material für Stempelblock, siehe Seite 10
- Hobbymesser
- Blumendraht
- Drahtschneider (Schere funktioniert, wenn der Draht nicht zu dick ist)
- Stempelkissen oder Farbe
- Farbwalze und Plexiglas, falls Sie Farbe verwenden
- Ein Bogen Bastelschaumstoff als Druckunterlage
- Papier

MIT DRAHT KÖNNEN SIE SCHÖNE, wie Gras aussehende Linien erzeugen, und beinahe jeder Draht ist dafür geeignet. Ich verwende Blumendraht, da er günstig, dünn und leicht zu biegen ist. Wenn Sie ihn von der Spule um den Stempelblock wickeln, entstehen natürlich kleine Wellen. Es ist unmöglich, den Draht vollkommen gerade zu bekommen. Sehen Sie dies als Vorteil. Dadurch entsteht eine Textur, ohne dass Sie dafür etwas tun müssen. Das entstehende Bild eignet sich gut als Hintergrundtextur, kann aber auch genauso gut im Vordergrund eingesetzt werden.

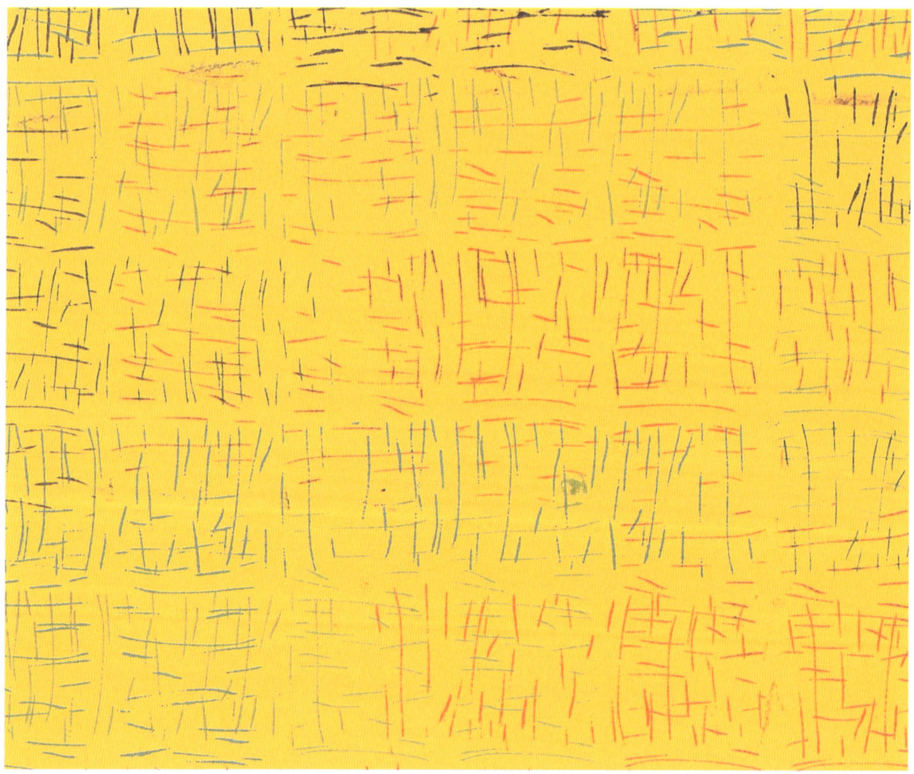

Horizontal und vertikal mit Stempelkissen auf Tonpapier gestempelt.

Anleitung

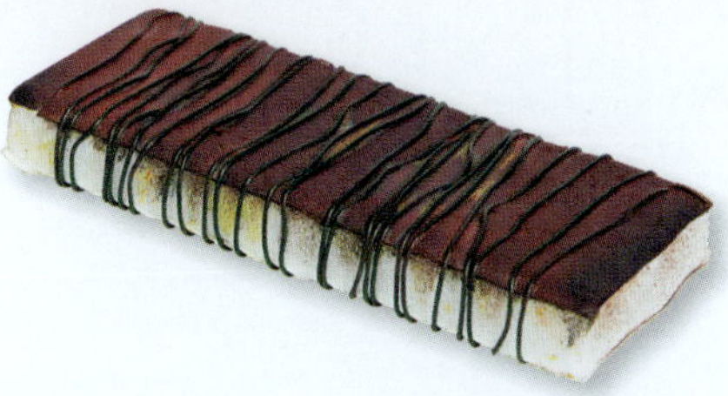

1. Schneiden Sie den Stempelblock auf die gewünschte Größe zu.
2. Schneiden Sie mit einem Hobbymesser eine Kerbe in die gegenüberliegenden Kanten des Stempelblocks.
3. Befestigen Sie das Drahtende in einer Kerbe. Wickeln Sie den Draht um den Stempelblock, und befestigen Sie ihn in der anderen Kerbe. Beide Drahtenden sollten sich auf der nicht-druckenden Seite des Stempels befinden.
4. Drücken Sie den drahtumwickelten Stempelblock auf das Stempelkissen oder in eine auf dem Plexiglas ausgerollte Farbschicht.
5. Platzieren Sie Bastelschaumstoff als Puffer unter dem Papier, drücken Sie den drahtumwickelten Stempelblock fest auf das Papier.

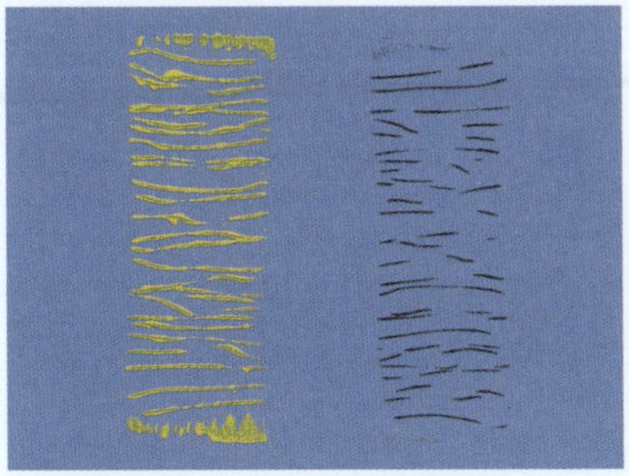

Gelb wurde mit Farbe gestempelt, Schwarz mit einem Stempelkissen.

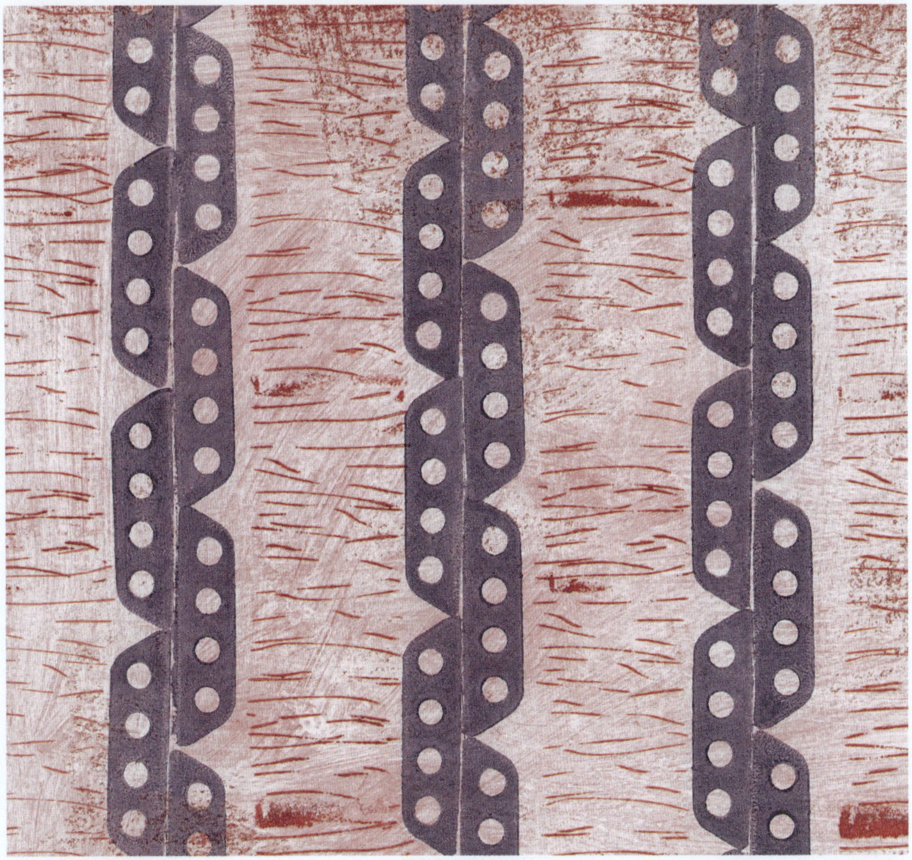

Das Tonpapier wurde zunächst leicht mit Kreidegrund bestrichen und dann mit einem violetten Stempelkissen mit dem Schaumstoff-Bithalter (Projekt 8) und anschließend mit einem roten Stempelkissen mit dem drahtumwickelten Stempelblock bestempelt.

Tipp

Nur die höchsten Punkte des Drahts werden gedruckt. Wenn nicht viel auf dem Abdruck zu sehen ist, versuchen Sie, den Draht glatter um den Stempelblock zu wickeln.

PROJEKT 14

Bastelschaumstoff

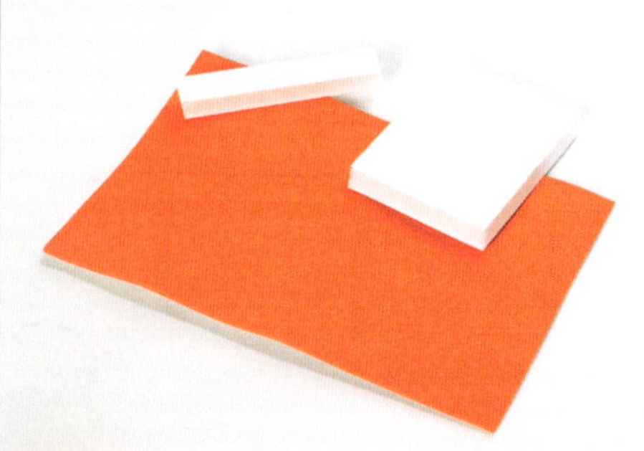

Material

- Material für Stempelblock, siehe Seite 10
- Haftender Bastelschaumstoff
- Hobbymesser und/oder Schere mit dekorativen Kanten
- Stempelkissen oder Farbe
- Farbwalze und Plexiglas, falls Sie Farbe verwenden
- Papier

DER ERFINDER DES BASTELSCHAUMSTOFFS ist meiner Meinung nach ein Genie. Bastelschaumstoff kann auf verschiedene Weise für vielerlei Zwecke verwendet werden. Haftender Bastelschaumstoff ist sogar noch besser, da er auf dem Untergrund befestigt werden kann, aber trotzdem einfach zu schneiden ist. Vor Jahren habe ich eine Schere mit dekorativer Kante gekauft, wusste aber nichts damit anzufangen. Dann wurde mir klar, dass sie perfekt zum Schneiden von haftendem Bastelschaumstoff ist, den ich anschließend auf Schaumkern befestigen konnte, um schnell einen Stempel selbst zu machen. Für diese beiden Stempel habe ich eine Schere mit bogenförmiger Kante und ein Hobbymesser verwendet. Sie können Ihr Motiv entweder erst mit einem Zauberstift auf dem Bastelschaumstoff vormalen oder so wie ich einfach improvisieren.

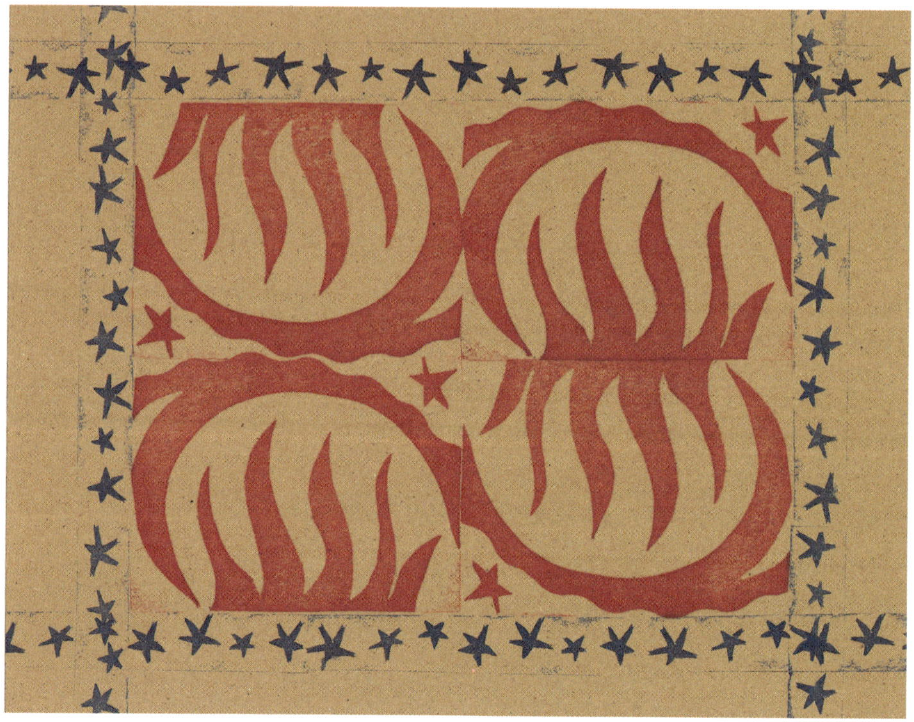

Mit Stempelkissen auf Tonpapier gestempelt.

Anleitung

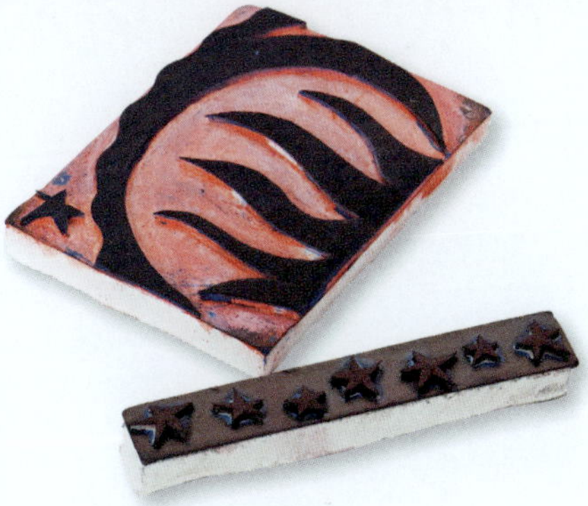

1. Schneiden Sie den Stempelblock auf die gewünschte Größe zu.
2. Schneiden Sie mit einem Hobbymesser oder einer Schere Formen aus dem Bastelschaumstoff aus.
3. Ziehen Sie die Schutzfolie ab, und befestigen Sie den Bastelschaumstoff am Stempelblock.
4. Drücken Sie den Bastelschaumstoffstempel auf das Stempelkissen oder in eine auf dem Plexiglas ausgerollte Farbschicht, und stempeln Sie auf das Papier.

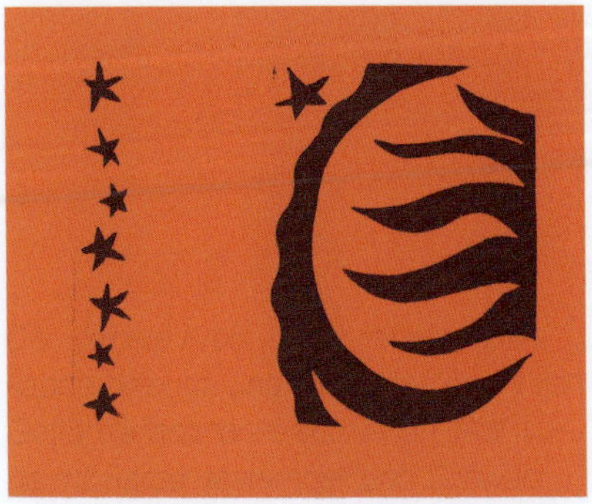

Mit einem Stempelkissen gestempelt.

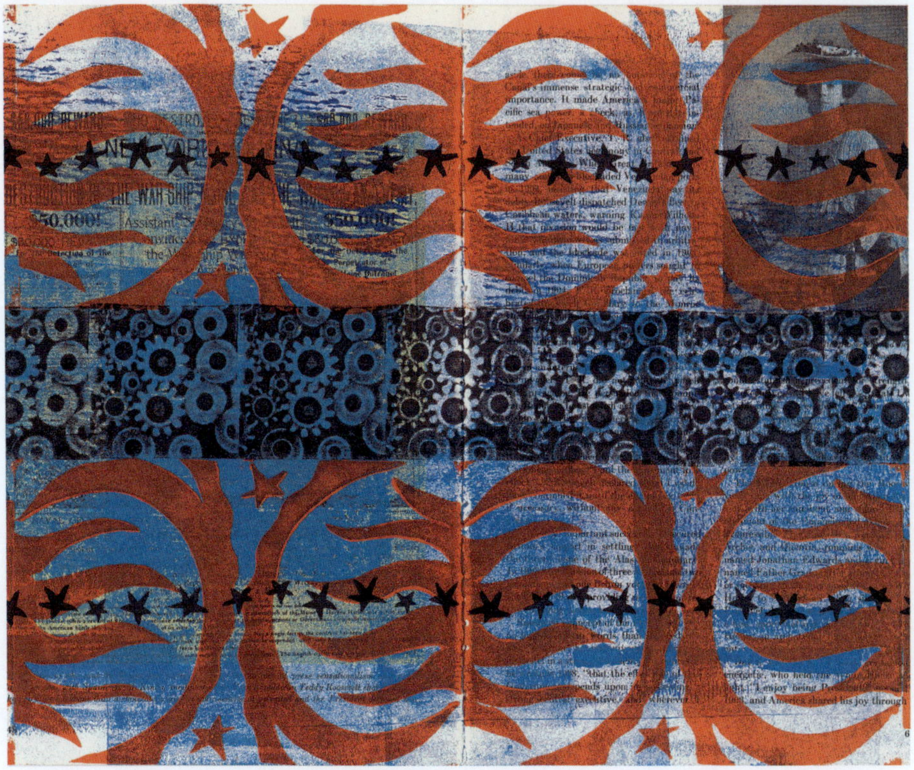

Auf eine alte Buchseite wurde zunächst mit der Farbwalze blaue Farbe aufgetragen (Projekt 29). Anschließend wurde mit Bastelschaumstoffstempeln mit orangefarbener und schwarzer Farbe gestempelt und danach mit dem Schaumstoffwürfelstempel mit Abdrücken von Unterlegscheiben (Projekt 28) mit einem schwarzen Stempelkissen.

Tipps

- Da der Bastelschaumstoff stark absorbiert, benötigen Sie zunächst viel Stempelkissentinte, um einen deutlichen Abdruck zu erzeugen. Farbe wird nicht so stark absorbiert.
- Wenn Sie sich nicht die Mühe machen wollen, eigene Muster auszuschneiden, können Sie haftenden Bastelschaumstoff in allen möglichen Formen in der Kinderabteilung von Bastelgeschäften kaufen!

PROJEKT 15

Schaumstoffanhänger

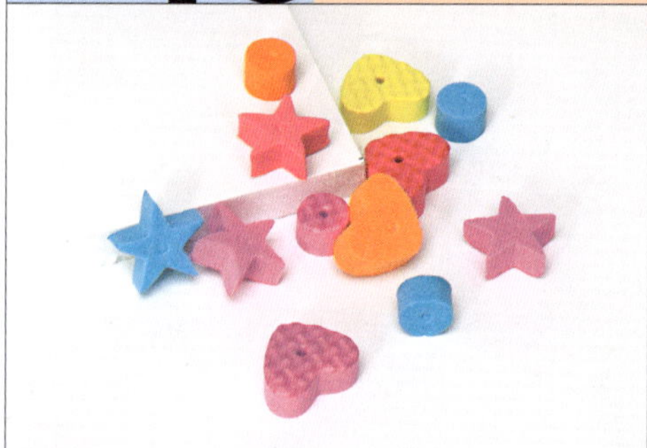

Material

- Material für Stempelblock, siehe Seite 10
- Doppelseitiges Klebeband
- Schere oder Hobbymesser
- Schaumstoffanhänger
- Stempelkissen oder Farbe
- Farbwalze und Plexiglas, falls Sie Farbe verwenden
- Papier

SCHAUMSTOFFANHÄNGER GEHÖREN ZU DEN VIELEN TOLLEN SACHEN, die Sie in der Kinderabteilung von Bastelgeschäften oder in Schnäppchenläden finden und zum Drucken und Stempeln verwenden können. Sie sind in gemischten Beuteln oder Schachteln mit einfachen Formen wie Sternen, Quadraten und verschieden großen Kreisen erhältlich. Trotz der begrenzten Auswahl an Formen sind die Gestaltungsmöglichkeiten endlos. Da sie flach sind, lassen sie sich einfach mit doppelseitigem Klebeband am Stempelblock befestigen und beliebig anordnen. Sie funktionieren naturgemäß selbst als Puffer und lassen sich daher einfach zum Drucken verwenden. Zusätzlich ist normalerweise eine Seite strukturiert und die andere glatt. Sie können die Mitten herausdrücken (zum Auffädeln gedacht), sodass die Formen mit kleinen Löchern in der Mitte gedruckt werden.

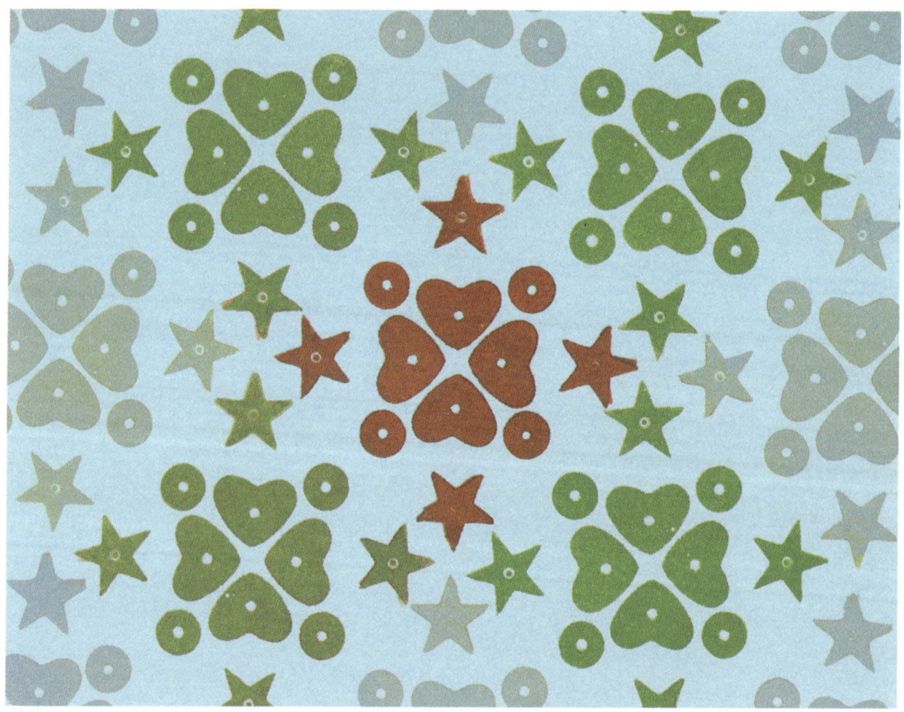

Mit Stempelkissen auf Tonpapier gestempelt.

Anleitung

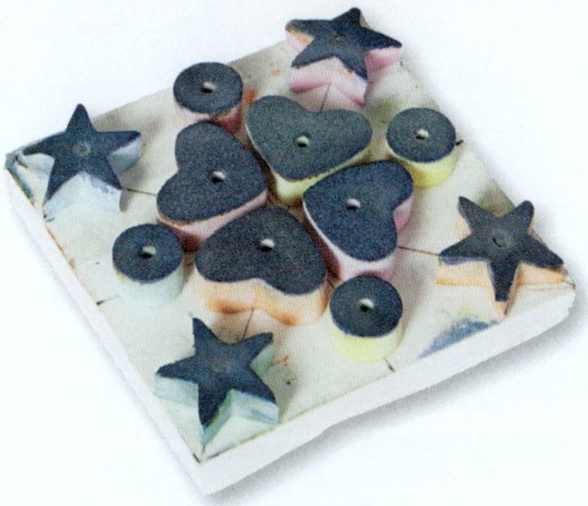

1. Schneiden Sie den Stempelblock auf die gewünschte Größe zu.
2. Versehen Sie eine Seite des Stempelblocks mit doppelseitigem Klebeband, und schneiden Sie die überstehenden Kanten ab.
3. Ordnen Sie die Anhänger auf der Klebefläche an, und drücken Sie sie an.
4. Drücken Sie den Schaumstoffanhänger-Stempel auf das Stempelkissen oder in eine auf dem Plexiglas ausgerollte Farbschicht, und stempeln Sie auf das Papier.

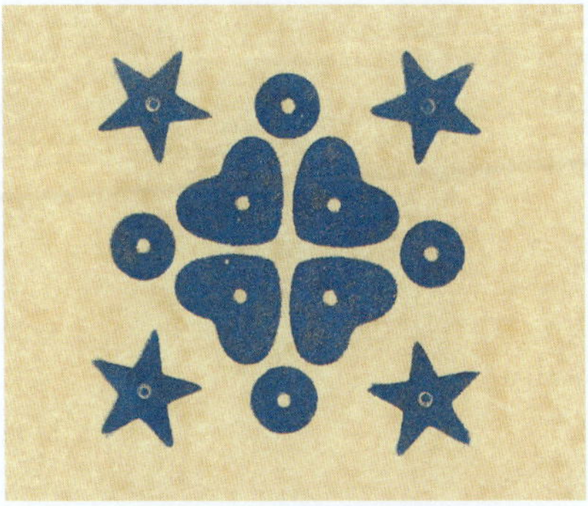

Mit einem Stempelkissen gestempelt.

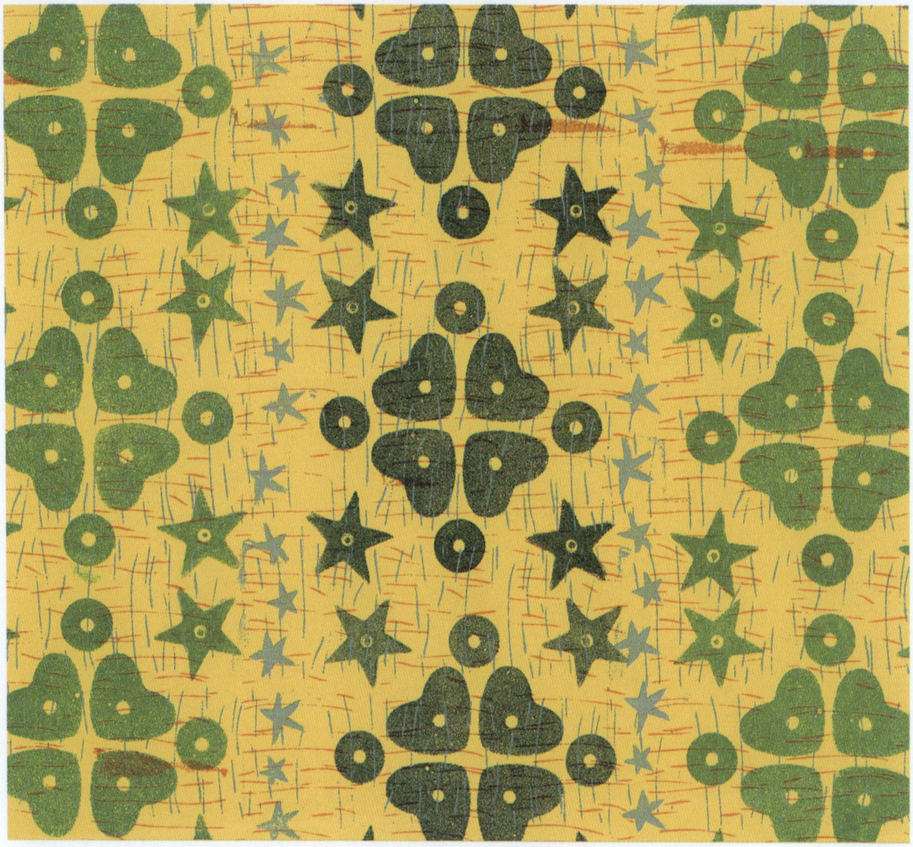

Das Tonpapier wurde zunächst mit Stempelkissen mit dem drahtumwickelten Stempelblock (Projekt 13) und dann mit Stempelkissen mit dem Schaumstoffanhänger-Stempel und dem Bastelschaumstoffstempel mit Sternen (Projekt 14) gestempelt.

Tipp

Diese Anhänger bestehen aus verformbarem Schaumstoff und können mit Strukturmustern versehen werden. Siehe Kapitel 2: „Stempel aus verformbarem Schaumstoff".

PROJEKT

16 Flip-Flops

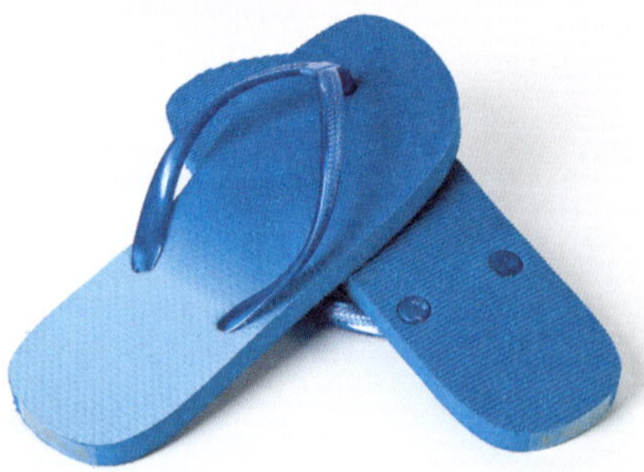

Material

- Flip-Flops
- Hobbymesser oder Gipskartonmesser mit scharfer Klinge
- Schneideunterlage
- Stempelkissen oder Farbe
- Farbwalze und Plexiglas, falls Sie Farbe verwenden
- Papier

ICH HABE NOCH NIE GERNE FLIP-FLOPS GETRAGEN. Aber auf der Suche nach neuen Druckwerkzeugen habe ich festgestellt, dass sie unterschiedliche Muster an der Unterseite haben. Es war wie ein Geistesblitz: Sie können zum Drucken verwendet werden, sie müssen nicht montiert werden, da sie relativ dick und daher einfach zu halten sind, und sie lassen sich einfach mit einem Hobbymesser schneiden. Nachdem ich das erste Mal mit Flip-Flops gedruckt hatte, habe ich in jedem Laden nach Flip-Flops Ausschau gehalten, in der Hoffnung, neue und interessante Muster an den Sohlen zu finden. Ich freute mich besonders, als ich das hier verwendete Paar gefunden habe, da es auf der Oberseite ein anderes Muster als auf der Unterseite hat. Mir gefallen die abgerundeten Ecken an den Fersen. Deshalb habe ich sie als Teil des Stempels beibehalten.

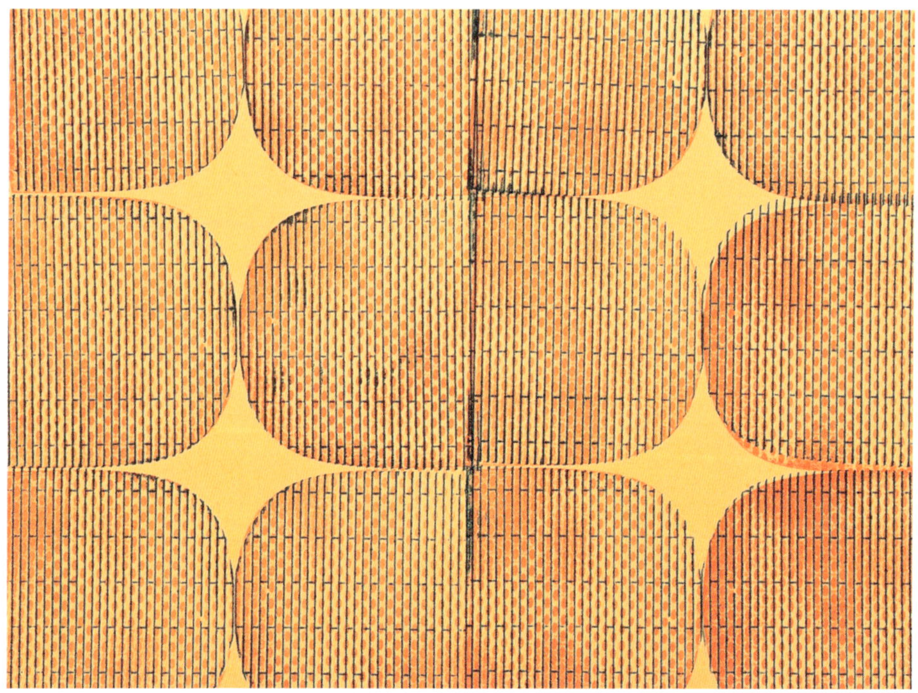

Mit beiden Seiten des Flip-Flops mit Stempelkissen auf Tonpapier gestempelt.

Anleitung

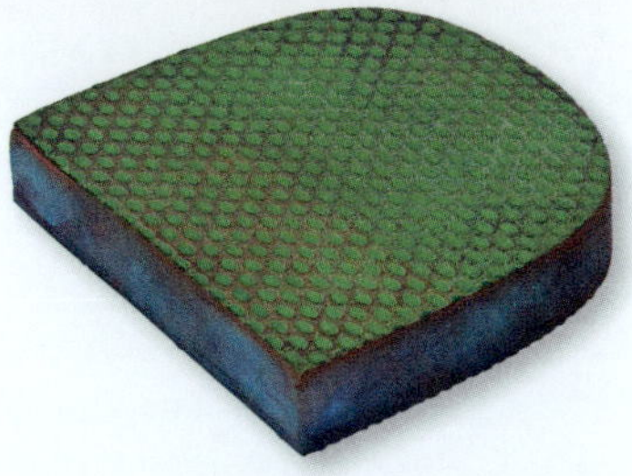

1. Schneiden Sie einen Flip-Flop auf die gewünschte Größe zu. Gehen Sie dabei genauso vor wie bei Schaumkern oder Stempelgummi-Montageschaum.
2. Drücken Sie den Flip-Flop auf das Stempelkissen oder in eine auf dem Plexiglas ausgerollte Farbschicht (oder tragen Sie die Farbe mit einer Farbwalze auf den Flip-Flop auf), und stempeln Sie auf das Papier.

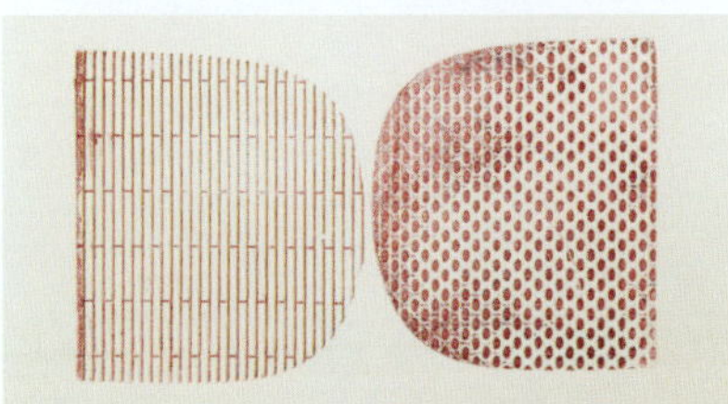

Mit einem Stempelkissen gestempelt.

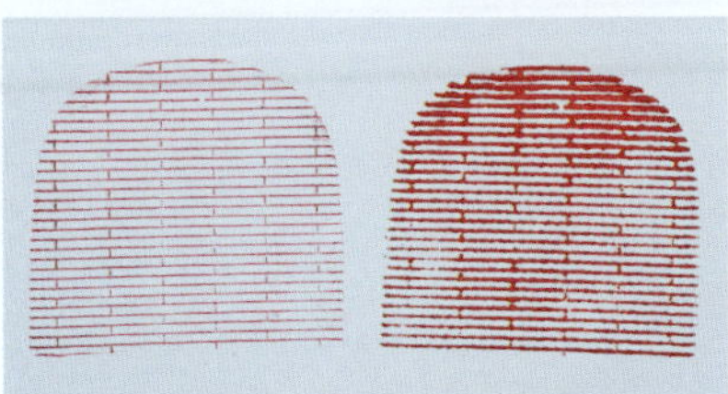

Druck, der den Unterschied zwischen dem Drucken mit einem Stempelkissen und mit Farbe zeigt. Für den linken Druck wurde ein Stempelkissen verwendet und für den rechten Acrylfarbe.

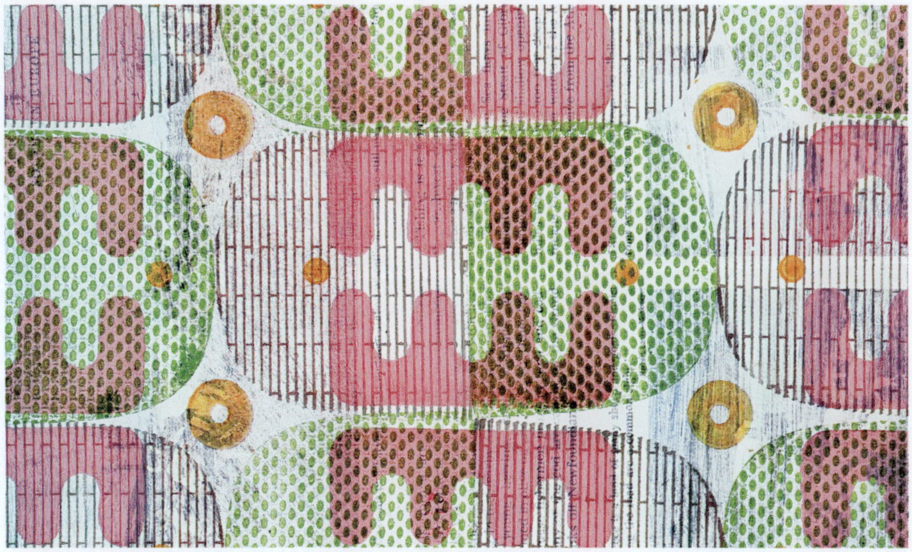

Eine alte Buchseite wurde zuerst leicht mit Kreidegrund bestrichen und dann mit Stempelkissen mit beiden Seiten des Flip-Flops, Hühneraugen-Druckschutzpflastern (Projekt 6) und einem Zehenspreizer (Projekt 7) gestempelt.

Tipps

- Aus der Unterseite der Riemenbefestigungen können Sie runde Stempel machen. Schneiden Sie die Riemen nahe der Befestigung von den Flip-Flops ab, lassen Sie dabei jedoch einen kleinen Griff zum Stempeln stehen.
- Kaufen Sie die größte erhältliche Größe. Je größer der Flip-Flop, desto mehr Stempel können Sie basteln.
- Sie können Flip-Flops auch als Stempelblock zur Montage von anderen Elementen verwenden.
- Wir verwenden Flip-Flops auch als formbaren Schaumstoff in Projekt 26, wo Strukturmuster darin eingestanzt werden.

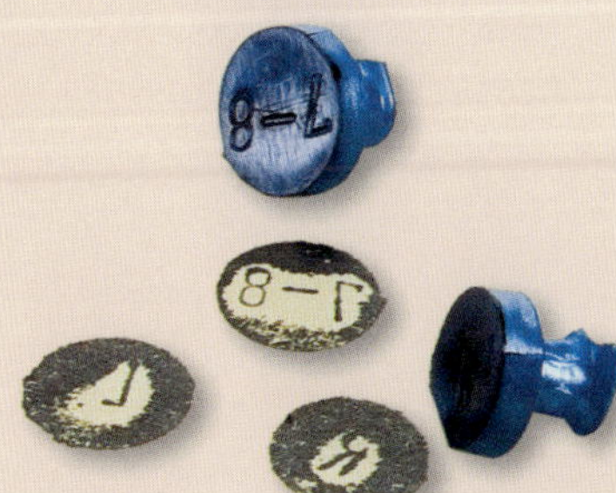

PROJEKT 17

Haargummistempel

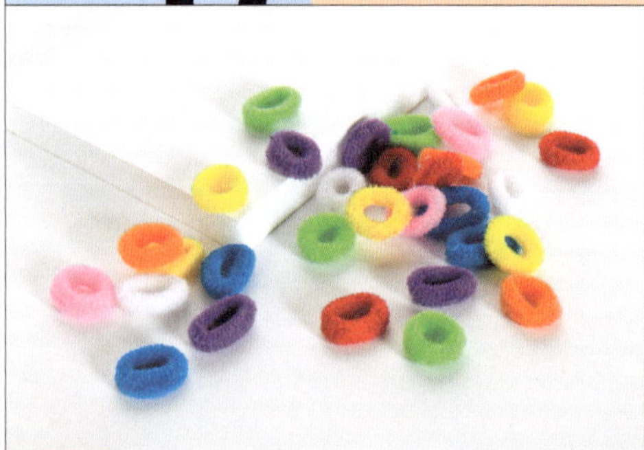

ALS ICH DIESE FLAUMIGEN HAARGUMMIS in einem Schnäppchenladen entdeckt habe, fand ich, dass sie wie kleine runde Raupen aussehen. Und sie würden interessante Druckwerkzeuge abgeben, nicht nur wegen ihrer Struktur sondern auch, weil sie so formbar sind. Ich habe mich gefreut, als ich gesehen habe, wie ihre Struktur beim Drucken aussah. Sie können jede Art von Haargummi verwenden. Kleben Sie sie auf einen Stempelblock. Wenn Sie möchten, können sie dabei ihre Form verändern. Experimentieren Sie spaßeshalber mit verschiedenen Formen, Größen und Strukturen, um unterschiedliche Ergebnisse zu erhalten.

Material

- Material für Stempelblock, siehe Seite 10
- Klebstoff
- Haargummis
- Wachspapier
- Buch oder anderes flaches Gewicht
- Farbwalze
- Farbe
- Plexiglas
- Papier

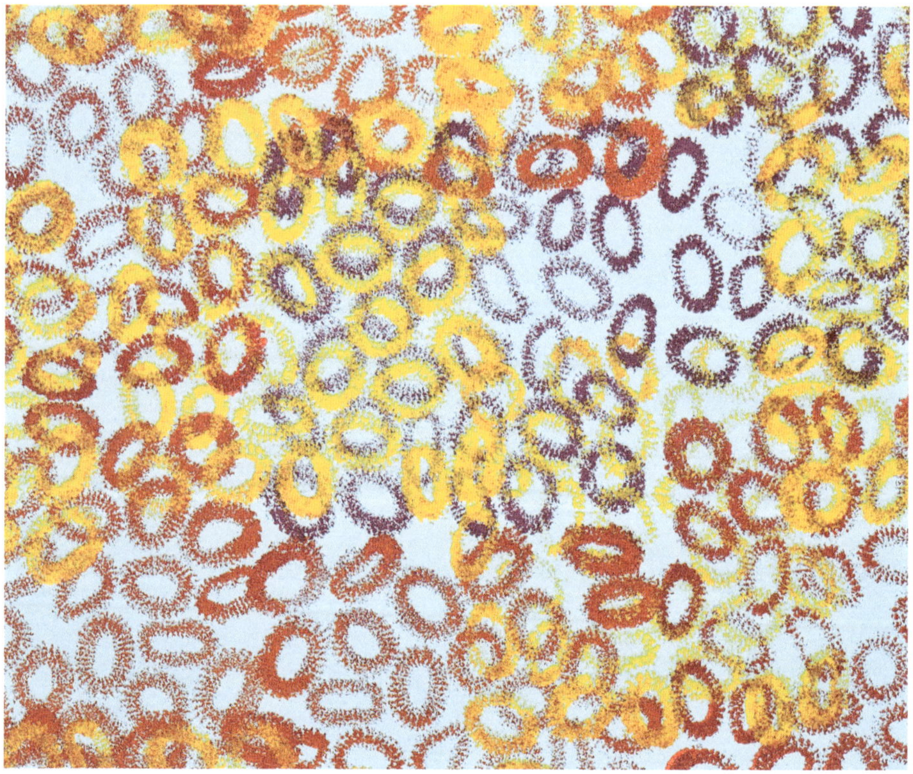

Gestempelt mit Farbe auf Tonpapier.

Anleitung

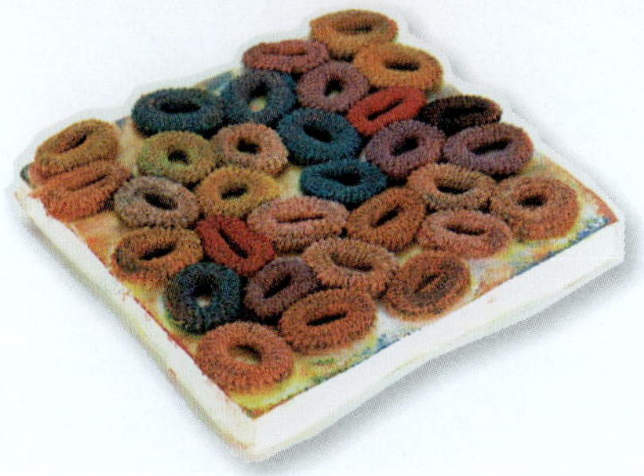

1. Schneiden Sie den Stempelblock auf die gewünschte Größe zu.
2. Bestreichen Sie eine Seite des Stempelblocks mit Klebstoff.
3. Platzieren Sie die Haargummis darauf.
4. Decken Sie das Ganze mit einem Stück Wachspapier ab, und legen Sie ein Gewicht auf den Stempelblock, um guten Kontakt zu erreichen, bis der Klebstoff getrocknet ist. Das Wachspapier schützt das Gewicht vor überschüssigem Klebstoff.
5. Rollen Sie eine Farbwalze durch Farbe und dann über den Haargummistempel, oder drücken Sie den Stempel direkt in die auf einem Stück Plexiglas ausgerollte Farbe.
6. Drücken Sie den Haargummistempel fest auf das Papier, und nehmen Sie ihn wieder ab.

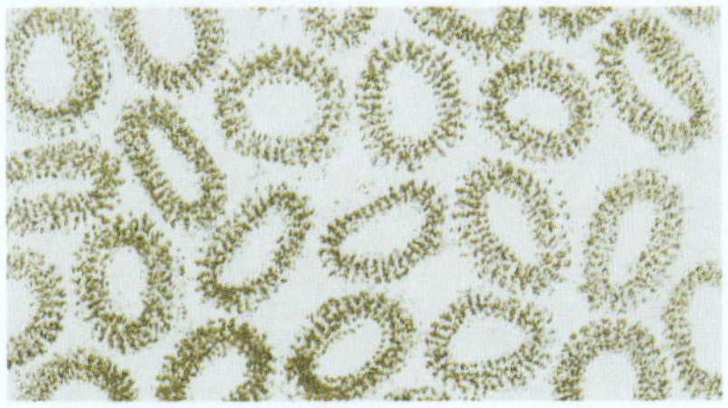

Gestempelt mit Farbe.

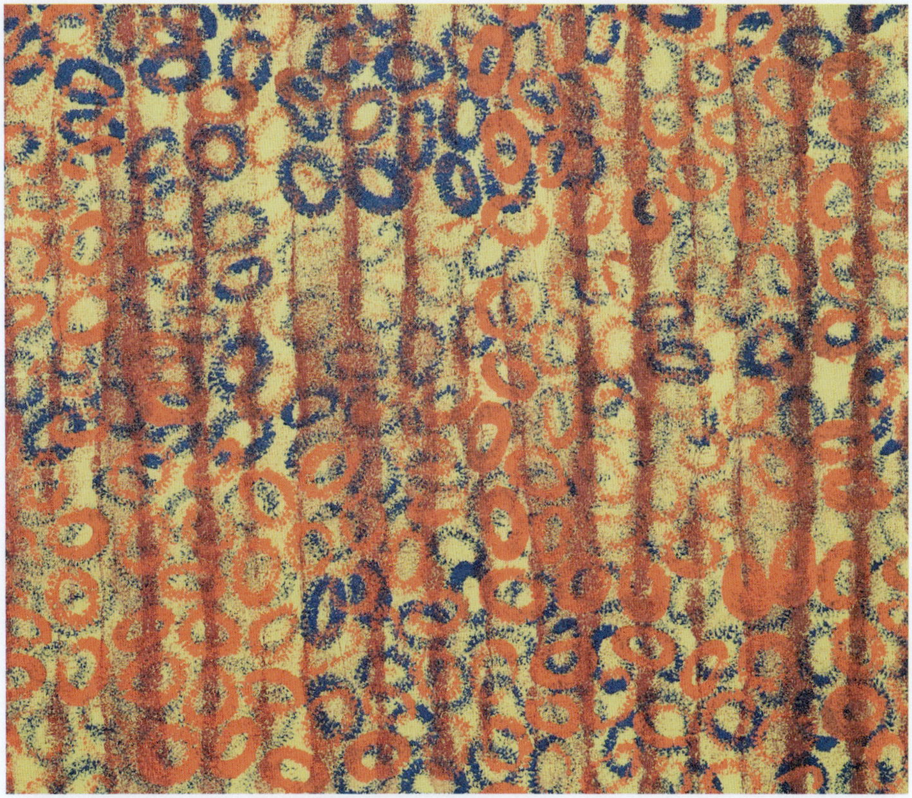

Skizzenpapier wurde zuerst mit dem Haargummistempel und dann mit einer Druckwalze aus geschmolzener Schaumstoff-Rohrleitungsisolierung (Projekt 35) bedruckt.

Tipps

- Bei den Haargummis, die ich verwendet habe, funktionieren Stempelkissen nicht so gut. Experimentieren Sie mit den Haargummis, die Sie verwenden, um herauszufinden, was am besten funktioniert.
- Probieren Sie, mehr als eine Farbe gleichzeitig auf den Stempelblock aufzutragen.

PROJEKT 18

Ausgestanzter Filz

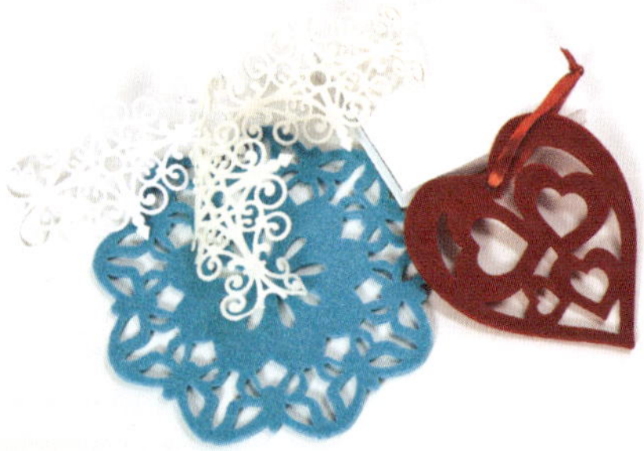

Material

- Ausgestanzte Filzteile
- Material für Stempelblock (für ausgestanzten Scrapbooking-Filz), siehe Seite 10
- Farbwalze
- Farbe
- Plexiglas
- Papier

AUSGESTANZTER FILZ IST IN BASTELGESCHÄFTEN und Schnäppchenläden in Form von Anhängern, Untersetzern und sogar Scrapbooking-Borten erhältlich. Anhänger und Untersetzer sind normalerweise große, klobige Muster, aber die Exemplare zum Scrapbooking können recht kunstvoll sein, und haben normalerweise eine Haftschicht auf der Rückseite. Filz druckt normalerweise eine ähnliche Struktur wie ein Holzstempel. Halten Sie vor dem Valentinstag und vor Weihnachten Ausschau nach Herzen und Sternen! Anhänger und Untersetzer müssen nicht montiert werden. Scrapbooking-Teile sind dünner, haben jedoch eine klebende Rückseite, sodass sie leicht an einem Stempelblock befestigt werden können. Sie sind recht lang. Schneiden Sie sie zum Drucken in kürzere Stücke, die Sie leichter handhaben können.

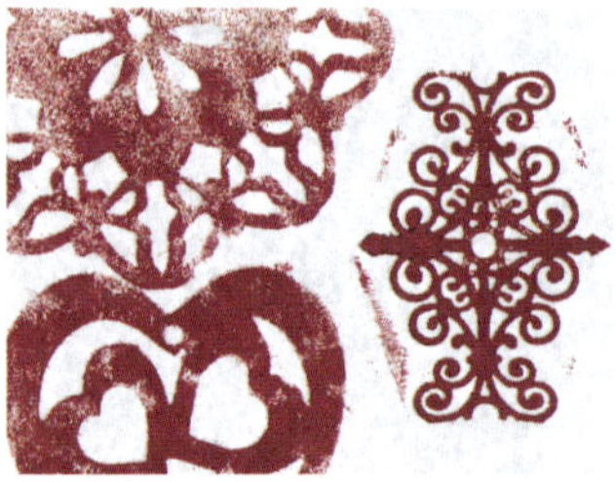

Gedruckt mit Farbe.

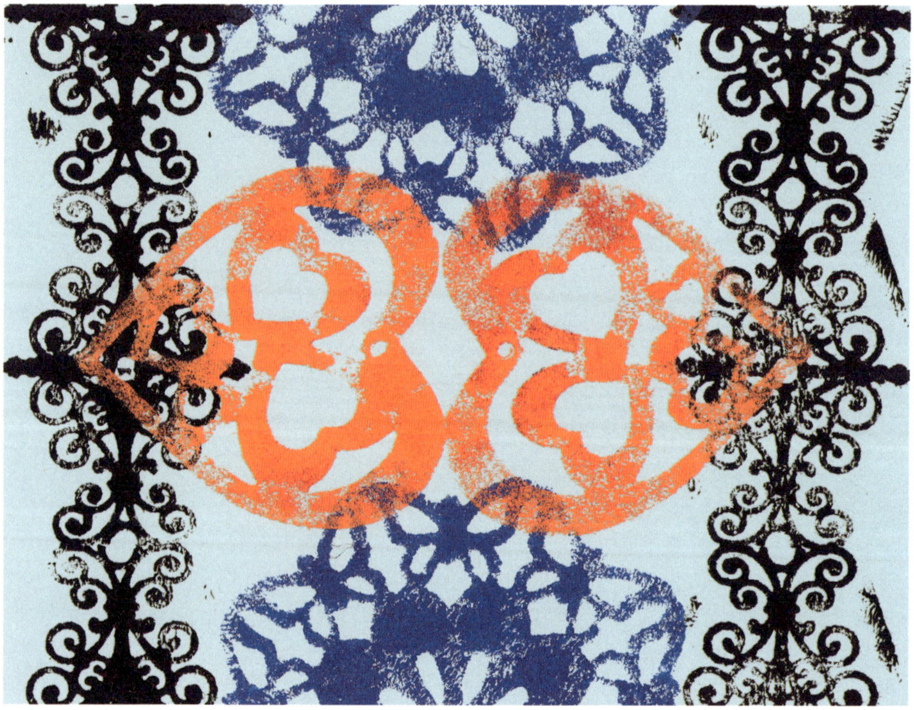

Gedruckt mit Farbe auf Tonpapier.

Anleitung

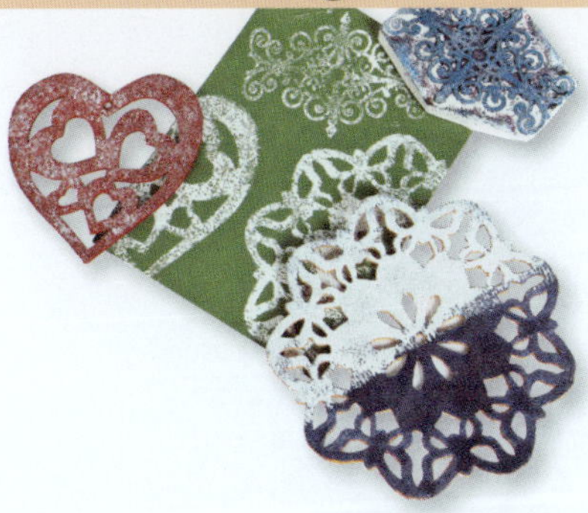

Nur für Scrapbooking-Teile:

1. Schneiden Sie das Filzteil und den Stempelblock auf die gewünschte Größe zu.
2. Entfernen Sie die Schutzfolie, und kleben Sie das Filzteil auf den Stempelblock.
3. Rollen Sie eine Farbwalze durch Farbe und dann über den Filz.
4. Drücken Sie den Filzstempel fest auf das Papier, und nehmen Sie ihn wieder ab.

Für unmontierte Filzteile:

1. Rollen Sie eine Farbwalze durch Farbe und dann über den Filz.
2. Drücken Sie das Filzteil auf das Papier.
3. Drücken Sie es mit Ihren Händen auf. Streichen Sie mit den Händen darüber, damit alles gedruckt wird, achten Sie aber darauf, das Filzteil nicht zu verschieben.
4. Heben Sie die Ecken oder Abschnitte langsam nacheinander an, und schauen Sie dabei, ob Teile zum Nachbessern erneut auf das Papier gedrückt werden müssen.
5. Halten Sie das Papier fest und nehmen Sie das Filzteil ab.

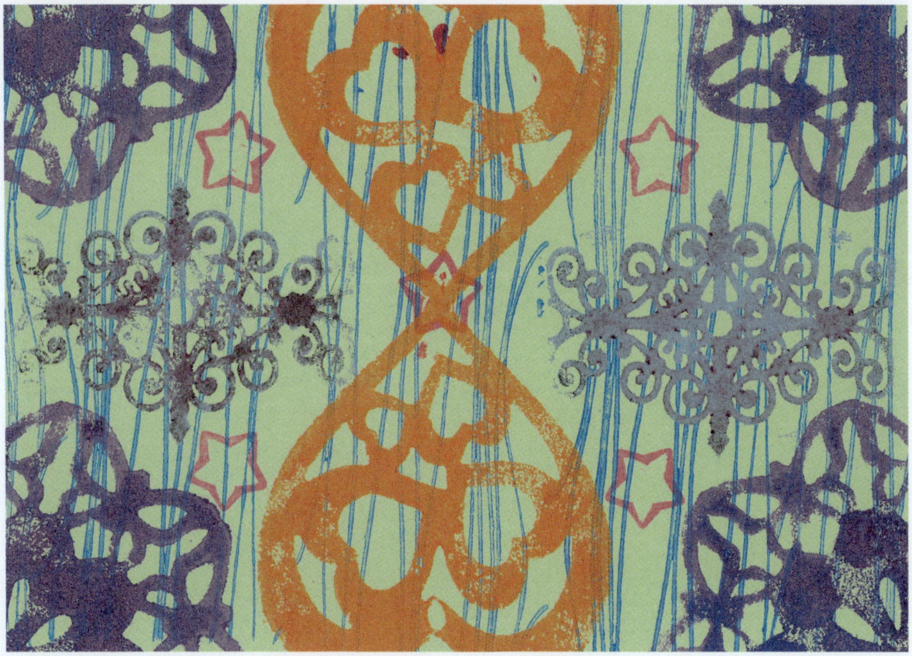

Das Tonpapier wurde zuerst mit blauer Farbe mit einem drahtumwickelten Dübel (Projekt 34) und dann mit Farbe und den ausgestanzten Filzteilen bedruckt und anschließend mit einem Stempelkissen mit dem eingeritzten sternförmigen Radiergummi (Projekt 21) gestempelt.

Tipps

- Da der Filz Farbe absorbiert, müssen Sie am Anfang recht viel Farbe auftragen, um einen guten Abdruck zu erhalten. Wenn Sie die Farbe auf dem Filz trocknen lassen, ist das Drucken beim nächsten Mal einfacher, und Sie benötigen nicht so viel Farbe.
- Wenn Sie Schaumkern als Stempelblock für die Scrapbooking-Filzteile verwenden, schneiden Sie die überstehenden Ränder des Stempelblocks ab, damit sich der Stempel beim Drucken einfacher positionieren lässt. Dadurch verringern Sie auch die Gefahr, dass der Stempelblock an manchen Stellen mitgedruckt wird, was jedoch gelegentlich immer noch vorkommen kann, da der Filz sehr dünn ist.
- Ich verwende ausgestanzten Filz in Projekt 50 ebenfalls als Schablone.

PROJEKT 19

Plexiglasdruck

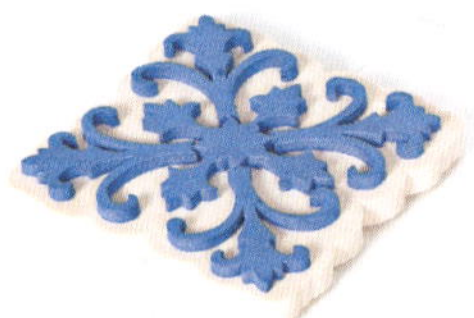

DRUCKEN MIT EINEM STÜCK PLEXIGLAS ist das Gegenteil von Stempeln. Es wird einfach ein Schaumstoffstempel verwendet, um die Farbe, die auf einem Stück Plexiglas ausgerollt wurde, zu entfernen, sodass negative Farbbereiche zurückbleiben, mit denen Sie ein umgekehrtes Bild drucken können. Mit dieser Druckart können Sie schöne rustikal oder alt wirkende Drucke anfertigen. Verwenden Sie einen Schaumstoffstempel, der die Farbe aufsaugen kann. Ich habe festgestellt, dass mitteldicke bis dicke Farben am besten funktionieren, da dünne, verlaufende Farben das Bild nicht halten. Denken Sie daran, dass Sie mit dieser Technik keinen scharfen Abdruck erhalten. Stattdessen ergibt sich ein schöner verschlissen, antik wirkender Effekt.

Material

- Farbwalze
- Farbe
- Plexiglas
- Schaumstoffstempel
- Papier

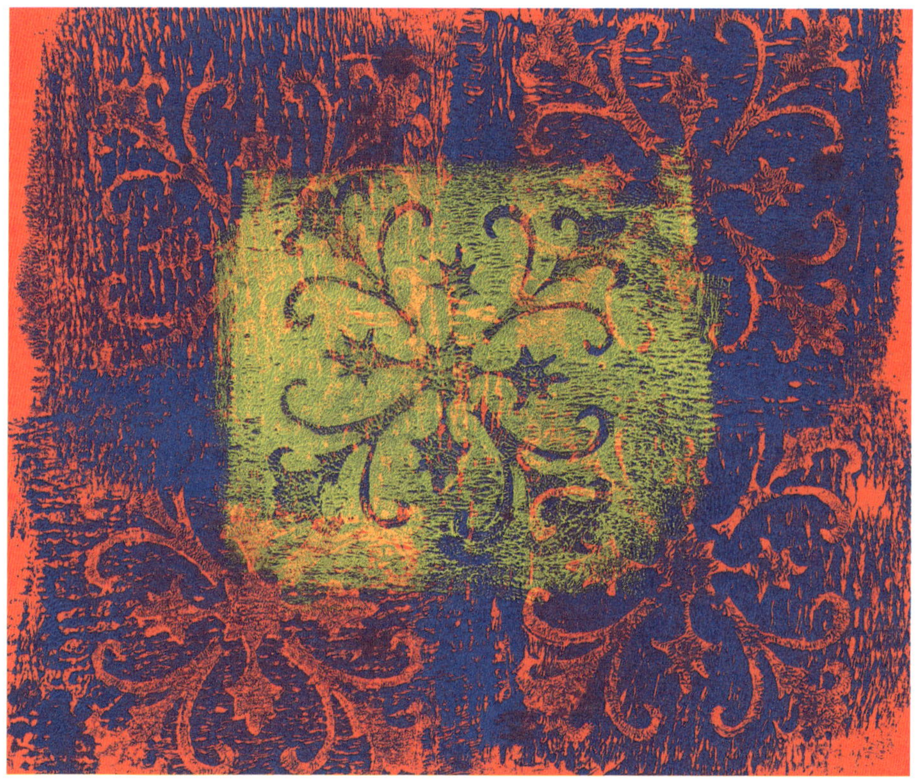

Gedruckt mit Farbe auf Tonpapier.

Anleitung

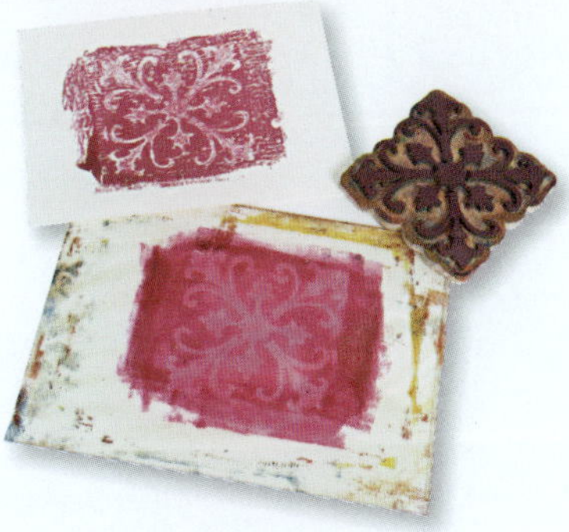

1. Rollen Sie mit einer Farbwalze eine dünne Farbschicht auf Plexiglas aus.
2. Drücken Sie einen Schaumstoffstempel in die Farbe auf dem Plexiglas, und nehmen Sie ihn wieder ab.
3. Legen Sie das Druckpapier mit der Oberseite nach unten auf das Plexiglas, und reiben Sie mit Ihrer Hand über den gesamten zu druckenden Bereich, um das Papier in die Farbe zu drücken. Alternativ können Sie auch das Plexiglas mit der farbigen Seite nach unten auf das Papier legen und andrücken. Achten Sie dabei darauf, dass das gesamte Plexiglas mit dem Papier in Berührung kommt. Mit diesem Verfahren ist es einfacher, das Motiv auf dem Papier auszurichten.

Gedruckt mit Farbe und einem im Handel erhältlichen Schaumstoffstempel.

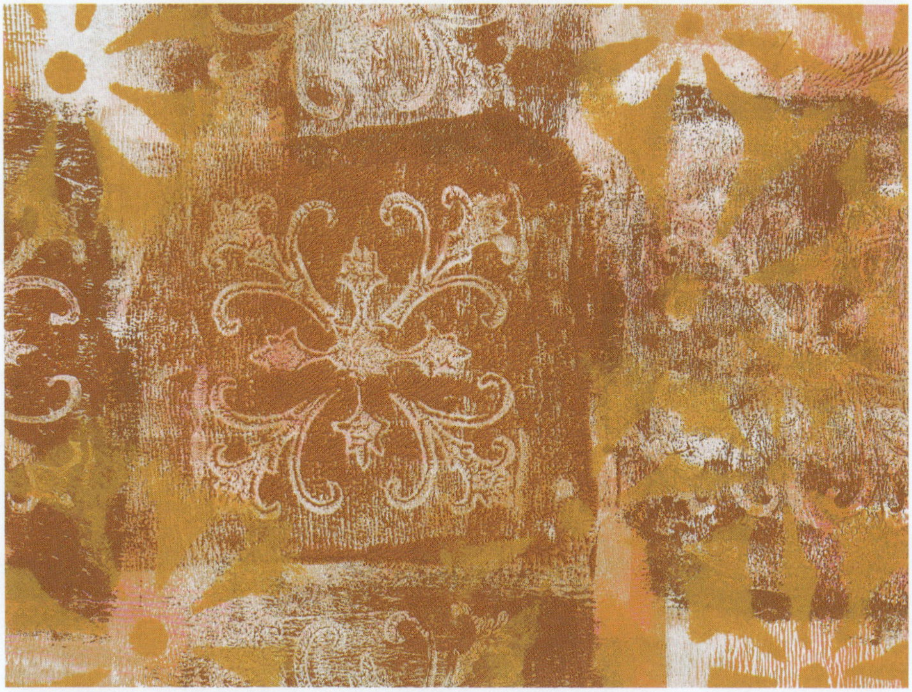

Das Tonpapier wurde zunächst leicht mit Kreidegrund bestrichen und dann mit brauner Farbe in Plusform mit Plexiglas und Schaumstoffstempel bedruckt. Anschließend wurden die Ecken mit einem ausgestanzten Filz-Platzdeckchen mit Ockerfarbe schabloniert (Projekt 50).

Tipps

- Bevor Sie den Stempel für den nächsten Druck erneut in die Farbe drücken, stempeln Sie auf einen Papierrest, um die Farbe zu entfernen. Dadurch kann er mehr Farbe absorbieren und vom Plexiglas entfernen.
- Um eine Randverzierung in Form einer blasseren Kante um den Druck herum zu erreichen, reiben Sie an den Kanten des farbigen Bereichs nicht so fest.
- Sie können entweder handelsübliche Schaumstoffstempel aus dem Bastelgeschäft verwenden oder mit Bastelschaumstoff wie in Projekt 14 ihre eigenen Stempel herstellen.
- Bevor Sie einen weiteren Druck anfertigen, rollen Sie erneut Farbe auf dem Plexiglas aus.

PROJEKT

20 Schaumstoffteller

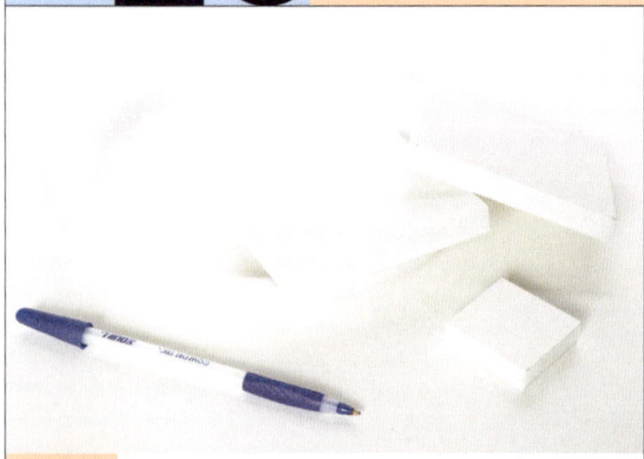

Material

- Hobbymesser und/oder Schere
- Schneideunterlage
- Schaumstoffteller, -schalen oder -behälter
- Kugelschreiber
- Material für Stempelblock, siehe Seite 10
- Doppelseitiges Klebeband
- Stempelkissen oder Farbe
- Farbwalze und Plexiglas, falls Sie Farbe verwenden
- Papier

INDEM SIE SCHAUMSTOFFTELLER ODER -SCHALEN ZUM HERSTELLEN von Druckwerkzeugen verwenden, können Sie diese wiederverwenden und müssen sie nicht gleich in den Müll werfen. Alles, was Sie außer dem Schaumstoff zum Herstellen der Druckplatte benötigen, ist ein Kugelschreiber und eine Schere oder ein Hobbymesser. Sie erstellen das Muster, indem Sie mit dem Kugelschreiber auf den Schaumstoff malen und dabei die Oberfläche eindrücken. Das gezeichnete Muster wird nicht gedruckt, die unbeschädigten Flächen aber schon, sodass ein umgekehrtes Bild entsteht. Sie können auch einfach nur mit einem Hobbymesser Formen aus dem Schaumstoff ausschneiden. Ich kombiniere gerne beide Techniken, indem ich ein Muster zeichne und dieses dann ausschneide. Diese Druckplatten können unmontiert verwendet werden, sind jedoch einfacher zu handhaben, wenn Sie auf einem Stempelblock montiert werden.

Gedruckt auf Tonpapier mit grünen und roten Stempelkissen und blauer Farbe.

Anleitung

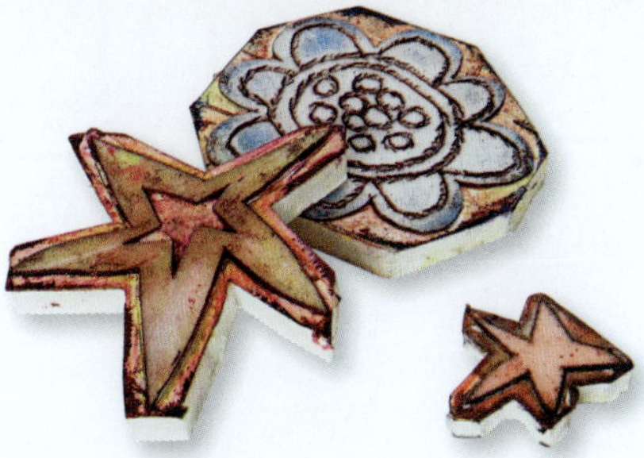

1. Schneiden Sie den Rand von einem Schaumstoffteller ab.
2. Zeichnen Sie mit einem Kugelschreiber ein Motiv in den Schaumstoff. Drücken Sie dabei die Oberfläche ein, achten Sie jedoch darauf, nicht ganz durchzustechen.
3. Schneiden Sie die äußere Kante Ihres Motivs aus.
4. Schneiden Sie den Stempelblock auf die gewünschte Größe zu.
5. Versehen Sie eine Seite des Stempelblocks mit doppelseitigem Klebeband.
6. Drücken Sie die Schaumstoffform auf die Haftschicht.
7. Drücken Sie den Schaumstoffstempel auf das Stempelkissen oder in eine auf dem Plexiglas ausgerollte Farbschicht, und stempeln Sie auf das Papier.

Gestempelt mit Farbe.

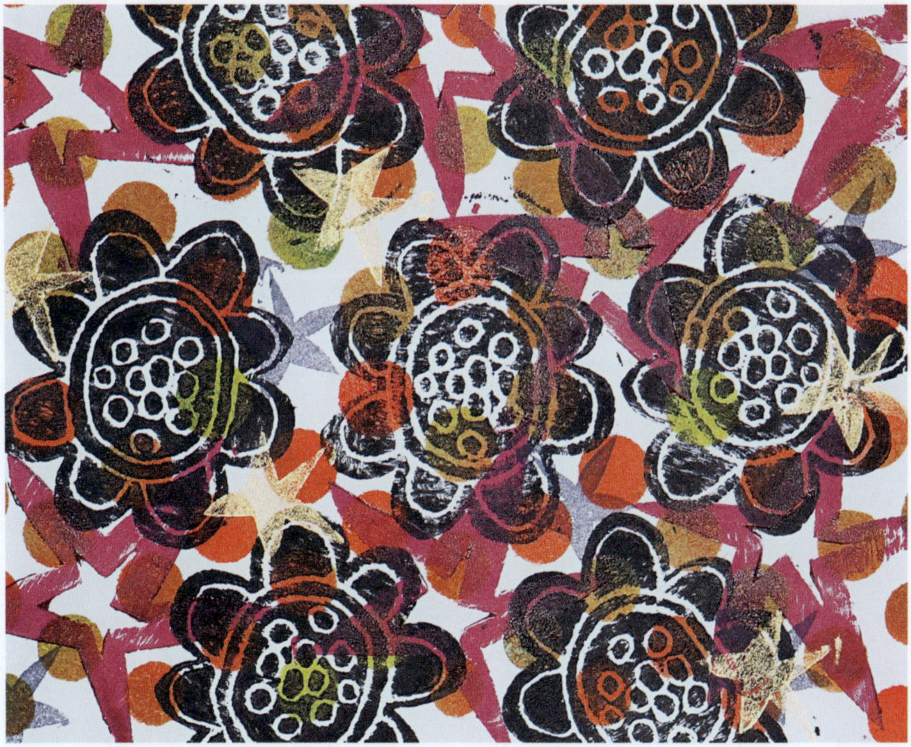

Das Tonpapier wurde zuerst mit verschiedenen Farben mit einem Plastikkorb schabloniert (Projekt 48) und dann mit den Schaumstoffstempeln mit schwarzer, pinkfarbener und goldener Farbe bedruckt. Der kleine Stern wurde mit einem violetten Stempelkissen gestempelt.

Tipps

- Wenn die Farbe auf dem Plexiglas zu dick ist, verstopft sie das Muster, sodass dieses beim Drucken nicht abgebildet wird.
- Wenn Sie Schaumkern als Stempelblock verwenden, schneiden Sie überstehende Kanten ab, damit Sie den Stempel beim Drucken einfacher positionieren können. Dadurch verringert sich die Gefahr, dass Teile des Stempelblocks mitgedruckt werden. Ganz kann dies jedoch nicht vermieden werden, da der Schaumstoff sehr dünn ist.

PROJEKT 21

Motivradiergummis

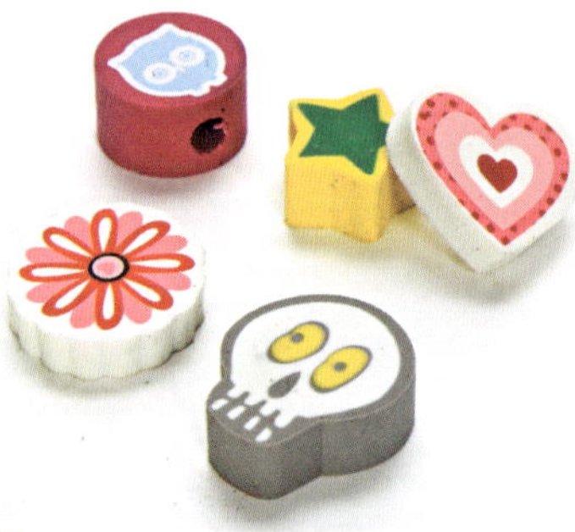

Material

- Kerbschnitzgriff und Klinge (Klingen werden auch Schneiden genannt). Hauptsächlich wird die kleinste V-förmige Schneide (Nr. 1) verwendet. Verwenden Sie die größeren Schneiden zum Ausschneiden der Hintergründe. (Siehe „Ausrüstung", Seite 18)
- Motivradiergummis
- Stempelkissen
- Papier

Mit einem Stempelkissen gestempelt.

ES MACHT SPASS, EIGENE STEMPEL ZU SCHNITZEN. Am besten verwenden Sie günstige Radiergummis als Schnitzmaterial. Moderne Radiergummis sind nicht nur bedruckt, es gibt sie auch in lustigen Formen. Dadurch ist es wirklich einfach, eigene Stempel zu schnitzen, auch wenn Ihnen kein Motiv einfällt. Schnitzen Sie einfach das aufgedruckte Motiv nach! Wenn das auf den Radiergummi gedruckte Bild zu kompliziert ist, vereinfachen Sie es, indem Sie nur die Hauptlinien schnitzen. Denken Sie daran, dass die geschnitzten Linien nicht gedruckt werden und dass das, was stehen gelassen wurde, gedruckt wird. Beginnen Sie bei Ihrem ersten Stempel mit einem einfachen Motiv, um die Technik zu erlernen. Sie müssen nicht sehr tief schnitzen und sollten am besten langsam arbeiten. Wenn Sie einen Fehler machen, nehmen Sie einfach einen neuen Radiergummi.

Wahllos mit Stempelkissen auf Tonpapier gestempelt.

Anleitung

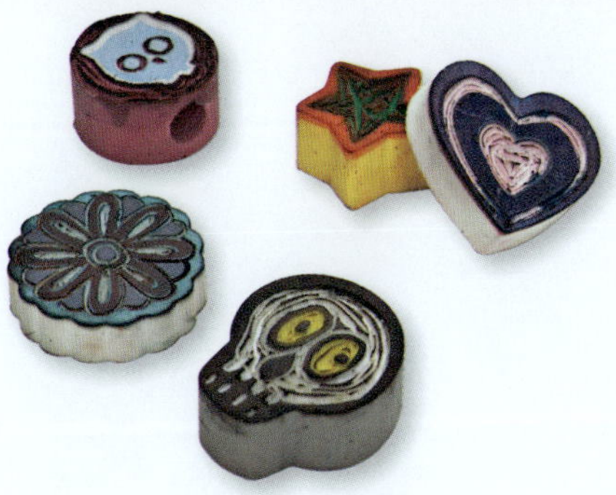

1. Schnitzen Sie das gesamte Motiv mit der Schneide Nr. 1 auf dem Radiergummi nach. Halten Sie das Kerbschnitzwerkzeug dabei wie einen Stift, und schnitzen Sie von sich weg.
2. Nachdem Sie das gesamte Motiv nachgeschnitzt haben, probieren Sie den Stempel aus, indem Sie die geschnitzte Seite des Radiergummis auf das Stempelkissen drücken und auf Papier stempeln.
3. Schauen Sie sich das gestempelte Bild an, und entscheiden Sie, welche Stellen noch nachgebessert werden müssen. Probieren Sie den Stempel nach Ihren Änderungen noch einmal aus.
4. Schnitzen Sie mehr vom Radiergummi weg, und lassen Sie nur die Stellen stehen, die gedruckt werden sollen. Beim Schnitzen des Hintergrunds können Sie eine größere Schneide verwenden.
5. Schnitzen Sie und probieren Sie den Stempel aus, bis Sie mit dem gestempelten Motiv zufrieden sind.

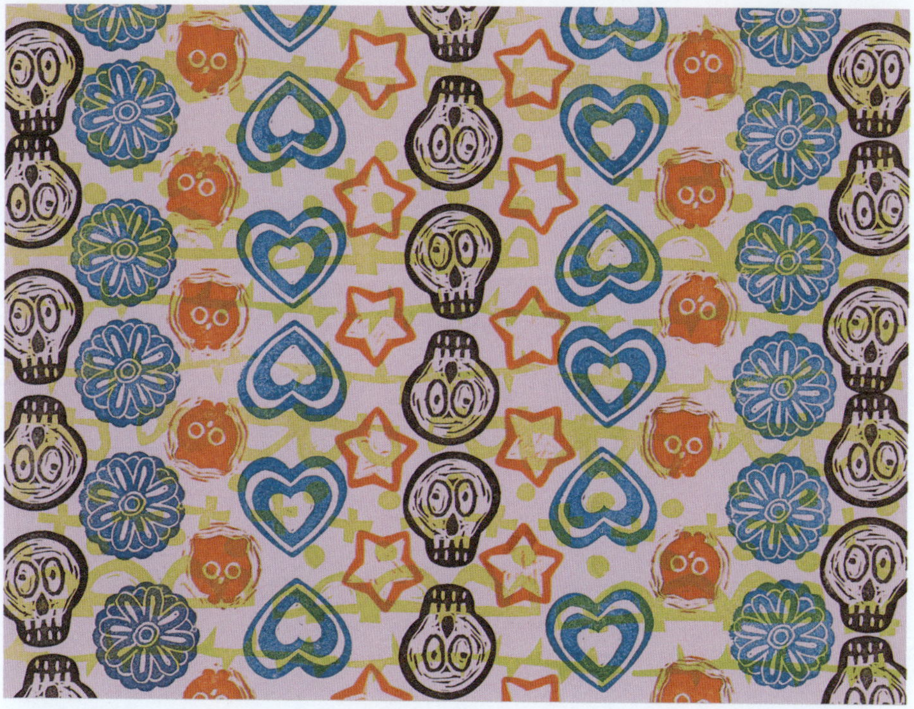

Das Tonpapier wurde zuerst mit einem grünen Stempelkissen und einem vinylumwickelten Dübel gestempelt (Projekt 40). Anschließend wurden mit Stempelkissen und geschnitzten Radiergummis Spalten gestempelt.

Tipps

- Sie können zum Stempeln mit geschnitzten Radiergummis Farbe verwenden. Hierbei besteht allerdings die Gefahr, dass feine Linien verstopfen. Waschen Sie die Farbe ab, bevor sie trocknet.
- Schnitzen Sie von sich weg, und drehen Sie den Stempelblock und nicht das Werkzeug.
- Wenn Sie eine große Fläche schnitzen möchten, ist es besser, kleinere Stücke zu schnitzen und nicht alles auf einmal.
- Schnitzen Sie beim Bearbeiten von Hintergründen nicht alles weg. Wenn Sie einige dünne Linien stehen lassen, schaffen Sie einen handgeschnitzten Effekt.

Stempel aus formbarem Schaumstoff

KAPITEL 2

FORMBARER SCHAUMSTOFF IST SCHAUMSTOFF MIT EINER SUPERKRAFT. Wenn Sie ihn erhitzen, nimmt er die Form von dem an, was Sie hineindrücken, und behält diesen Abdruck, bis er erneut erhitzt und verformt wird. Ich verwende für die Strukturen alles, was Sie sich nur vorstellen können: zerknittertes Papier, Gummibänder, Reis, Sicherheitsnadeln, Büroklammern und Knöpfe, um nur ein paar Beispiele zu nennen.

Obwohl Sie eigens zu diesem Zweck hergestellten Schaumstoff kaufen können, verbirgt sich geeigneter Schaumstoff auch in Form von Gegenständen wie Flip-Flops, Buchstaben-Badespielzeugen, und Gartenkniekissen, die häufig günstiger sind. Abgesehen von formbarem Schaumstoff und einem Gegenstand mit Struktur benötigen Sie lediglich einen Embossingfön (siehe „Ausrüstung", Seite 18). Mit einem Haartrockner funktioniert es nicht, da er nicht heiß genug wird. Erhitzen Sie den Schaumstoff, und drücken Sie ihn dann 10 bis 15 Sekunden lang gegen einen Gegenstand mit Struktur. Wenn der Schaumstoff abkühlt, behält er die Struktur des Gegenstands bei.

Denken Sie daran, dass der Embossingfön sehr heiße Luft verströmt. Halten Sie den Schaumstoff beim Erhitzen deshalb nicht in der Hand! Legen Sie ihn auf eine ebene Fläche, die durch starke Hitze nicht beschädigt werden kann.

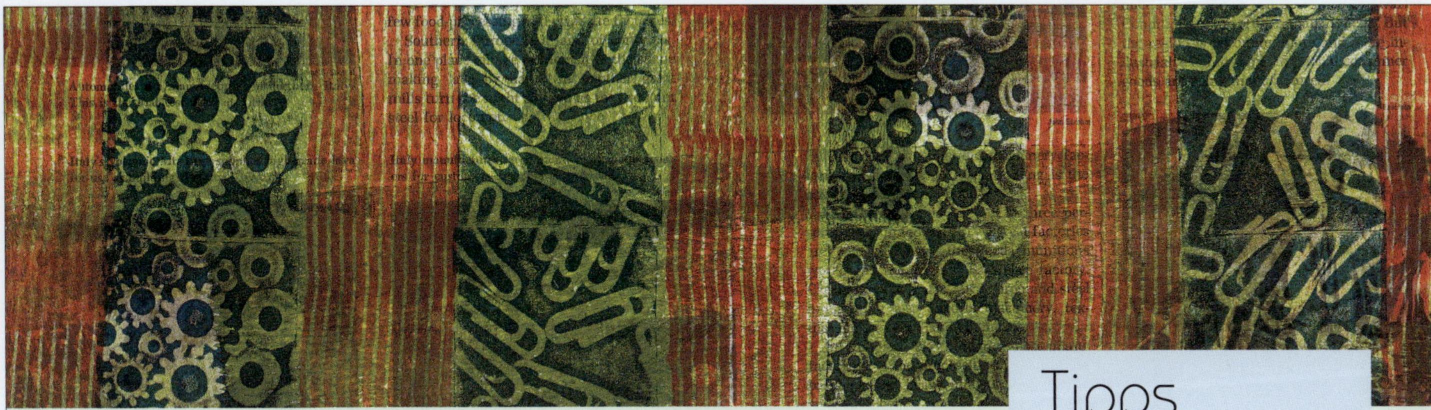

Je größer das Stück Schaumstoff ist, desto schwieriger ist es, es gleichmäßig zu erhitzen und gleichmäßig Druck auszuüben, um eine gleichmäßige Verformung zu erreichen. Deswegen sollten Sie nur Druckstöcke bis zu einer Größe von 10 x 10 cm herstellen. Es ist hilfreich, einen Holzklotz oder ein Buch darauf zu legen, um einen gleichmäßigen Druck auszuüben. Probieren Sie aus, was für Sie am besten funktioniert: den erhitzten Schaumstoff auf die strukturierten Gegenstände drücken oder die strukturierten Gegenstände zwischen den erhitzten Schaumstoff und ein Stück Holz legen. Sie müssen allerdings schnell sein. Wenn der Schaumstoff abkühlt, nimmt er den Abdruck nicht an. Erhitzen Sie ihn noch einmal, und versuchen Sie es erneut. Je kleiner der Schaumstoff, desto schneller lässt er sich erhitzen. Normalerweise dauert es ca. 10 bis 20 Sekunden, den Schaumstoff so zu erhitzen, dass er geformt werden kann.

Stempelkissen sind für formbaren Schaumstoff besser geeignet als Farbe, da der Druck mit ihnen detailreicher wird. Sie können mit formbarem Schaumstoff einen unglaublich detailreichen Druck erhalten. Ein Nachteil von Farbe ist auch, dass selbst wenn Sie den Schaumstoff nach dem Gebrauch sorgfältig reinigen, die Farbe den Schaumstoff mit der Zeit härtet, sodass er nicht mehr verformt werden kann.

In den folgenden Projekten werden bestimmte Schaumstoffteile und Gegenstände zum Herstellen der Struktur verwendet. Sie zeigen, wie die Technik funktioniert. Probieren Sie jedoch alle möglichen Schaumstoffteile und verschiedene Gegenstände zum Herstellen der Struktur aus. Lesen Sie vor dem Beginn das Kapitel über Grundlagen ab Seite 10. Es enthält wichtige Informationen über Acrylfarben, Stempelkissen, Drucken und Ausrüstung.

Tipps

- Wenn Sie ein großes Stück Schaumstoff verformen, legen Sie einen Holzklotz oder ein Buch auf den Schaumstoff, während Sie ihn auf den strukturierten Gegenstand drücken, um gleichmäßig Druck auszuüben.
- Wenn der Druck des Schaumstoffstempels nicht schön wird, erhitzen Sie ihn erneut und versuchen Sie es noch einmal.
- Je kleiner das Schaumstoffstück, desto kürzer muss es erhitzt werden.
- Für Schaumstoff eigenen sich am besten Stempelkissen, da der Druck detailreicher wird. Auch wenn der Schaumstoff nach dem Gebrauch mit Farbe sorgfältig gereinigt wird, härtet die Farbe den Schaumstoff mit der Zeit, sodass er nicht mehr verformt werden kann.

PROJEKT 22

Marshmallows

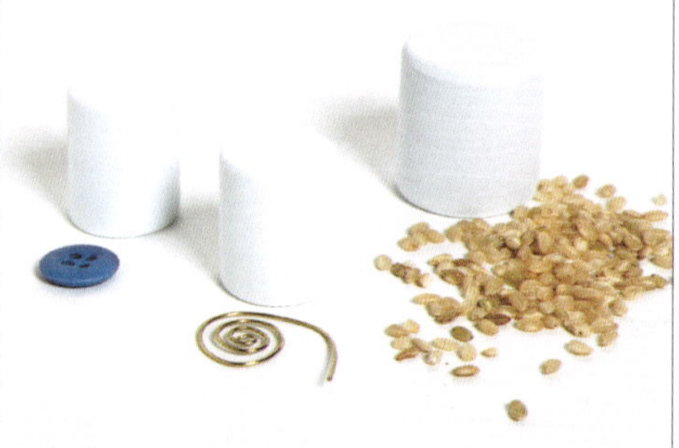

Material

- Zange und Drahtschneider
- Draht mit 0,8-1 mm Durchmesser
- Ungekochter Reis
- Knopf (etwas kleiner als der Marshmallow)
- Schaumstoff-Marshmallows
- Embossingfön
- Stempelkissen
- Papier

JEDES MAL, WENN ICH IN EIN BASTELGESCHÄFT GEHE, durchforste ich die Kinderabteilung, um zu schauen, ob es neue, lustige Dinge gibt, die ich vorher noch nicht gesehen habe. Ich war fasziniert, als ich eine Packung mit Dingen entdeckt habe, die wie kleine weiße Marshmallows aus Schaumstoff aussahen. Normalerweise werden sie verwendet, um kleine Schneemänner oder Ähnliches zu basteln. Nachdem ich einen zusammengedrückt hatte, wusste ich, dass ich sie als formbare, runde Stempel verwenden würde. Der Schaumstoff, aus dem diese Marshmallows bestehen, ist ausgezeichneter formbarer Schaumstoff, aus dem man sehr detaillierte Stempel machen kann. Ich habe sie bis jetzt in zwei Größen gefunden. In diesem Projekt zeige ich drei verschiedene Dinge, mit denen Sie die Stempel formen können. Im Prinzip können Sie aber so gut wie alles verwenden.

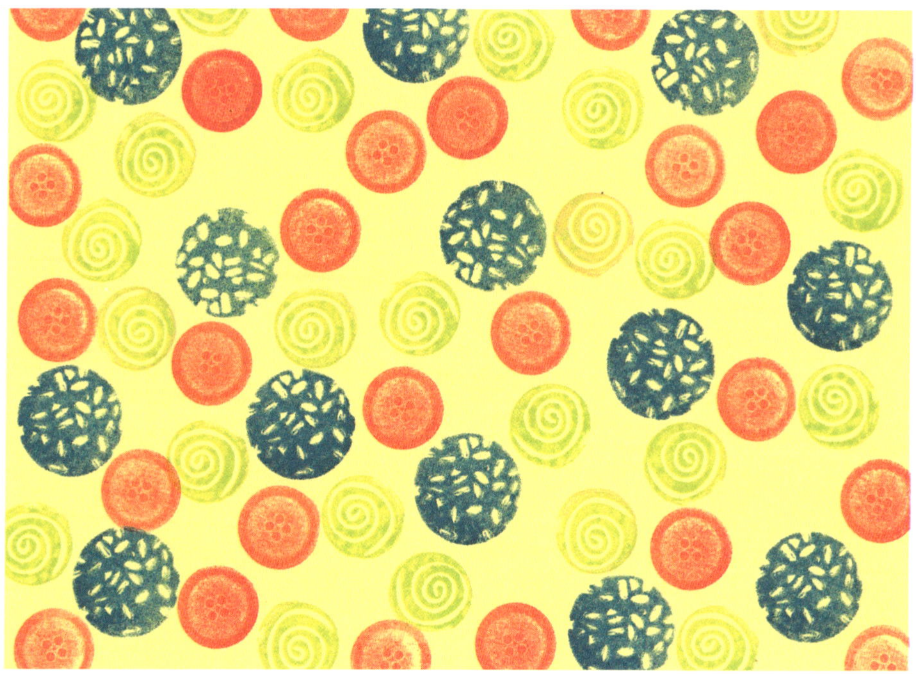

Wahllos mit Stempelkissen auf Tonpapier gestempelt.

Anleitung

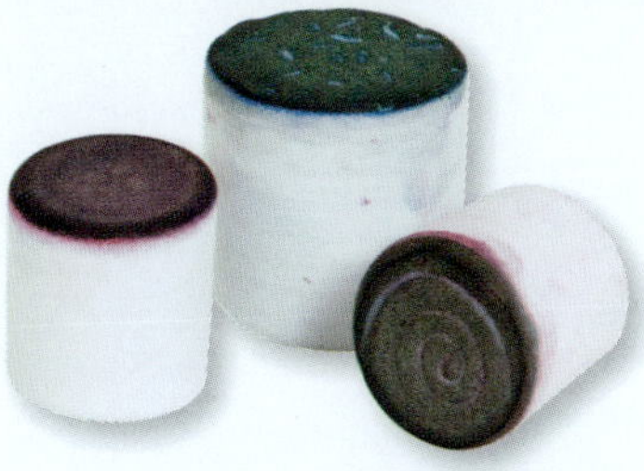

1. Formen Sie mit der Zange und dem Draht eine flache Spirale oder ein anderes Muster, das kleiner als die Oberfläche des Marshmallows ist. Schneiden Sie den Draht am Ende der Spirale oder des Musters mit dem Drahtschneider ab.
2. Legen Sie den Reis, den Knopf und das Drahtmuster auf eine harte, ebene Oberfläche.
3. Stellen Sie einen Schaumstoff-Marshmallow aufrecht hin, und erhitzen Sie die Oberseite ca. 10 Sekunden lang mit dem Embossingfön.
4. Drücken Sie die erhitzte Oberseite des Schaumstoff-Marshmallows gleichmäßig 5 bis 10 Sekunden lang fest auf einen der Gegenstände.
5. Drücken Sie die geformte Seite des Marshmallows auf das Stempelkissen und Stempeln Sie auf das Papier.

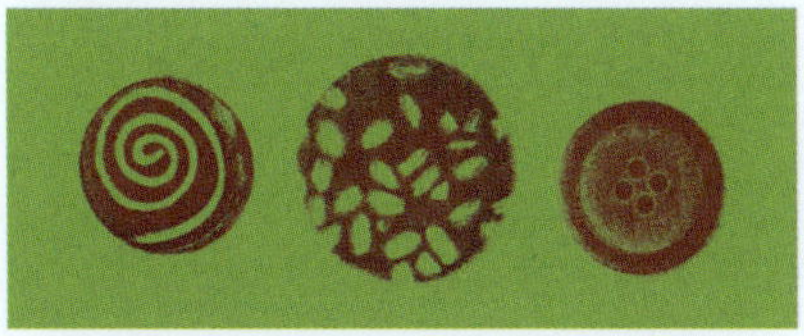

Mit einem Stempelkissen gestempelt.

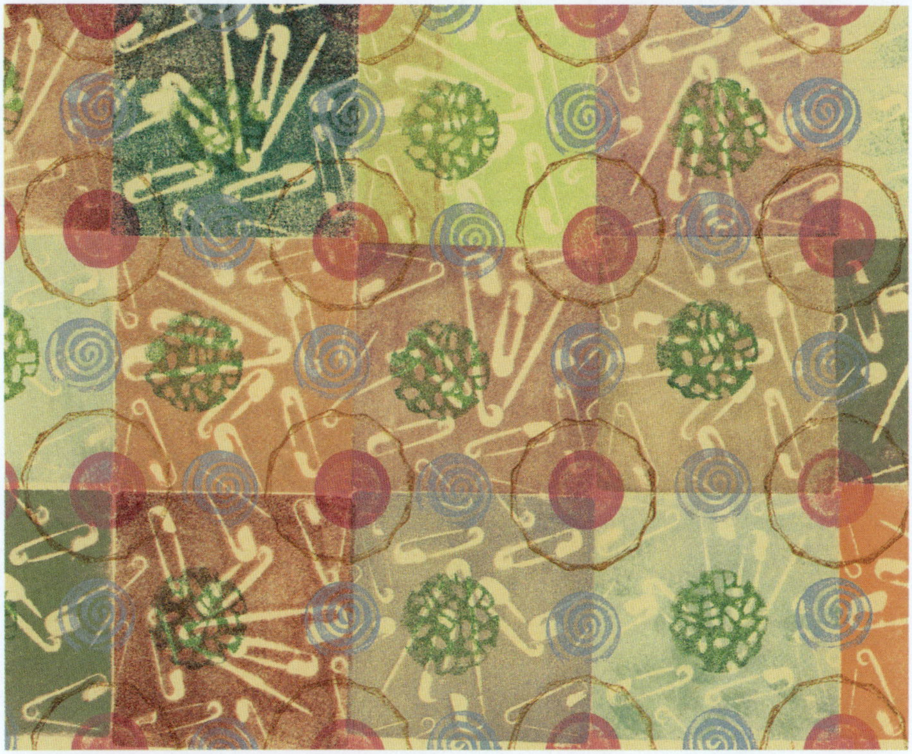

Skizzenpapier wurde zuerst mit Stempelkissen und einem Gartenkniekissen bestempelt, das mit Sicherheitsnadeln geformt wurde (Projekt 27). Anschließend wurde es mit den Schaumstoff-Marshmallows in wiederholten Spalten und dann mit einem großen Deckel (Projekt 2) mit einem braunen Stempelkissen gestempelt.

Tipps

- Sie können beide Enden der Schaumstoff-Marshmallows separat formen. Die Marshmallows sind so groß, dass Sie die zweite Seite erhitzen können, ohne dass die erste bereits geformte Seite wieder verformt wird.
- Sie können auch ein Muster in die Schaumstoff-Marshmallows brennen und sie als Druckwalzen verwenden (Projekt 38).

PROJEKT **23**

Buchstaben

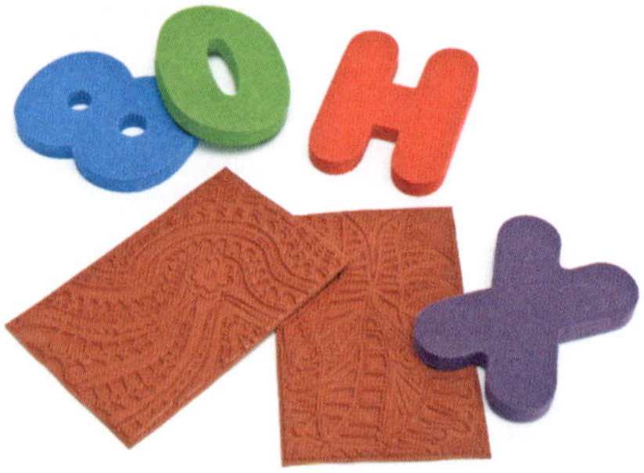

Material

- Buchstaben-Badespielzeug aus Schaumstoff
- Embossingfön
- Gemusterte Gummiplatten
- Stempelkissen
- Papier

EIN FREUND VON MIR, der meine formbaren Stempel kannte, hat mir Buchstaben-Badespielzeug aus Schaumstoff gezeigt. Es funktioniert prima und kann einfach zugeschnitten werden, wenn Sie es nicht in Buchstaben- oder Ziffernform verwenden möchten. Ich verwende es normalerweise in seiner ursprünglichen Form, da das gestempelte Abbild des Buchstabens oder der Ziffer nicht so deutlich hervortritt, nachdem der Buchstabe verziert und willkürlich oder in einem wiederholten Muster gestempelt wurde. Wie Sie sehen, gefallen mir besonders die Zeichen 0, X und 8. Das Spielzeug ist dick genug um es ohne vorherige Montage auf einem Stempelblock zu verwenden. Für die Muster auf dem Schaumstoff können Sie Alltagsgegenstände, Gummistempel oder gemusterte Gummiplatten verwenden, die normalerweise zum Gestalten von Polymerton verwendet werden. Die gemusterten Gummiplatten, die ich für dieses Projekt benutzt habe, stammen aus meiner eigenen Kollektion und wurden nach meinen Entwürfen angefertigt (siehe „Quellen" auf Seite 142).

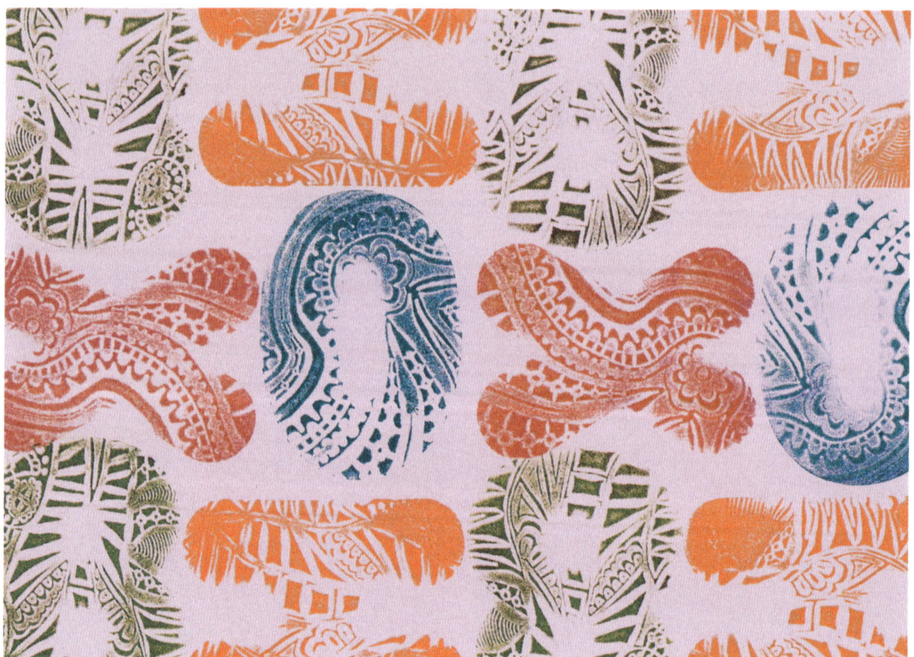

Mit Stempelkissen auf Tonpapier gestempelt.

Anleitung

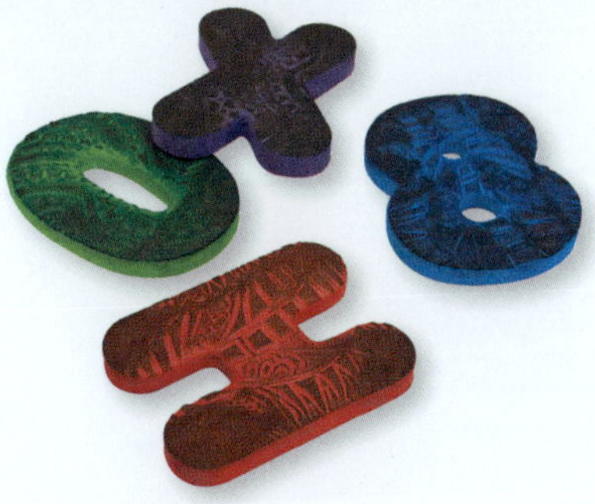

1. Erhitzen Sie die Oberseite des Schaumstoff-Spielzeugs ca. 10 Sekunden lang mit dem Embossingfön.
2. Drücken Sie den Schaumstoffbuchstaben gleichmäßig 10 bis 15 Sekunden lang fest gegen die gemusterte Gummiplatte.
3. Drücken Sie die geformte Seite des Schaumstoff-Buchstabens auf das Stempelkissen und stempeln Sie auf das Papier.
4. Wiederholen Sie den Vorgang mit anderen Schaumstoff-Buchstaben. Verwenden Sie für das Muster verschieden gemusterte Gummiplatten oder verschiedene Teile der Platten.

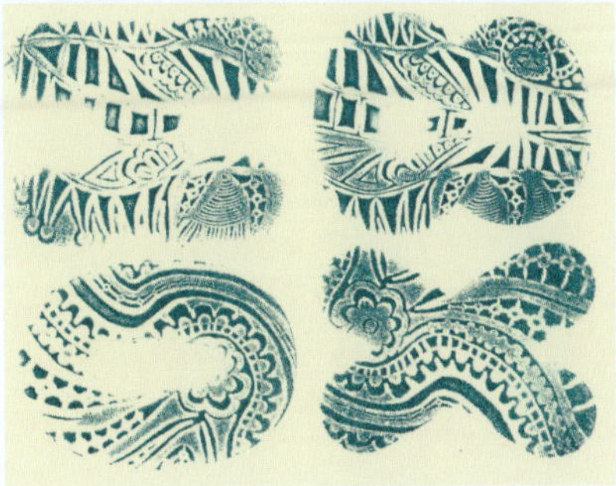

Mit einem Stempelkissen gestempelt.

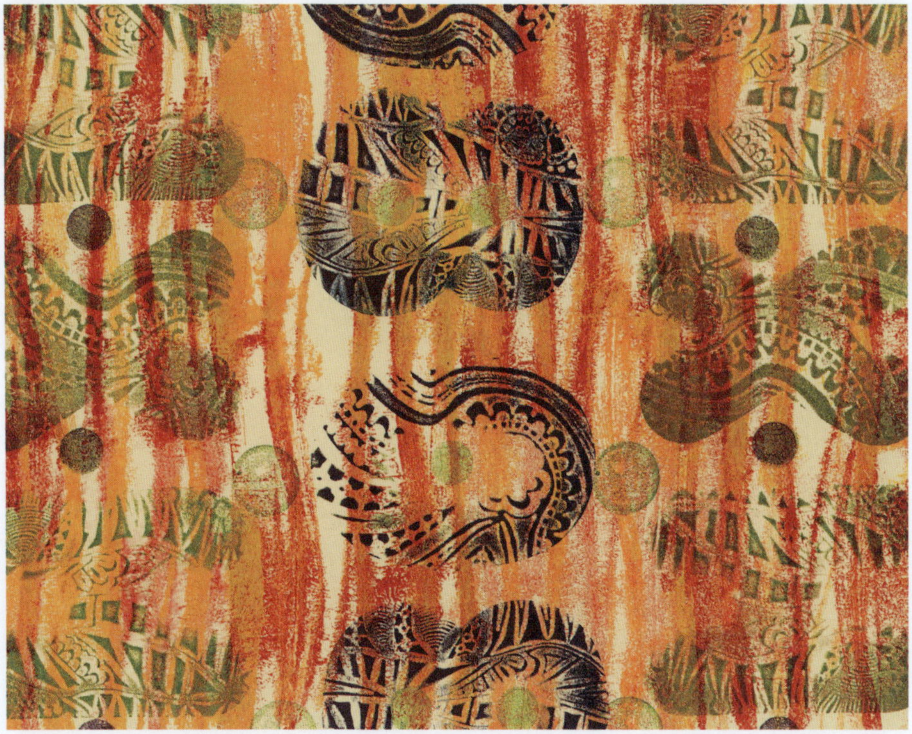

Das Tonpapier wurde zuerst mit gelber und roter Farbe mit einer Druckwalze aus geschmolzener Schaumstoff-Rohrleitungsisolierung (Projekt 35) bedruckt und anschließend mit Stempelkissen und Schaumstoff-Buchstaben und dann mit Ohrstöpseln und Korken (Projekt 1) bedruckt.

Tipps

- Manches Badespielzeug ist auf beiden Seiten glatt, manches hat eine Struktur auf der Rückseite. Manchmal kann die strukturierte Seite geformt werden und manchmal nicht. Da die Buchstaben aber zu dünn sind, um die zweite Seite zu formen, ohne die erste bereits geformte Seite zu zerstören, kommt dies sowieso nicht in Frage.
- Legen Sie die gemusterten Gummiplatten nicht in die Nähe des Embossingföns, da das Gummi durch die Hitze beschädigt werden kann.

PROJEKT

24 Puzzlematte

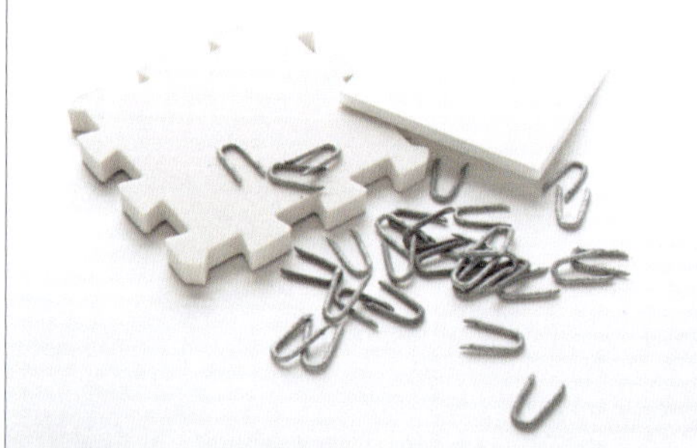

Material

- Hobbymesser oder Gipskartonmesser mit einer scharfen Klinge
- Schneideunterlage
- Stahllineal mit Korkrückseite
- Schaumstoff-Puzzlematte
- Krampen
- Embossingfön
- Stempelkissen
- Papier

PUZZLEMATTEN SIND KLEINE SCHAUMSTOFFQUADRATE mit ineinander greifbaren Kanten. Sie werden in Paketen zu zwölf Stück verkauft. Das ist eine Menge Stempelmaterial! Die Oberseite ist normalerweise mit einem Motiv aus einem Kinderfilm oder Ähnlichem bedruckt, und die Rückseite ist einfarbig. Die Puzzlematte ist zu dünn, um beide Seiten zu formen. Deshalb verwende ich nur die einfarbige Seite. In einigen Fällen kann das gedruckte Motiv auf dem Schaumstoff das Formen erschweren. (Je nach Schaumstoff muss dies aber nicht der Fall sein.) Die Schaumstoffmatten, die ich verwende, nehmen nicht sehr viele Details an und verlieren diese nach einer Weile wieder. Ich bin nicht sicher, ob dies am wiederholten Reinigen oder an der Feuchtigkeit liegt. Es ist aber nicht schlimm, da die Matten erneut geformt werden können, wenn sie ihre Form verlieren. In diesem Projekt habe ich Krampen aus dem Baumarkt verwendet, um ein Muster zu gestalten. Sie können aber alles nehmen, was dick genug ist.

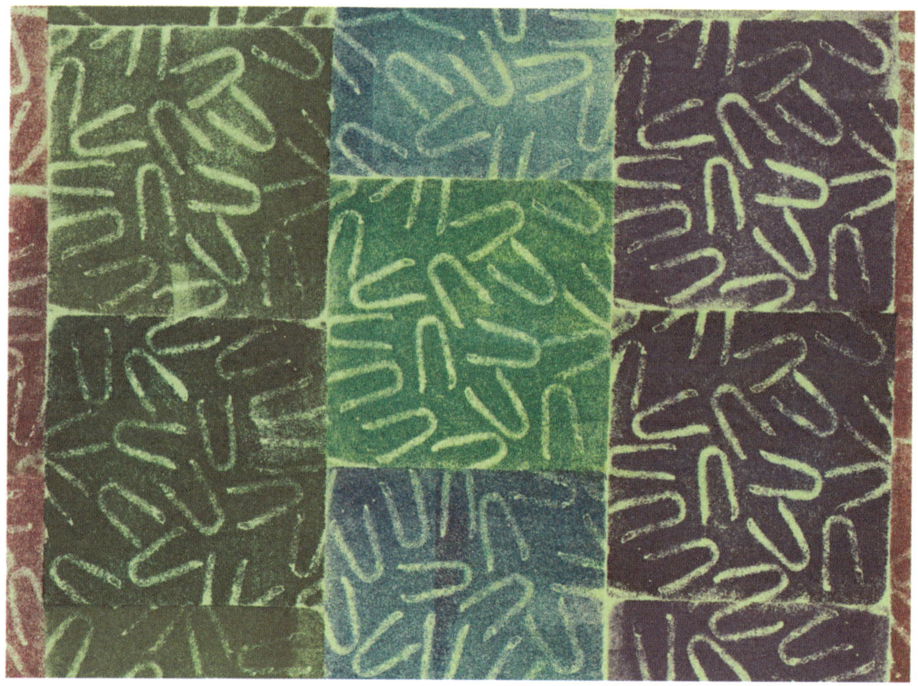

In einem Ziegelmuster mit Stempelkissen auf Tonpapier gestempelt.

Anleitung

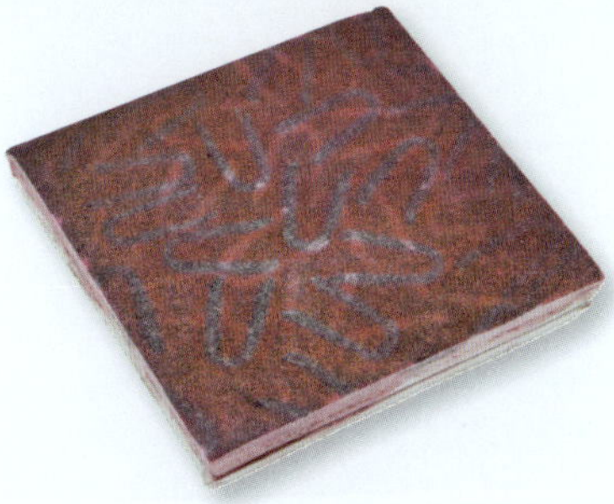

1. Schneiden Sie die Schaumstoffmatte mit einem Hobbymesser, einer Schneideunterlage und einem Stahllineal auf die gewünschte Größe zu. Gehen Sie dabei genau wie bei Schaumkern oder Stempelgummi-Montageschaum vor. Schneiden Sie die ineinander greifbaren Kanten ab, um eine gerade Kante zu erhalten.
2. Ordnen Sie die Krampen zufällig oder im gewünschten Muster an.
3. Erhitzen Sie die einfarbige Seite der Schaumstoffmatte 10 bis 15 Sekunden lang mit dem Embossingfön.
4. Drücken Sie die Schaumstoffmatte gleichmäßig 5 bis 10 Sekunden lang fest gegen die Krampen.
5. Drücken Sie die geformte Seite der Schaumstoffmatte auf das Stempelkissen und stempeln Sie auf das Papier.

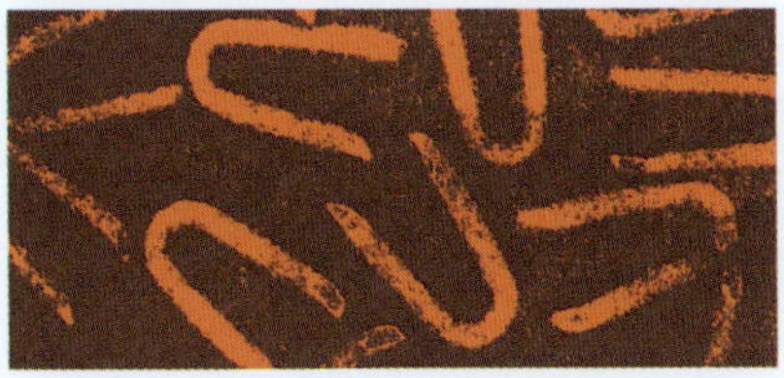

Mit einem Stempelkissen gestempelt.

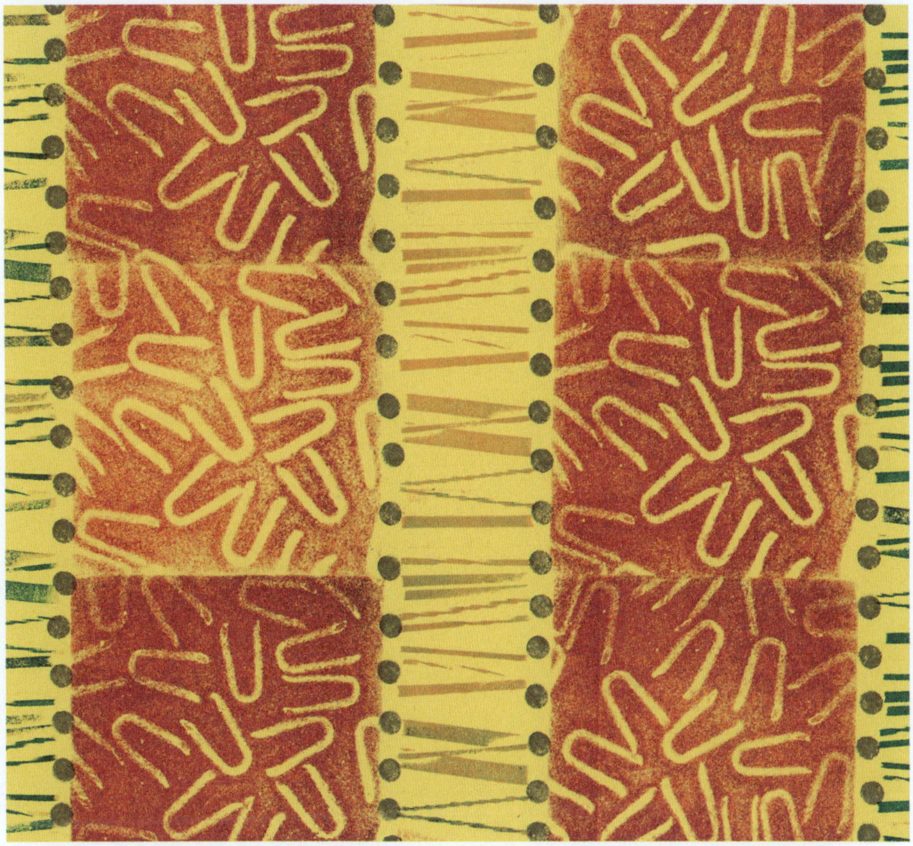

Gestempelt mit Stempelkissen auf Skizzenpapier, zuerst mit der Schaumstoffmatte, dann mit einem Gummibandstempel (Projekt 12) und einem Bleistiftradiergummi (Projekt 4).

Tipp

Wenn Sie das gesamte Stück Schaumstoffmatte verwenden, sollten Sie es an einem Stück Schaumkern befestigen, da es dann einfacher zu formen und zum Drucken zu verwenden ist. Es kann ganz einfach mit doppelseitigem Klebeband befestigt werden.

PROJEKT

25 Grobe Stempel

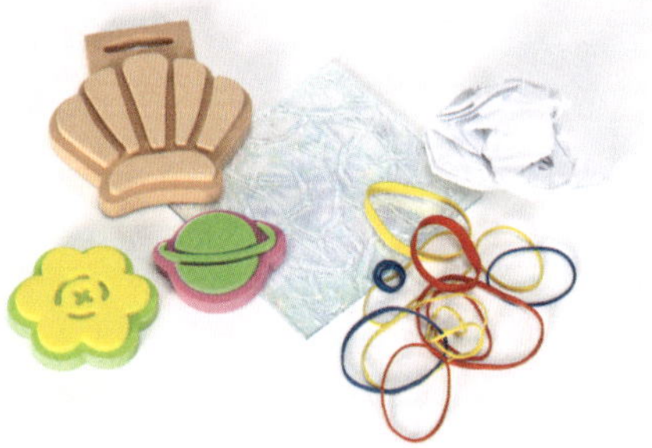

GROBE SCHAUMSTOFFSTEMPEL SIND IN BASTELGESCHÄFTEN oder in Bastelabteilungen von Kaufhäusern zu finden. Sie sind nicht teuer und sind in vielen verschiedenen Formen und Größen erhältlich. Sie können sie so verwenden, wie sie sind, oder sie etwas aufpeppen und ihnen mehr Charakter verleihen, indem Sie sie auf einen Gegenstand mit Oberflächenstruktur pressen. Dies ist ungefähr so, als ob sie eine einfache Tiefkühlpizza kaufen und diese mit ihren eigenen Zutaten verfeinern. In diesem Projekt werden zerknittertes Papier, Gummibänder und Buntglas mit Oberflächenstruktur für den Abdruck verwendet, aber Sie können auch andere Gegenstände nehmen.

Material

- Zerknittertes Papier
- Gummibänder
- Buntglas mit Oberflächenstruktur
- Grobe Schaumstoffstempel
- Embossingfön
- Stempelkissen
- Papier

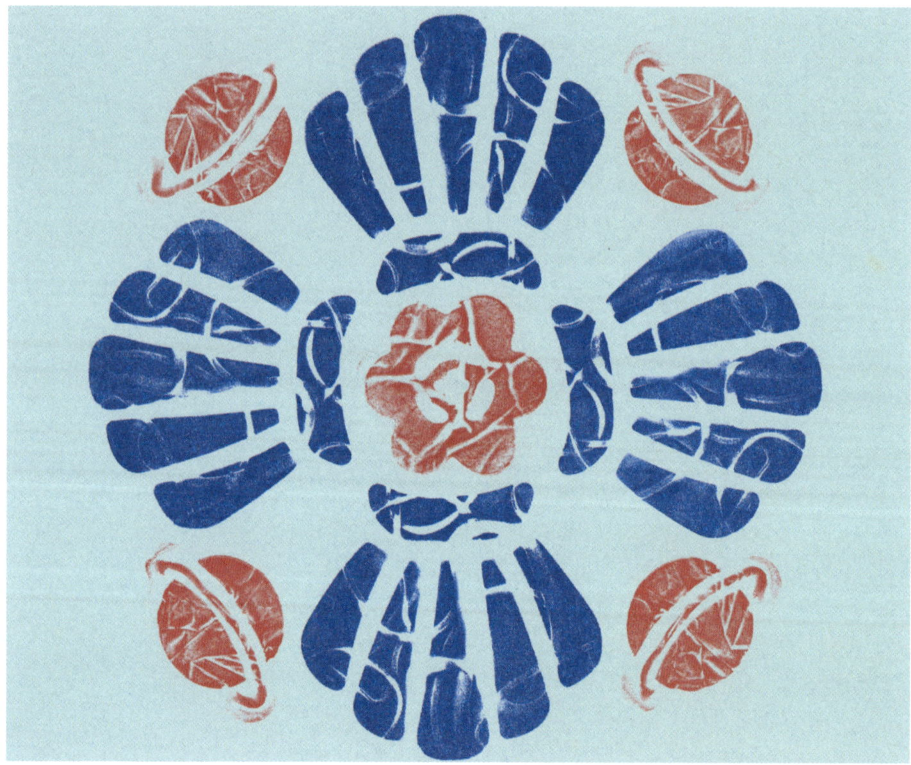

Mit Stempelkissen auf Tonpapier gestempelt.

Anleitung

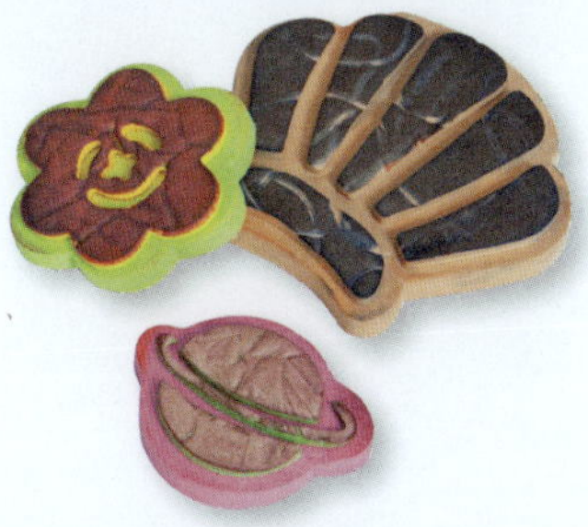

1. Legen Sie das zerknitterte Papier, die Gummibänder, und das strukturierte Glas auf eine harte, ebene Oberfläche.
2. Erhitzen Sie die Oberfläche des groben Stempels ca. 10 Sekunden lang mit dem Embossingfön.
3. Drücken Sie den groben Stempel gleichmäßig 10 bis 15 Sekunden lang fest gegen einen der Gegenstände.
4. Drücken Sie den groben Stempel auf das Stempelkissen und stempeln Sie auf das Papier.
5. Wiederholen Sie den Vorgang mit anderen Stempeln und anderen Gegenständen zum Erstellen des Abdrucks.

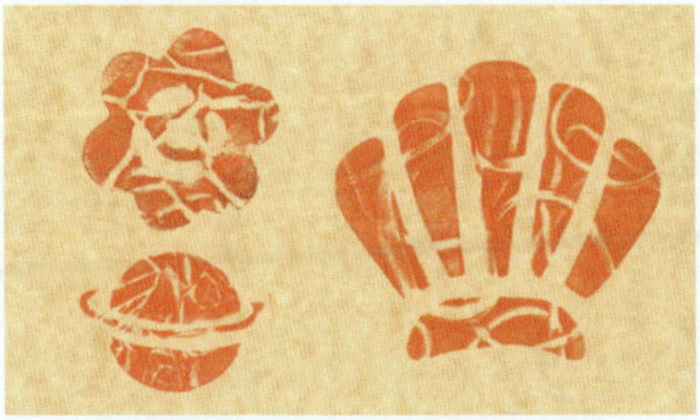

Mit einem Stempelkissen gestempelt: Saturn wurde mit zerknittertem Papier verformt, die Blume mit strukturiertem Glas und die Muschel mit Gummibändern.

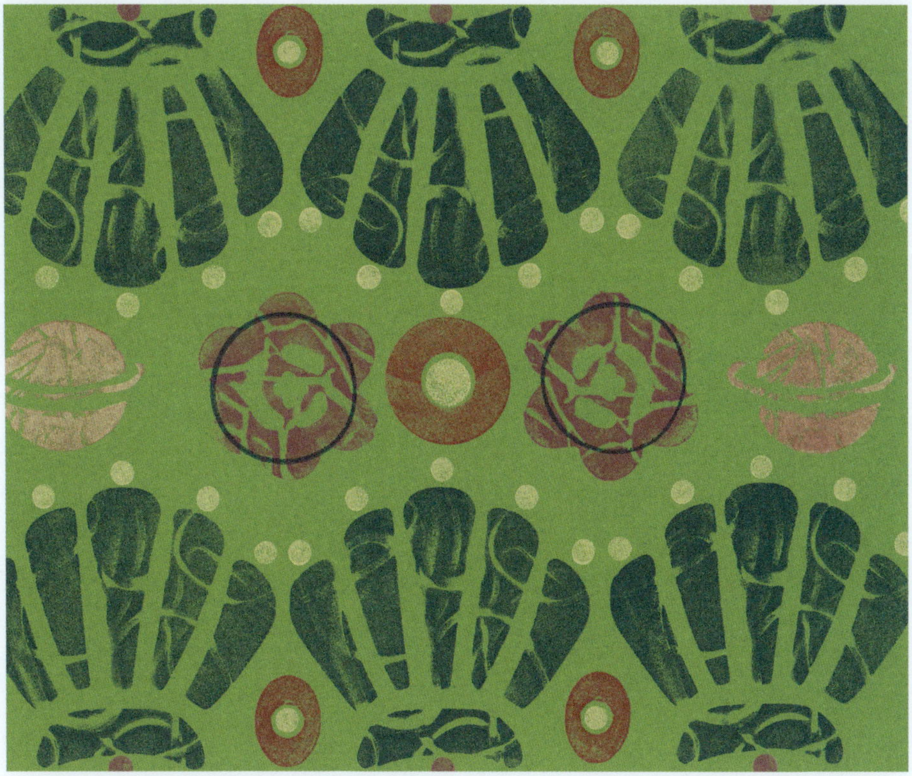

Mit Stempelkissen auf Tonpapier gestempelt, zuerst mit den groben Stempeln, dann mit Hühneraugen- und Ballen-Druckschutzpflastern (Projekt 6) und einer Stuhlbeinkappe (Projekt 5).

Tipps

- Bei kleineren groben Stempeln ist das Schaumstoffstück, das die Form ergibt, dünner. Wenn Sie diese Stempel verformen, sollten Sie nicht zu viel Druck anwenden, da Sie den Stempel ansonsten platt drücken und die Form zerstören.
- Halten Sie im Ausverkauf nach groben Stempeln Ausschau. Manchmal findet man langweilige Stempel, die aber sehr günstig sind, und kann sie durch Verformen aufpeppen.

PROJEKT **26**

Flip-Flops

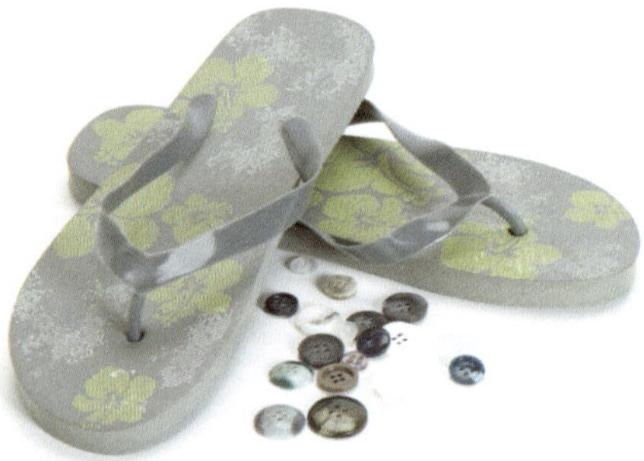

Material

- Hobbymesser oder Gipskartonmesser mit einer scharfen Klinge
- Schneideunterlage
- Stahllineal mit Korkrückseite
- Flip-Flops
- Knöpfe
- Embossingfön
- Stempelkissen
- Papier

DER SCHAUMSTOFF VON GANZ BILLIGEN FLIP-FLOPS eignet sich unglaublich gut für geformte Stempel. Er nimmt viele Details an, durch seine Stärke ist er beim Drucken leicht zu greifen, und er lässt sich einfach mit einem scharfen Hobbymesser schneiden. Außerdem können Sie recht viele geformte Stempel aus einem Paar Flip-Flops machen. Ein weiterer Pluspunkt ist, dass die Unterseite mit einer Struktur versehen ist, mit der Sie sofort stempeln können. Normalerweise kann die Unterseite aufgrund ihrer Beschaffenheit nicht verformt werden. Verwenden Sie sie so, wie sie ist, zum Stempeln und verformen Sie nur die Oberseite. Im Winter sind Flip-Flops möglicherweise schwer zu finden. Legen Sie deshalb im Sommer einen Vorrat an. Kaufen Sie sie am besten in Schnäppchenläden oder beim Ausverkauf in Kaufhäusern. In diesem Projekt verwenden wir Knöpfe zum Verformen der Flip-Flops. Sie können aber auch andere Gegenstände – auch mit vielen Details – verwenden.

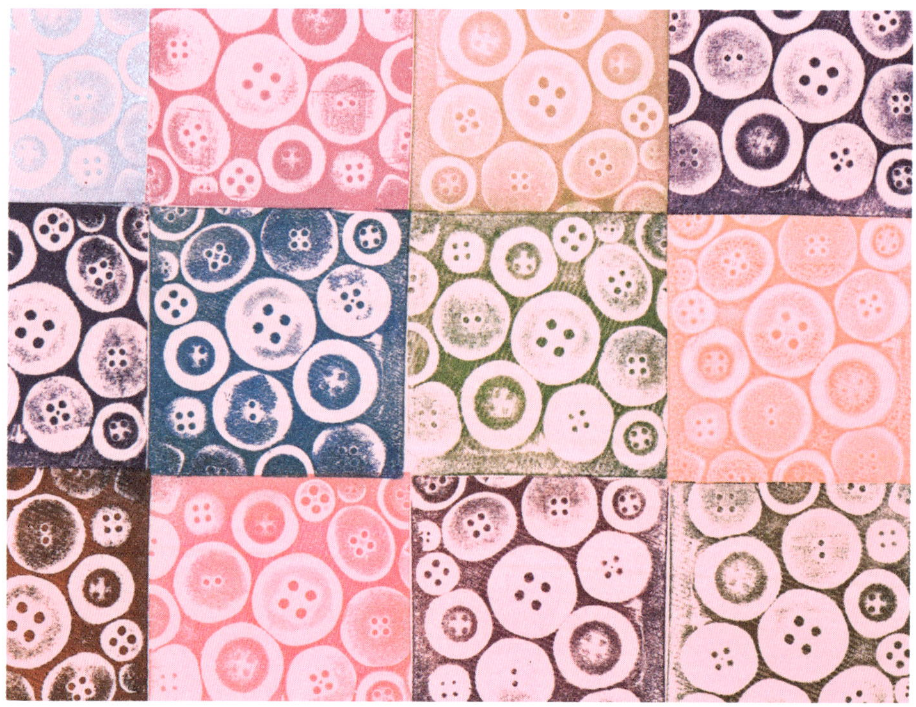

Mit Stempelkissen auf Tonpapier gestempelt.

Anleitung

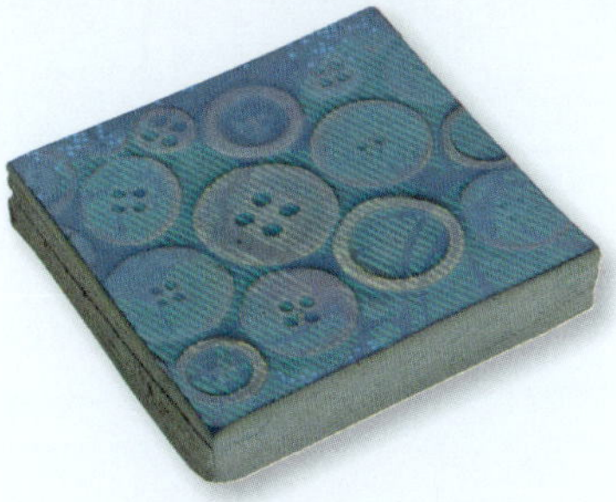

1. Schneiden Sie einen Flip-Flop mit Hobbymesser, Schneideunterlage und Stahllineal auf die gewünschte Größe zu. Gehen Sie dabei genauso vor wie bei Schaumkern oder Stempelgummi-Montageschaum.
2. Ordnen Sie die Knöpfe wie gewünscht auf einer harten Oberfläche an.
3. Erhitzen sie die Oberfläche des Flip-Flops 10 bis 15 Sekunden lang mit einem Embossingfön.
4. Drücken Sie den Flip-Flop-Stempel gleichmäßig 5 bis 10 Sekunden lang fest auf die Knöpfe.
5. Drücken Sie den geformten Flip-Flop-Stempel auf das Stempelkissen und stempeln Sie auf das Papier.

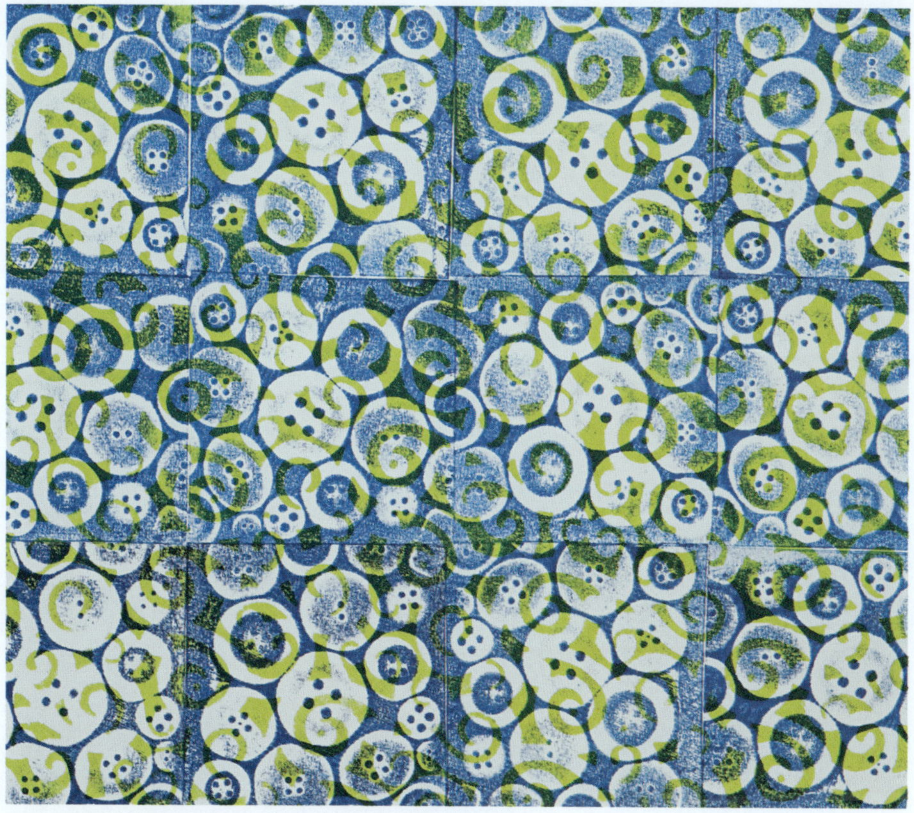

Mit Stempelkissen auf Aquarellpapier gestempelt, das zuerst mit grüner Farbe mit vorgestanztem Scrapbooking-Papier schabloniert wurde (Projekt 46).

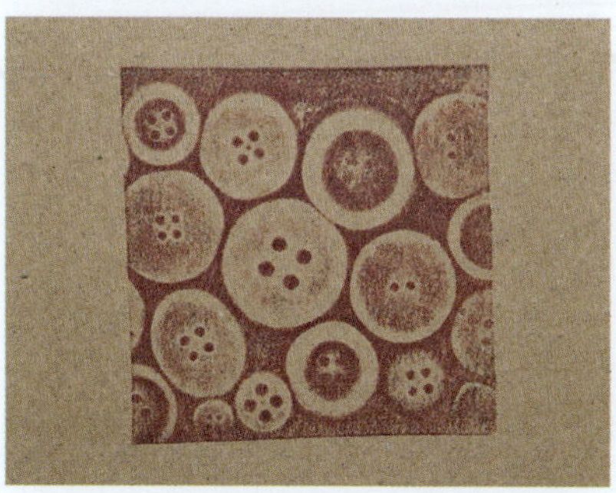

Mit einem Stempelkissen gestempelt.

Tipps

- Kaufen Sie die größten Flip-Flops, die Sie finden können, um mehr für Ihr Geld zu bekommen. Je größer der Flip-Flop, desto mehr Stempel können Sie machen.
- Verwenden Sie zum Schneiden der Flip-Flops unbedingt eine scharfe Klinge. Andernfalls erhalten Sie beim Drucken keine saubere Kante.

PROJEKT 27

Gartenkniekissen

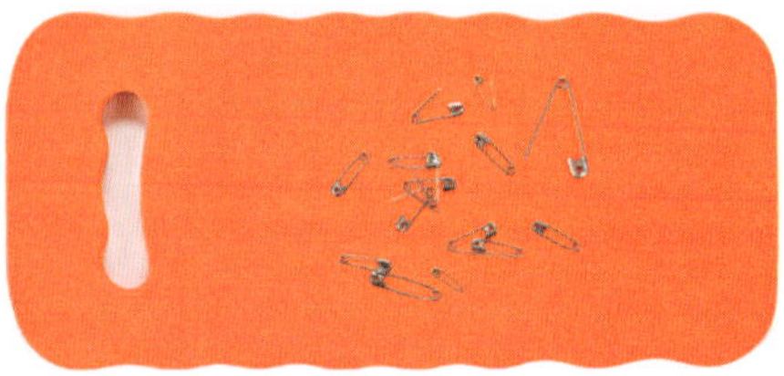

GARTENKNIEKISSEN SIND GUT ALS FORMBARE SCHAUMSTOFFSTEMPEL GEEIGNET. Sie können recht viele Stempel aus einem Kissen machen, und die Kissen lassen sich mit einem Hobbymesser einfach schneiden. Die Stempel müssen nicht montiert werden, da sie bereits dick genug sind, um sie beim Drucken zu greifen. Kniekissen bestehen nicht immer aus demselben Material, und einige können nicht verformt werden. Normalerweise lassen sich die günstigeren Kissen besser verformen. Die besseren, teureren Kissen sind fester und sind normalerweise nicht zum Verformen geeignet. Wenn sich das Kissen recht schwammig anfühlt, funktioniert es wahrscheinlich gut. Denken Sie daran, dass Gartenkissen Saisonartikel sind, die Sie am einfachsten im Frühjahr und Sommer finden.

Material

- Hobbymesser oder Gipskartonmesser mit einer scharfen Klinge
- Schneideunterlage
- Stahllineal mit Korkrückseite
- Gartenkniekissen
- Sicherheitsnadeln in verschiedenen Größen
- Embossingfön
- Stempelkissen
- Papier

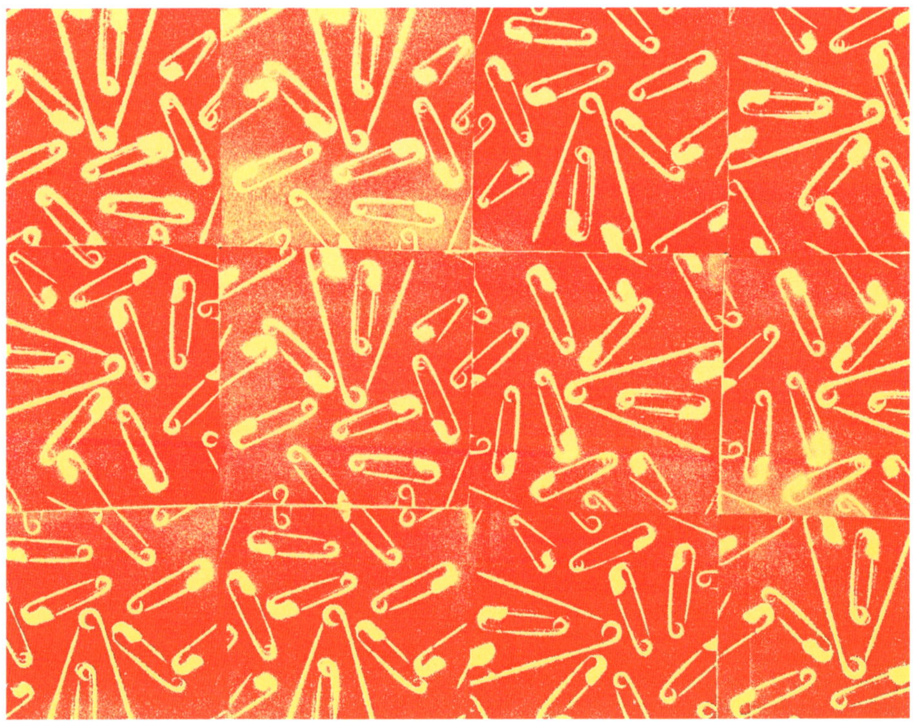

Mit Stempelkissen auf Skizzenpapier gestempelt.

Anleitung

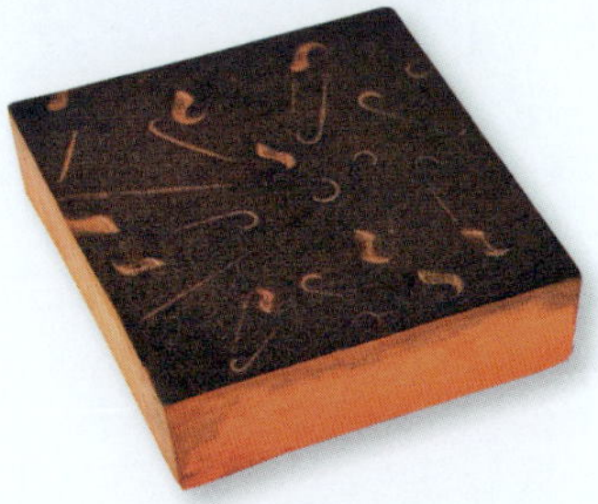

1. Schneiden Sie das Kniekissen mit Hobbymesser, Schneideunterlage und Stahllineal auf die gewünschte Größe zu. Gehen Sie dabei genauso vor wie bei Schaumkern oder Stempelgummi-Montageschaum.
2. Ordnen Sie die Sicherheitsnadeln wie gewünscht auf einer harten Oberfläche an.
3. Erhitzen Sie die Oberfläche des Kniekissens 10 bis 15 Sekunden lang mit dem Embossingfön.
4. Drücken Sie den Kniekissenstempel gleichmäßig 5 bis 10 Sekunden lang fest gegen die Sicherheitsnadeln.
5. Drücken Sie den geformten Kniekissenstempel auf das Stempelkissen und stempeln Sie auf das Papier.

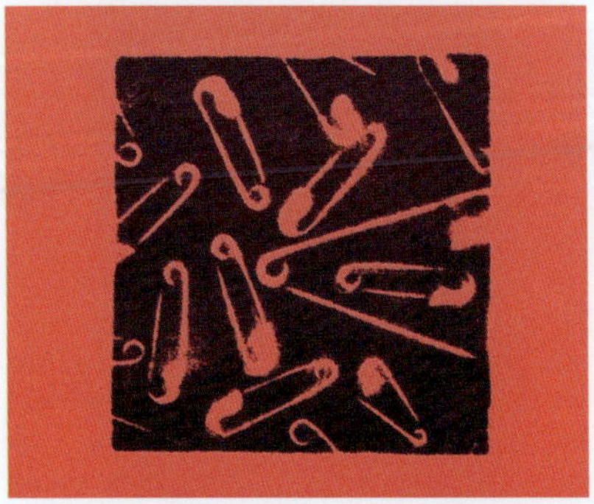

Mit einem Stempelkissen gestempelt.

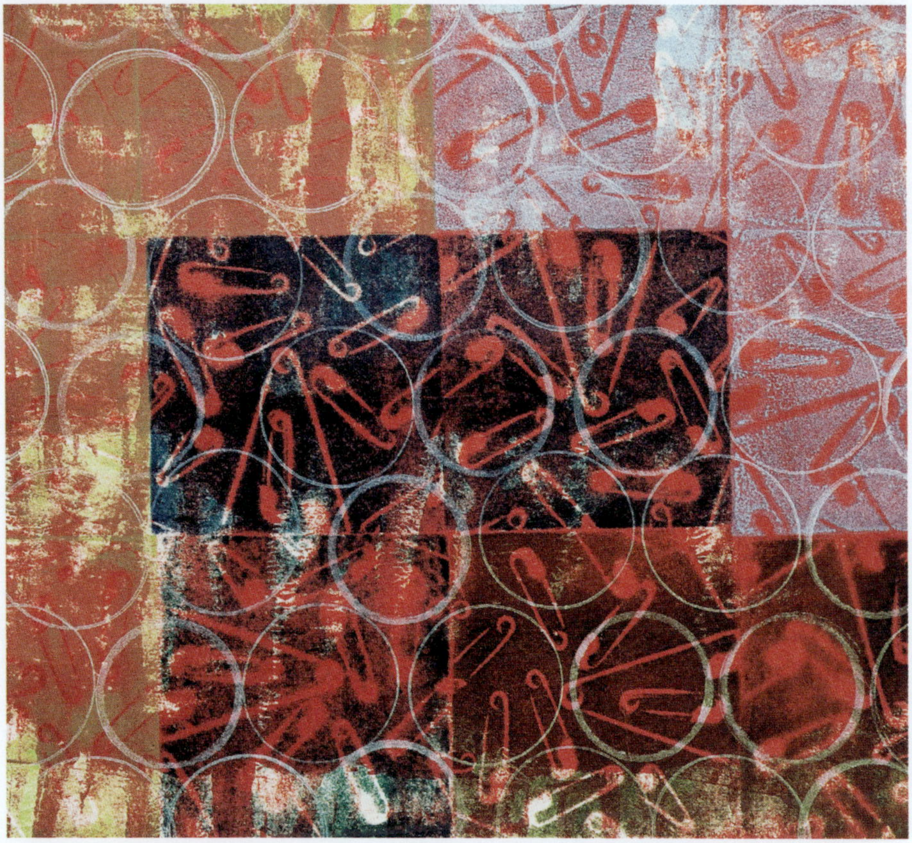

Auf Tonpapier wurde zunächst mit einer Farbwalze Metallicfarbe aufgetragen (Projekt 29). Anschließend wurde mit Stempelkissen mit dem Kniekissenstempel und einer Stuhlbeinkappe (Projekt 5) gestempelt.

Tipp

Sie können beide Seiten des Gartenkniekissens mit Muster formen.

PROJEKT 28

Schaumstoffwürfel

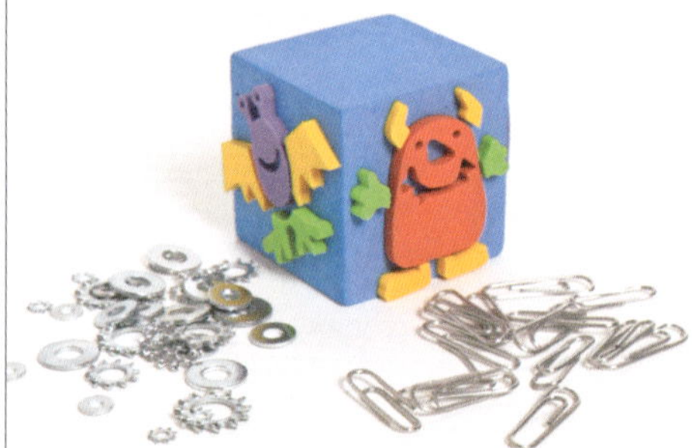

ICH MAG DIE GROSSEN SCHAUMSTOFFWÜRFEL-STEMPEL, die Motive auf fast allen Seiten haben, aber die Motive gefallen mir meistens nicht. Ich habe trotzdem einige gekauft, da ich wusste, dass ich eine Verwendungsmöglichkeit finden würde, die besser zum Stil meiner Werke passt. Während ich damit herumgespielt habe, sind einige der kleinen Schaumstoffmotive abgefallen, und ich habe festgestellt, dass ich die Motive abnehmen und den Würfel als formbaren Schaumstoff nutzen konnte. Die Größe war perfekt, und die Motive ließen sich einfach ablösen. Der Würfel war so groß, dass ich zuerst eine Seite und dann auch noch die gegenüberliegende Seite formen konnte, ohne die erste Seite zu beeinträchtigen.

Material

- Schaumstoffwürfel-Stempel
- Büroklammern in verschiedenen Größen
- Unterlegscheiben in verschiedenen Größen
- Embossingfön
- Stempelkissen
- Papier

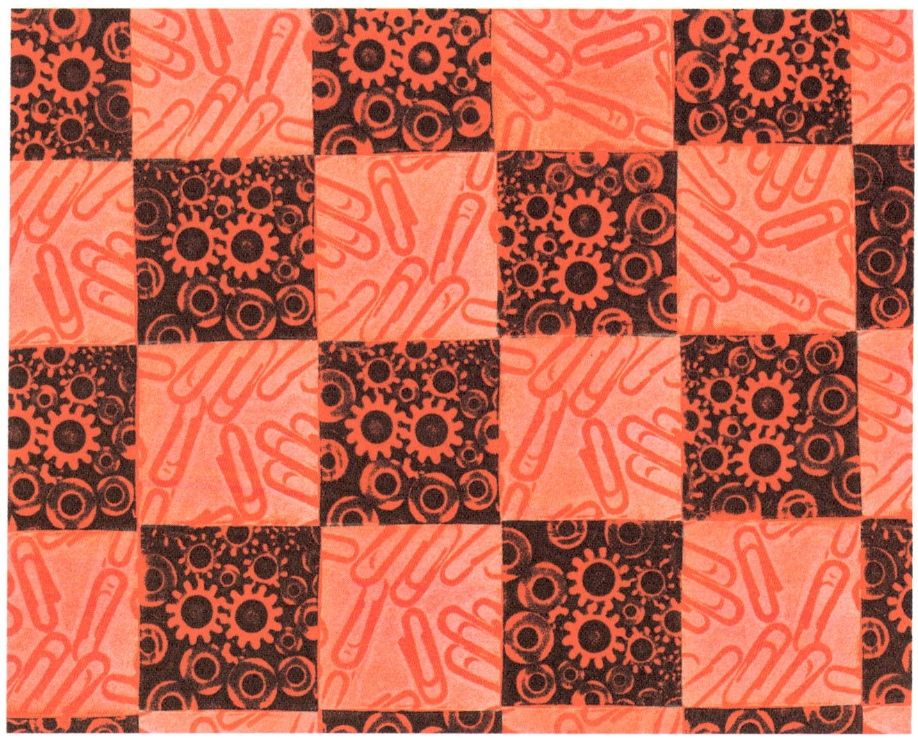

Mit Stempelkissen im Schachbrettmuster auf Tonpapier abwechselnd mit beiden Seiten gestempelt.

Anleitung

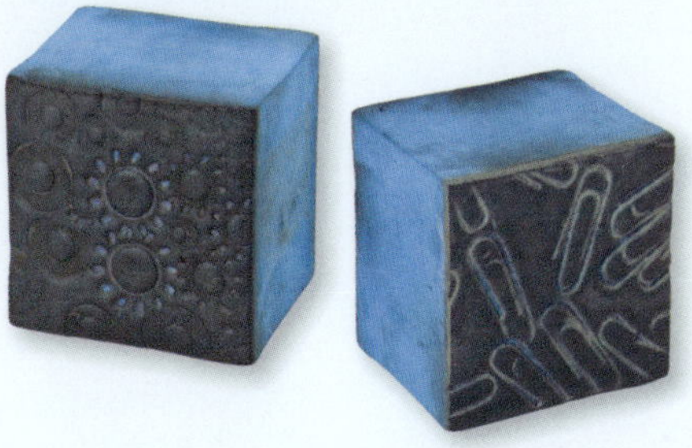

1. Ziehen Sie die Schaumstoffmotive vorsichtig vom Würfel ab.
2. Ordnen Sie die Büroklammern und Unterlegscheiben im gewünschten Muster auf einer harten, ebenen Fläche an.
3. Erhitzen Sie eine Seite des Schaumstoffwürfels 10 bis 15 Sekunden lang mit dem Embossingfön.
4. Drücken Sie die erhitzte Seite des Würfels gleichmäßig 5 bis 10 Sekunden lang fest gegen die Büroklammern.
5. Drücken Sie den geformten Würfel auf das Stempelkissen und stempeln Sie auf das Papier.
6. Wiederholen Sie den Vorgang mit der gegenüberliegenden Seite des Würfels. Verwenden Sie für den Abdruck die Unterlegscheiben.

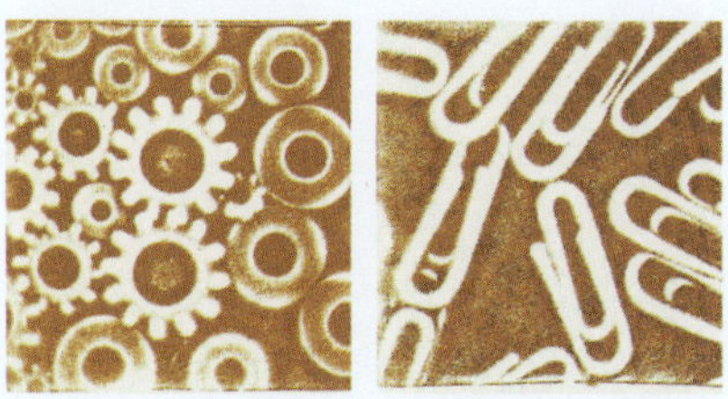

Mit einem Stempelkissen gestempelt.

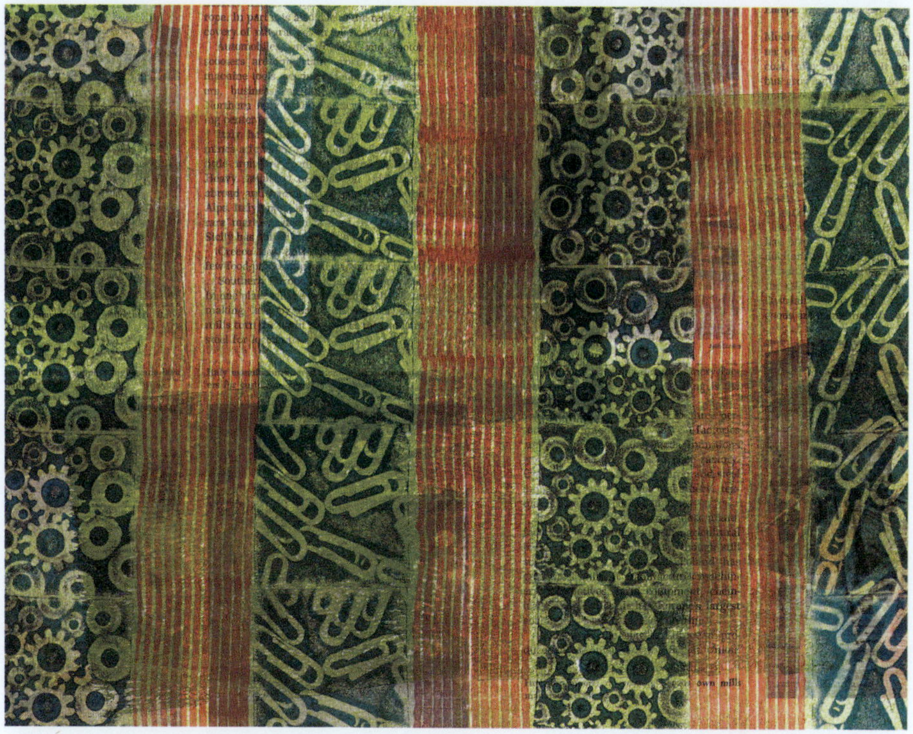

Auf eine alte Buchseite wurde zuerst grüne Farbe mit einer Farbwalze aufgetragen (Projekt 29). Anschließend wurde mit Stempelkissen und dem Schaumstoffwürfel gestempelt und dann mit einer Schreibhilfenwalze (Projekt 30) gedruckt.

Tipps

- Heben Sie das Schaumstoffmotiv, das Sie vom Würfel abziehen, auf und machen Sie einen neuen Stempel daraus, indem Sie es mit doppelseitigem Klebeband an einem Stempelblock befestigen.
- Es können nur die beiden gegenüberliegenden Seiten des Würfels verformt werden. Wenn Sie versuchen, eine dritte Seite zu verformen, werden die beiden bereits geformten Seiten erhitzt, und die Abdrücke verschwinden.
- Mit einer der nicht geformten Seiten des Würfels können Sie ein gefülltes Quadrat stempeln.

Walzen

KAPITEL 3

WALZEN MIT EINEM AUFGEBRACHTEN MOTIV DRUCKEN ein kontinuierliches Muster. Obwohl es kompliziert klingt, können die Werkzeuge verschieden komplex sein. Man kann ganz einfach eine Schreibhilfe auf einen Stift schieben oder auch ein Muster in eine Walze schnitzen.

Wie die meisten Werkzeuge in diesem Buch werden die Walzen hauptsächlich aus einfachen Gegenständen hergestellt, die sich im Haushalt finden. Einige Materialien sind etwas spezieller, aber alle sind günstig. Alle Materialien werden hier für einen anderen als ihren ursprünglichen Zweck verwendet. Obwohl wir in jedem Projekt bestimmte Gegenstände zum Erstellen der Walzen verwenden, sind diese nur als Sprungbrett gedacht und sollen Sie dazu inspirieren, auch andere Gegenstände als Materialien für Druckwalzen auszuprobieren.

Das Drucken mit Walzen ist eine großartige Möglichkeit, einen Hintergrund für ein Blatt Papier oder einen Gegenstand zu schaffen. Die Bilder sind aber auch interessant genug, um als Hauptteil des Drucks zu dienen. Da alle Walzen nur einen geringen Durchmesser haben, geht möglicherweise die Farbe aus, bevor das Ende der Seite erreicht ist. Nachdem der volle Umfang einer Walze gedruckt ist, wird die Farbe blasser. Je nach Muster oder Werkzeug, ist es manchmal am besten, mit dem Drucken aufzuhören, wenn der Druck blasser wird, die Walze erneut durch Farbe oder Tinte zu rollen und dann wieder an den Druck anzusetzen, um fortzufahren. Bei einfachen Mustern können Sie möglicherweise einfach mit dem Drucken fortfahren, nachdem Sie die Walze erneut durch Farbe oder Tinte gerollt haben, ohne genau passend an das Muster anzusetzen. Ein gedrucktes Motiv, das im Verlauf blasser wird, kann auch als Designelement mit interessanten Hell- und Dunkeleffekten verwendet werden.

Für die meisten dieser Projekte können Sie entweder Farbe oder Stempelkissen verwenden und erreichen dabei verschiedene Ergebnisse. Lesen Sie vor dem Beginn das Kapitel „Grundlagen“, das auf Seite 10 beginnt.

Herstellen einer Druckwalze aus einem Holzdübel

1. Sägen Sie einen Holzdübel auf die gewünschte Länge zu. (Die meisten in diesen Projekten verwendeten Dübel sind ca. 7,5 cm lang.)
2. Schleifen Sie die rauen Kanten an den Enden mit Schleifpapier ab.
3. Markieren Sie die Mitte an jedem Ende des Dübels und schlagen Sie jeweils einen Stauchkopfnagel in die Mitte ein. Lassen Sie dabei die Enden der Nägel herausragen, damit Sie sie als Griffe verwenden können.

Tipps zum Herstellen der Walze

- Nutzen Sie Stauchkopfnägel, da die abgerundeten Köpfe am angenehmsten für die Hände sind. Mit normalen T-förmigen Nägeln können Sie sich eventuell verletzen.
- Es kann schwierig sein, den zweiten Nagel einzuschlagen. Suchen Sie sich etwas, in das Sie den ersten Nagel hineinstecken können, während Sie den zweiten Nagel einschlagen. Verwenden Sie zum Beispiel einen Schraubstock oder zwei dicke, gleich starke Bücher und klemmen Sie den Nagel dazwischen.

Tipps zum Drucken

- Bei Druckwerkzeugen, für die Farbe oder Stempelkissen im Materialabschnitt aufgelistet sind, funktioniert beides gleich gut. Mit Stempelkissen erreichen Sie einen detailreicheren Druck, der jedoch blasser wird.
- Wenn die Walze schwächer druckt, rollen Sie sie erneut durch Farbe oder Tinte und fahren Sie mit dem Drucken fort. Je nach Muster kann das Muster der Walze manchmal zum Fortfahren genau angesetzt werden. Oft ist dies jedoch nicht notwendig.
- Wenn der Druck zu schwach ist, insbesondere wenn Sie mit einem Stempelkissen arbeiten, legen Sie einen Bogen Bastelschaumstoff als Druckpuffer unter das Papier.

PROJEKT

29 Farbwalze

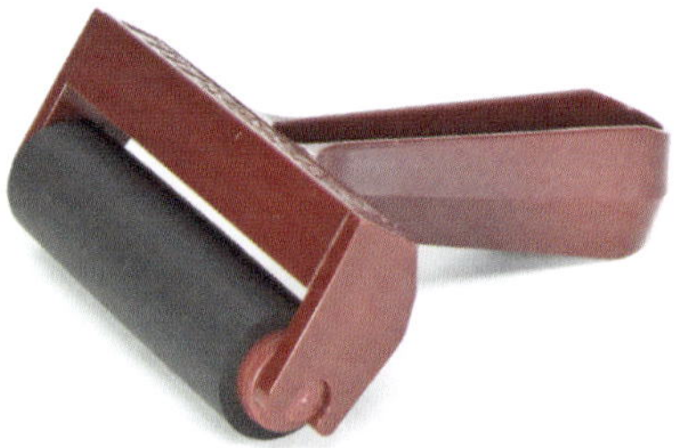

FARBWALZEN WERDEN BEIM DRUCKEN normalerweise dazu benutzt, eine Schicht Farbe auf einer Palette auszurollen oder auf einen Druckstock aufzutragen. Bei Kollagen werden Sie auch verwendet, um über das aufgeklebte Papier zu rollen und so einen guten Halt zu erzeugen. Hier verwenden wir eine Farbwalze zum Drucken. Das Auftragen von Farbe mit einer Farbwalze auf Papier oder eine andere Oberfläche ist nicht nur eine sehr schnelle Möglichkeit, die Oberfläche zu füllen, sondern ergibt auch eine interessante Struktur, die durch die Spannung zwischen der Farbwalze, der Farbe und dem Papier entsteht, insbesondere, wenn nicht besonders viel Farbe auf der Walze ist oder wenn die Farbe klebrig ist. Sie können zwar auch eine Farbwalze aus Schaumstoff verwenden, diese ergibt aber nicht denselben Effekt wie eine Gummiwalze.

Material

- Farbe
- Plexiglas
- Farbwalze
- Papier

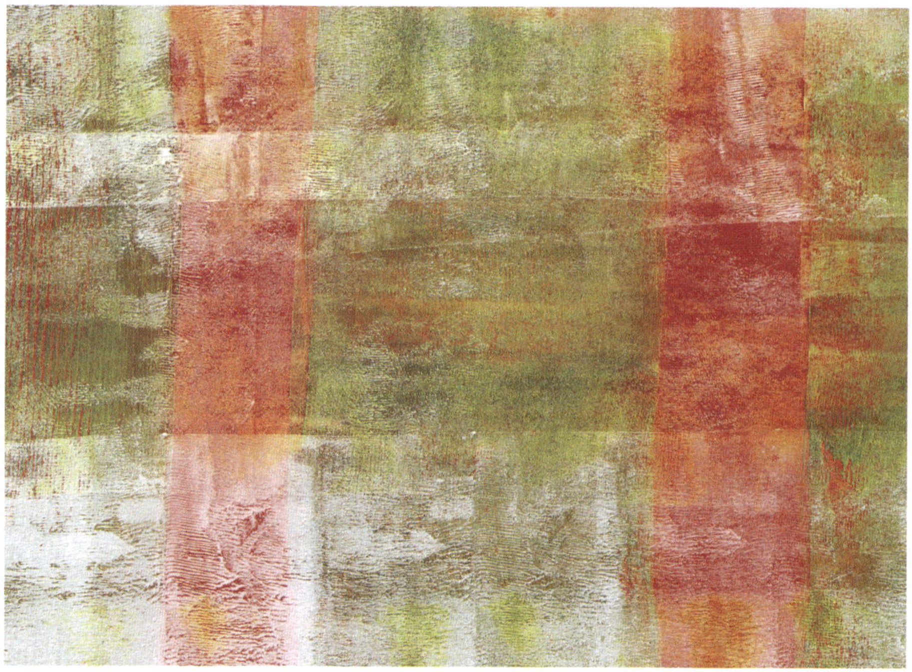

Auf farbigem Tonpapier mit in Streifen aufgetragener grüner und weißer Farbe gedruckt. Die weiße Farbe wurde horizontal gerollt und die grüne vertikal, wobei einige Streifen unbedruckt gelassen wurden.

Anleitung

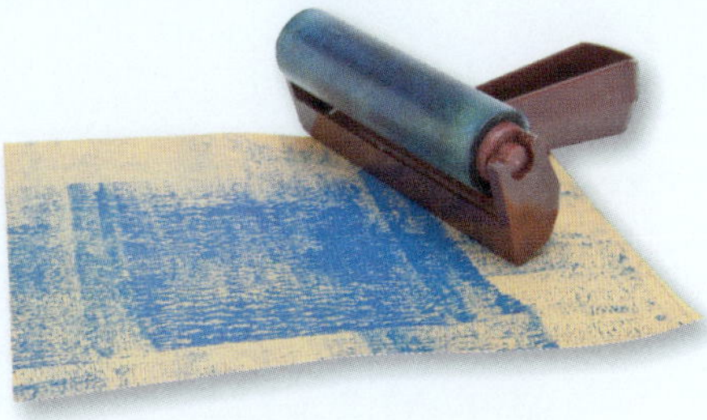

1. Geben Sie einen kleinen Klecks Farbe von etwa 2,5 cm Durchmesser auf ein Stück Plexiglas.
2. Rollen Sie mit der Farbwalze durch die Farbe, bis sie gleichmäßig mit Farbe bedeckt ist.
3. Rollen Sie die Farbwalze über das Papier.

Mit Farbe gedruckt.

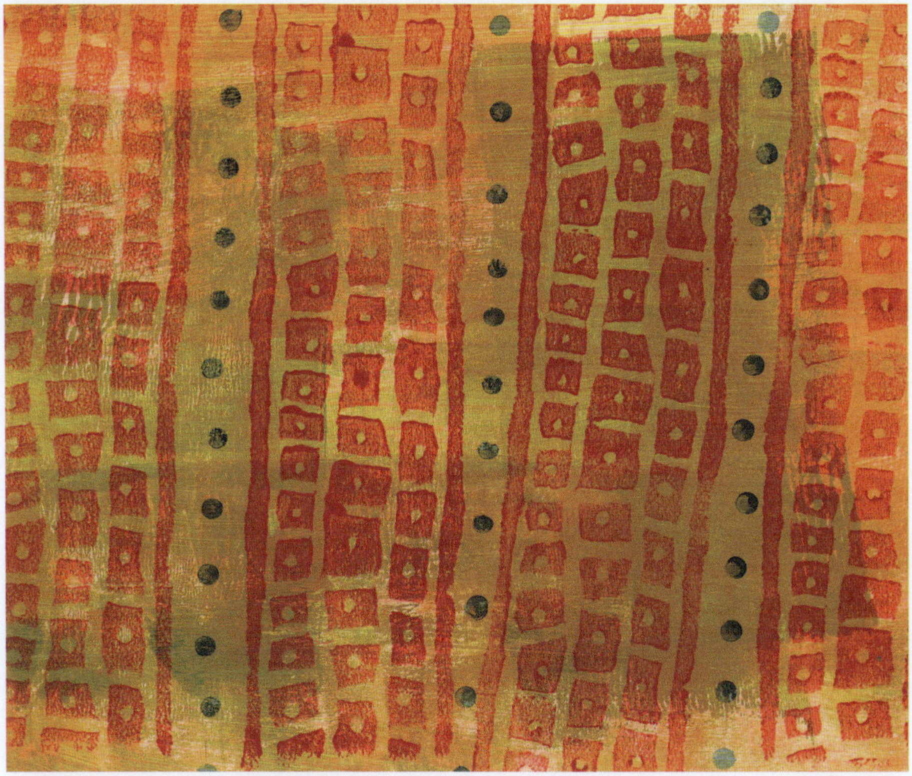

Orangefarbenes Tonpapier wurde zuerst leicht mit Kreidegrund bestrichen. Anschließend wurde mit der Farbwalze grüne Farbe aufgetragen, dann wurde mit einer Walze aus eingebrannter Schaumstoff-Rohrleitungsisolierung (Projekt 37) mit roter Farbe gedruckt, und dann mit einem Stempelkissen mit einem Bleistiftradiergummi gestempelt (Projekt 4).

Tipps

- Zum Drucken mit Farbwalzen können auch dünne Acrylfarben verwendet werden. Sie ergeben aber nicht dieselbe Struktur wie dickere Farben.
- Verwenden Sie Metallicfarben, um schnell glitzernde Hintergründe mit einer Farbwalze zu erzeugen.

PROJEKT 30

Schreibhilfen

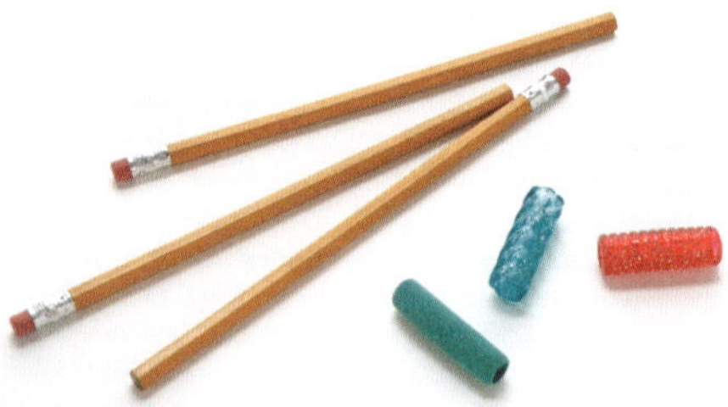

Material

- Schreibhilfen
- Bleistift
- Stempelkissen oder Farbe
- Farbwalze und Plexiglas, falls Sie Farbe verwenden
- Papier

SCHREIBHILFEN SIND SEHR VIELSEITIG. Neben ihrem eigentlichen Zweck ergeben sie auch großartige Farbwalzen. Sie brauchen lediglich einen Stift und ein Stempelkissen oder Farbe. Neben den normalen Schaumstoff-Schreibhilfen gibt es auch moderne Schreibhilfen für Kinder. Sie haben verschiedene Strukturen, wodurch sie als Druckwerkzeuge interessant sind. Egal ob Sie eine Schaumstoff-Schreibhilfe verwenden, die einen gefüllten Streifen druckt, oder eine moderne Schreibhilfe, die Streifen oder Diagonalen druckt, alle drucken eine Spalte in der Breite der Schreibhilfe. Sie können die Breite des Drucks einfach verringern, indem Sie die Schreibhilfe mit einer Schere oder einem Hobbymesser zurechtschneiden. Darüber hinaus können Sie Schreibhilfen auch zum Stempeln verwenden (Projekt 3).

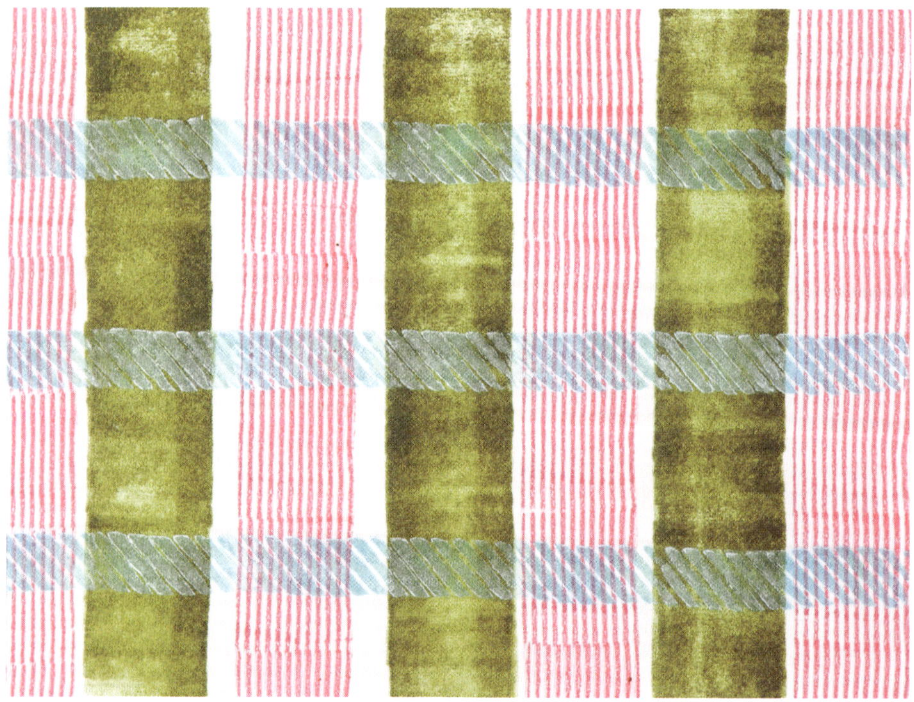

Gedruckt mit Stempelkissen auf Aquarellpapier.

Anleitung

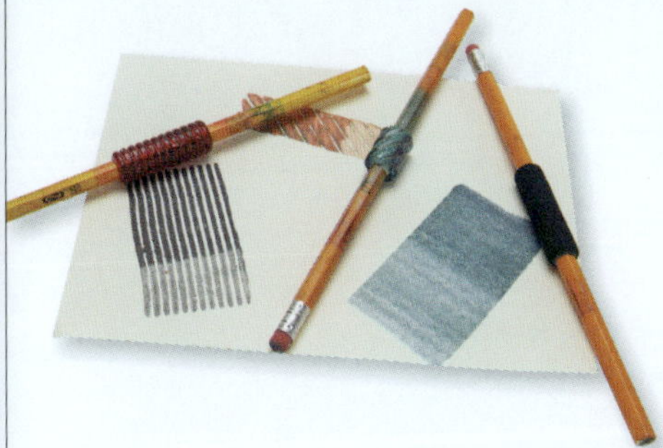

1. Schieben Sie eine Schreibhilfe mittig auf einen Bleistift.
2. Verwenden Sie die Enden des Bleistifts als Griffe, rollen Sie die Schreibhilfe über ein Stempelkissen oder durch eine auf einem Stück Plexiglas ausgerollte Farbschicht, bis die Walze vollkommen bedeckt ist, und rollen Sie die dann über das Papier.

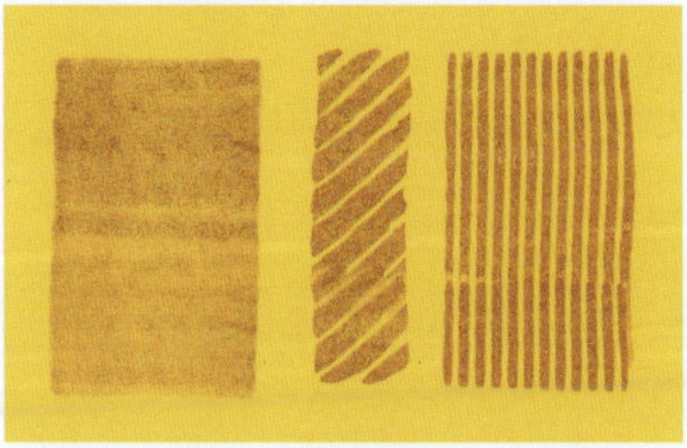

Mit einem Stempelkissen gedruckt.

Das Tonpapier wurde zuerst leicht mit Kreidegrund bestrichen und dann mit Stempelkissen mit einer Schaumstoffschreibhilfe, einer diagonal gestreiften Schreibhilfe und einem Schaumstoff-Marshmallow mit einem Knopfabdruck bedruckt. Anschließend wurde mit der vertikal gestreiften Schreibhilfe auf die Stellen gedruckt, die zuerst mit der ungemusterten Schaumstoff-Schreibhilfe bedruckt worden sind.

Tipp

Wenn sich der Innenumfang der Schreibhilfe dehnt, sodass diese beim Rollen vom Bleistift rutscht, umwickeln Sie den mittleren Bereich des Bleistifts mit Klebeband. Dadurch wird der Stift etwas dicker, und die Schreibhilfe hält besser.

PROJEKT

31 Schaumstoffwalze

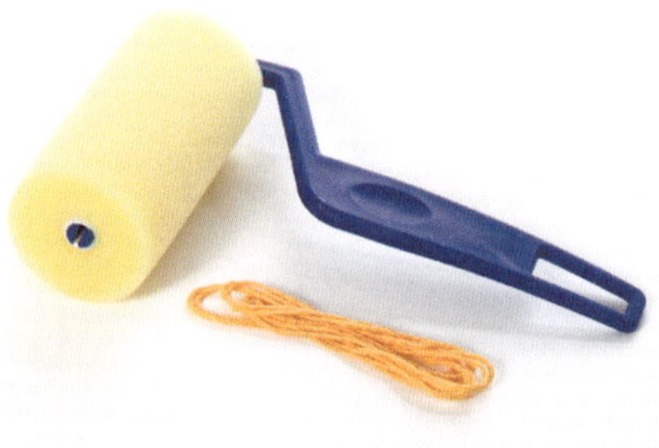

Material

- Kleines Stück Schnur
- Schaumstoff-Farbrolle
- Schere
- Farbe
- Farbwalze und Plexiglas
- Papier

SCHAUMSTOFF-FARBROLLEN KÖNNEN GANZ EINFACH so verändert werden, dass sie interessante Drucke ergeben. Nutzen Sie die schwammige Textur des Schaumstoffs, und umwickeln Sie die Rolle fest mit einem Stück Schnur. Der Schwamm tritt an den nicht umwickelten Stellen hervor, und dieser Teil der Schaumstoffrolle wird gedruckt. Diese Rolle wurde erst in die eine Richtung und dann in die andere umwickelt, sodass sich die Schnur überkreuzt hat und ein Zickzackeffekt entstanden ist. Dadurch erhalten wir ein schlangenlederartiges Muster. Probieren Sie verschiedene Umwickelungsarten aus, um unterschiedliche Muster herzustellen. Wenn Ihnen ein Muster nicht gefällt, nehmen Sie die Schnur einfach wieder ab, und umwickeln Sie die Rolle erneut. Sie finden Schaumstoff-Farbrollen in Baumärkten, Schnäppchenläden oder sogar in der Kinderabteilung von Bastelgeschäften. Gelegentlich können Sie Pakete mit einem Griff und verschiedenen abnehmbaren Rollen finden. So können Sie mehrere umwickelte Rollen herstellen und brauchen nur einen Griff. Sie können auch Ersatzrollen kaufen und haben so noch mehr Spaß mit Drucken mit Farbrollen.

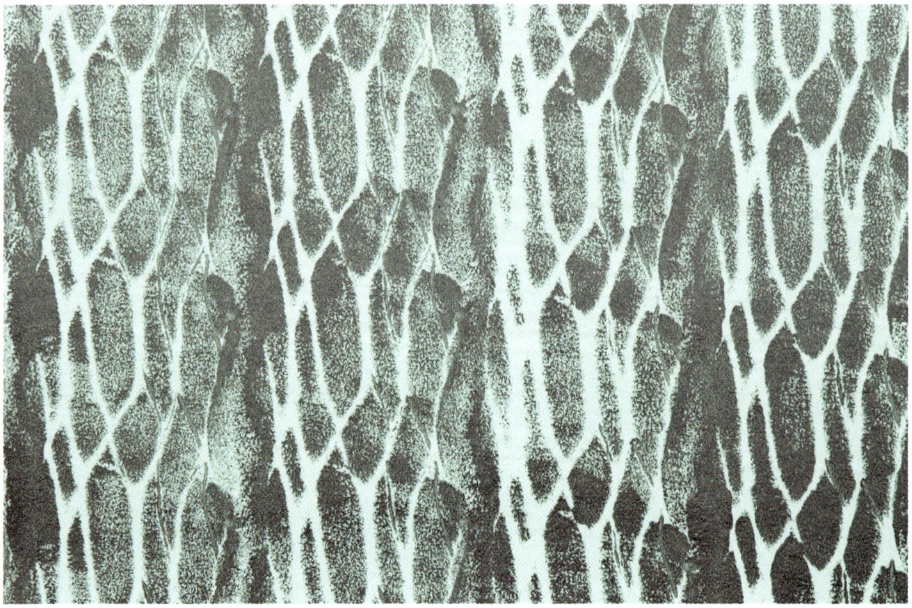

Mit Farbe auf Tonpapier gedruckt.

Anleitung

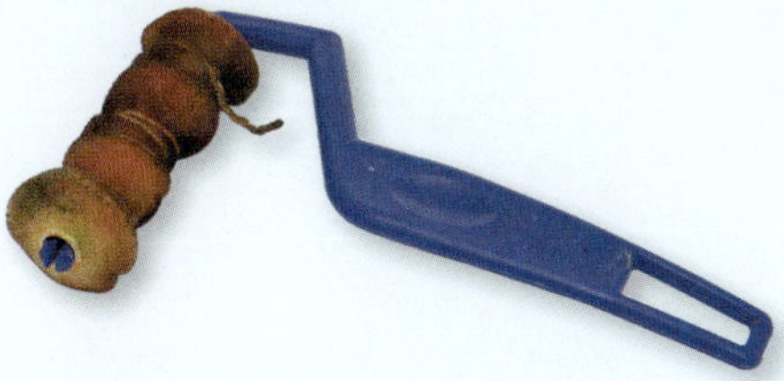

1. Umwickeln Sie die Schaumstoffrolle mit der Schnur so fest, dass der Schaumstoff an den nicht umwickelten Stellen hervortritt. Schneiden Sie die Schnur ab, und lassen Sie dabei die Enden hängen.
2. Binden Sie die Enden der Schnur entweder aneinander oder um die Rolle fest, sodass sie fest um die Rolle gewickelt bleibt.
3. Rollen Sie die umwickelte Farbrolle durch eine auf Plexiglas ausgerollte Farbschicht, bis sie vollkommen bedeckt ist, und rollen Sie sie dann über ein Stück Papier.

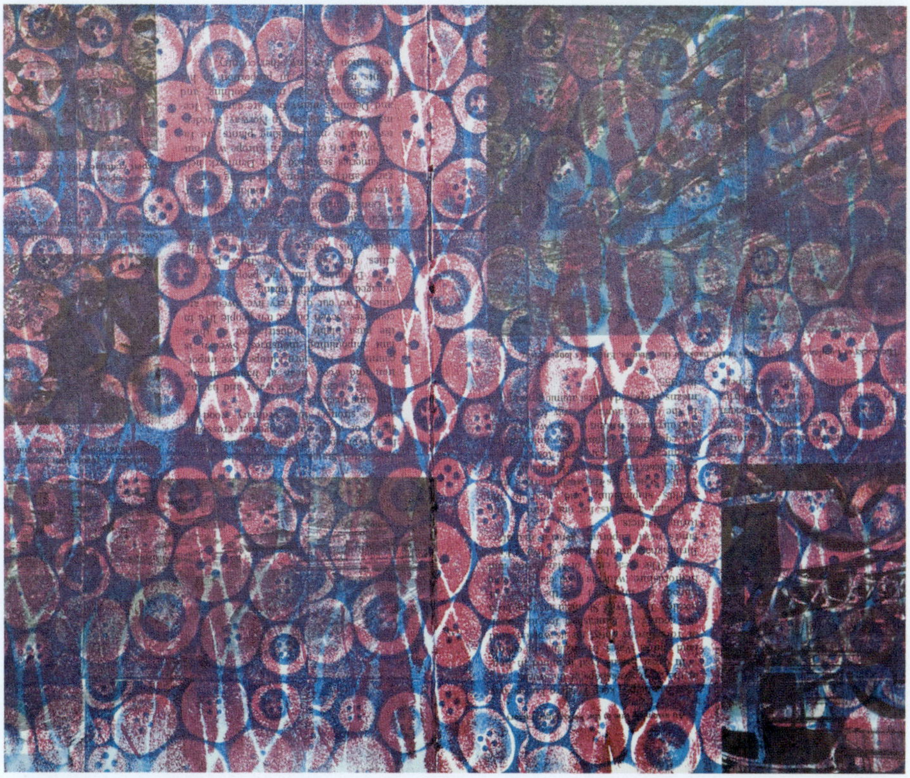

Eine alte Buchseite wurde zuerst mit einem blauen Stempelkissen mit einem Flip-Flop mit Knopfabdruck gestempelt (Projekt 26) und dann mit roter Farbe mit der umwickelten Farbrolle bedruckt.

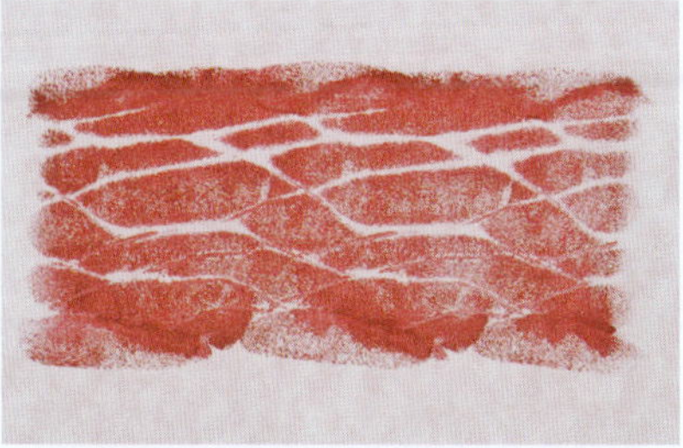

Mit Farbe gedruckt.

Tipps

- Sie können zum Drucken Stempelkissen verwenden. Der Druck wird jedoch sehr blass.
- Da die Rolle aus Schaumstoff besteht, absorbiert sie zuerst sehr viel Farbe. Dadurch können Sie jedoch auch länger drucken, bevor Sie die Rolle wieder durch Farbe rollen müssen.
- Sie können auch Gummibänder zum Umwickeln der Schaumstoffrolle verwenden.

PROJEKT 32

Farbwalze mit Gummibändern

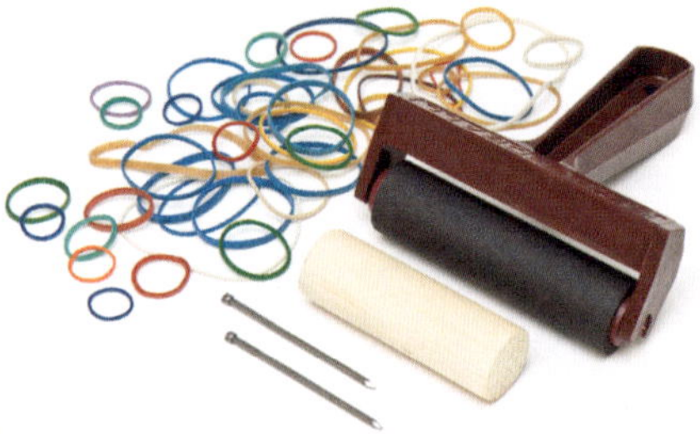

Material

- Material für eine Holzdübel-Druckwalze, Durchmesser 2,5 cm oder breiter, siehe Seite 81
- Gummibänder
- Stempelkissen oder Farbe
- Farbwalze und Plexiglas, falls Sie Farbe verwenden
- Papier
- Farbwalze mit abnehmbarer Rolle

GUMMIBÄNDER SIND WUNDERBAR zum Herstellen von Abdrücken geeignet, und sie sind günstig und in großen Mengen erhältlich. Sie können entweder eine neue Walze herstellen, indem Sie einen Holzdübel mit einem Nagel an jedem Ende als Griff verwenden, oder Sie können einfach die Rolle einer Farbwalze abnehmen. In diesem Projekt stelle ich beide Möglichkeiten vor und zeige Ihnen auch die verschiedenen Effekte, die entstehen, wenn Sie die Gummibänder in verschiedenen Richtungen anbringen. Wenn Sie die Gummibänder dem Umfang nach um die Rolle wickeln, erhalten Sie durchgehende vertikale Linien. Wenn Sie die Gummibänder der Länge nach um die Rolle wickeln, erhalten Sie eine Reihe von horizontalen Linien. Wenn Ihnen das entstehende Muster nicht gefällt, ändern Sie einfach die Anordnung der Gummibänder. Sie können diese Walzen auch für andere Zwecke verwenden, da die Gummibänder einfach wieder abgenommen werden können.

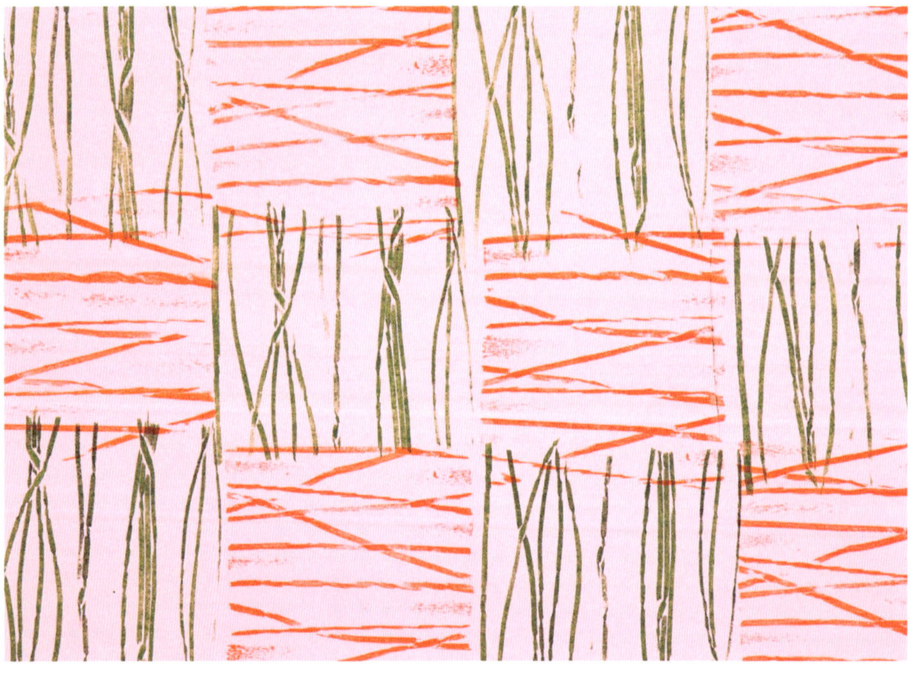

Gedruckt mit Stempelkissen auf Tonpapier: Orange wurde mit dem mit Gummibändern umwickelten Dübel und Grün mit der mit Gummibändern umwickelten Farbwalze gedruckt.

Anleitung

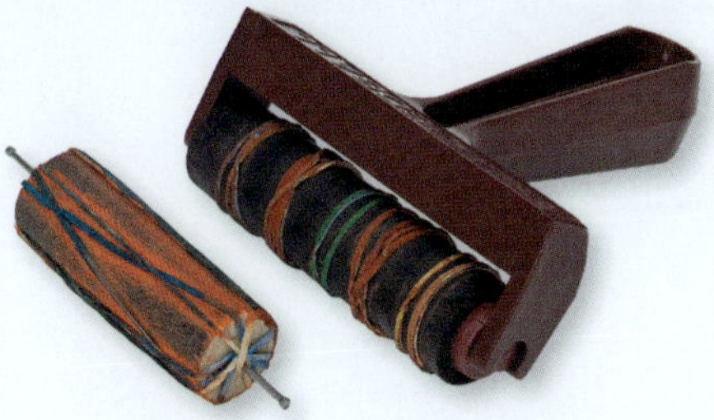

1. Stellen Sie eine Druckwalze aus einem Holzdübel her (siehe „Herstellen einer Druckwalze aus einem Holzdübel", Seite 81).
2. Wickeln Sie Gummibänder horizontal um den Dübel und schlingen Sie sie dabei um die Nägel.
3. Nutzen Sie die Nägel als Griffe, rollen Sie die mit Gummibändern umwickelte Walze über ein Stempelkissen oder durch eine auf einem Stück Plexiglas ausgerollte Farbschicht, bis die Walze vollkommen bedeckt ist, und rollen Sie sie dann über ein Stück Papier.
4. Wiederholen Sie den Vorgang mit der Farbwalze. Nehmen Sie dazu die Rolle ab und wickeln Sie die Gummibänder dem Umfang nach um die Rolle, sodass sie vertikal angeordnet sind.

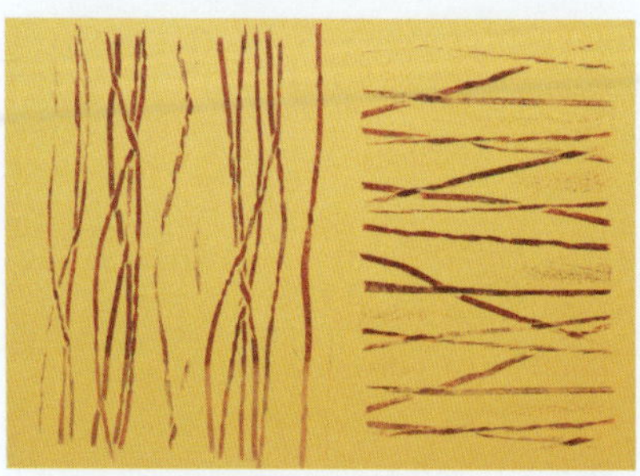

Mit Stempelkissen gedruckt.

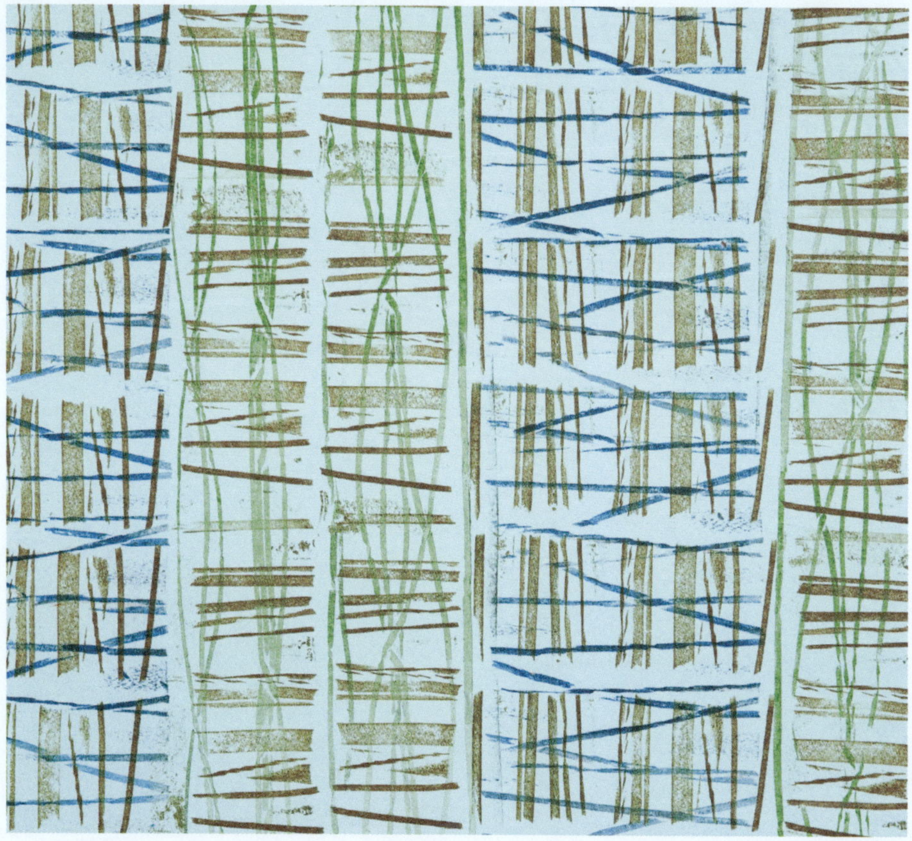

Das Tonpapier wurde zuerst mit einem braunen Stempelkissen mit einem mit Gummibändern umwickelten Stempelblock (Projekt 12) gestempelt und dann mit einem blauen Stempelkissen mit dem mit Gummibändern umwickelten Dübel und mit einem grünen Stempelkissen mit der mit Gummibändern umwickelten Farbwalze bedruckt.

Tipp

Sie können auch einen Stempelblock mit Gummibändern umwickeln (Projekt 12).

PROJEKT

33 Dübel mit Kordel

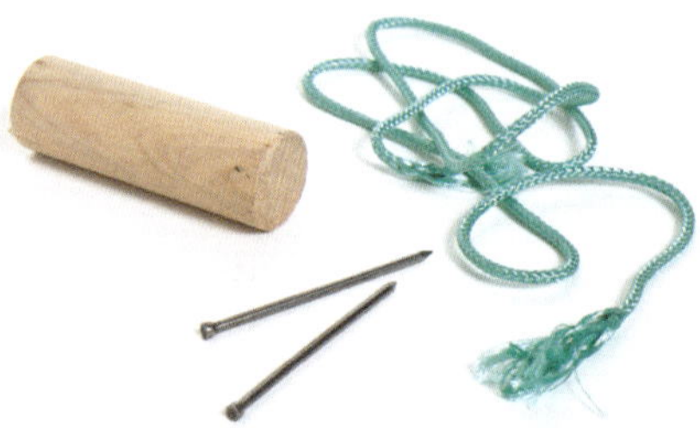

Material

- Material für eine Holzdübel-Druckwalze, Durchmesser 2,5 cm oder breiter, siehe Seite 81
- Doppelseitiges Klebeband
- Kordel
- Stempelkissen oder Farbe
- Farbwalze und Plexiglas, falls Sie Farbe verwenden
- Papier

DAS UMWICKELN EINES BLOCKS MIT EINER KORDEL ist eine sehr einfache Möglichkeit, durchgehende Linien zu drucken. Jede Art von Kordel oder Schnur ist hierzu geeignet. Ich verwende jedoch gerne etwas mit strukturierter Oberfläche, zum Beispiel eine geflochtene Kordel, da sie mehr Details druckt. Je nach Art der Kordel können Sie sie mit doppelseitigem Klebeband oder Leim befestigen. Da die Kordel gewickelt wird, müssen Sie nur die Enden befestigen. Ich habe meine Kordel mit doppelseitigem Klebeband befestigt. Nachdem ich sie mehrmals gereinigt habe, hat sie jedoch zu viel Flüssigkeit aufgesaugt, und die Enden haben sich gelöst. Nachdem die Kordel getrocknet war, habe ich dies schnell behoben, indem ich ein wenig Leim aufgetragen habe, um die Enden wieder zu befestigen. Ich habe aber auch andere mit Kordel umwickelte Walzen gebastelt, bei denen das doppelseitige Klebeband auch nach häufiger Verwendung und vielen Reinigungsvorgängen noch gut gehalten hat. Ich empfehle Ihnen, erst mit doppelseitigem Klebeband zu arbeiten, und später etwas Leim aufzutragen, falls notwendig.

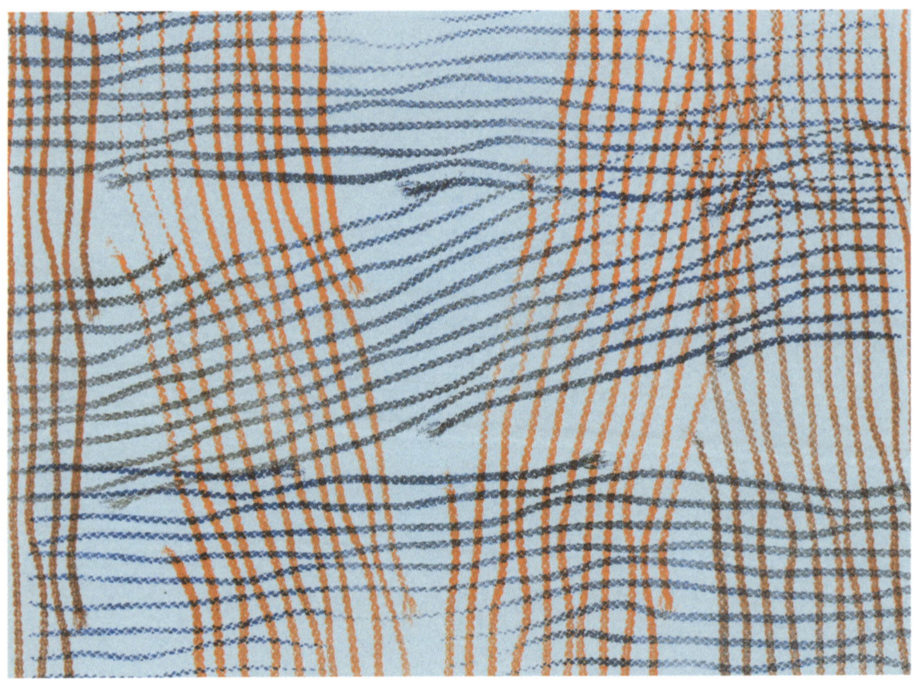

Mit Stempelkissen auf Tonpapier gedruckt.

Anleitung

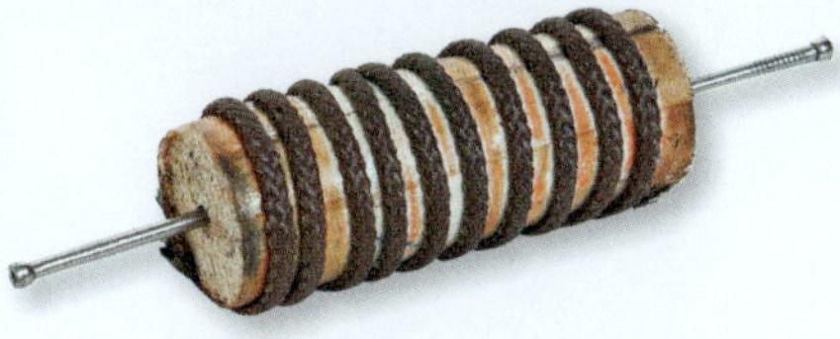

1. Stellen Sie eine Druckwalze aus einem Holzdübel her (siehe „Herstellen einer Druckwalze aus einem Holzdübel", Seite 81).
2. Bekleben Sie den Dübel mit doppelseitigem Klebeband. Es ist egal, ob Sie das Klebeband entlang dem Umfang des Dübels oder der Länge nach anbringen.
3. Wickeln Sie die Kordel wie es Ihnen gefällt um den Dübel.
4. Nutzen Sie die Nägel als Griffe, rollen Sie die mit einer Kordel umwickelte Walze über ein Stempelkissen oder durch eine auf einem Stück Plexiglas ausgerollte Farbschicht, bis die Walze vollkommen bedeckt ist, und rollen Sie sie dann über ein Stück Papier.

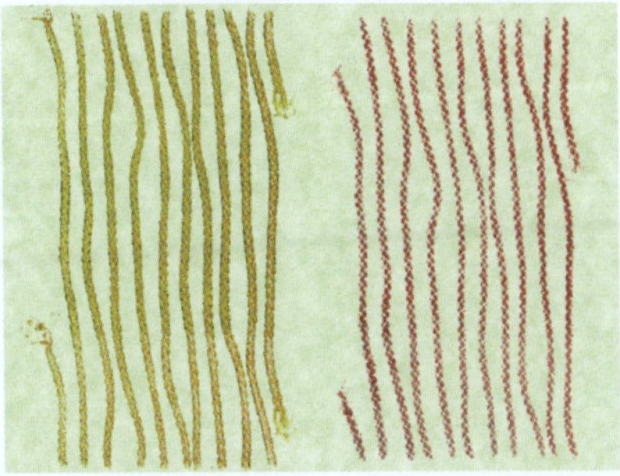

Grün wurde mit Farbe gedruckt und Rot mit einem Stempelkissen.

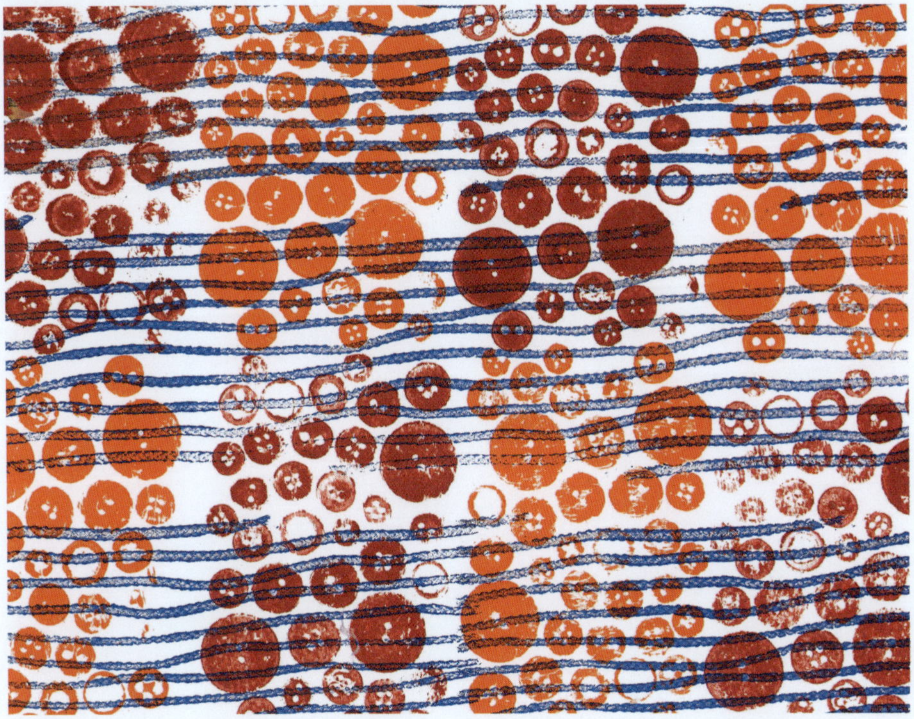

Aquarellpapier wurde zuerst mit roter und orangefarbener Farbe mit dem Knopfstempel gestempelt (Projekt 10) und dann mit blauer Farbe mit dem mit Kordel umwickelten Dübel bedruckt.

Tipps

- Wenn Sie eine Synthetikkordel verwenden, können Sie verhindern, dass die Enden ausfransen, indem Sie sie mit einem Streichholz oder einem Feuerzeug schmelzen. Sie können auch klaren Nagellack auf die Enden auftragen.
- Anstatt Klebstoff auf den Dübel aufzutragen, oder wenn sich die Enden der Kordel vom doppelseitigen Klebeband lösen, können Sie auch mit einem Hobbymesser eine Kerbe in jedes Ende des Dübels schneiden, um die Enden der Kordel darin zu befestigen.
- Sie können mit Kordel auch einen Kordelstempel herstellen (Projekt 11).

PROJEKT 34 Dübel mit Draht

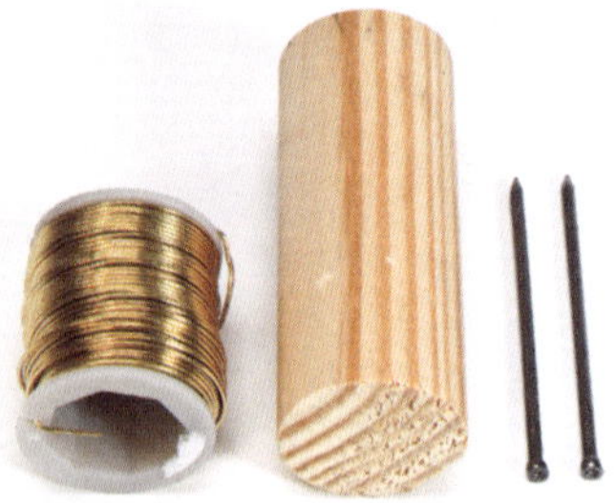

Material

- Material für eine Holzdübel-Druckwalze, Durchmesser 2,5 cm oder breiter, siehe Seite 81
- Hobbymesser oder Gipskartonmesser
- Draht mit 0,8 mm Durchmesser
- Drahtschneider
- Farbe
- Farbwalze und Plexiglas
- Papier

DURCH WICKELN VON DRAHT UM EINEN DÜBEL können Sie ganz einfach eine Druckwalze herstellen, die schöne vertikale, wellige Linien druckt, je nachdem wie der Draht gewickelt ist. Sie brauchen nicht einmal Klebstoff, um den Draht am Dübel zu befestigen. Er wird um einen Nagelgriff gewickelt, durch eine Kerbe im Dübel geführt und dann bis zum anderen Ende gewickelt und wieder auf dieselbe Weise befestigt. Sie können für die Walze jede Drahtstärke verwenden – je dünner der Draht, desto dünner die gedruckten Linien. Wenn der Draht zu dick ist, kann es jedoch sein, dass er sich schwer formen lässt. Für diese Walze habe ich Draht mit 0,8 mm Durchmesser verwendet.

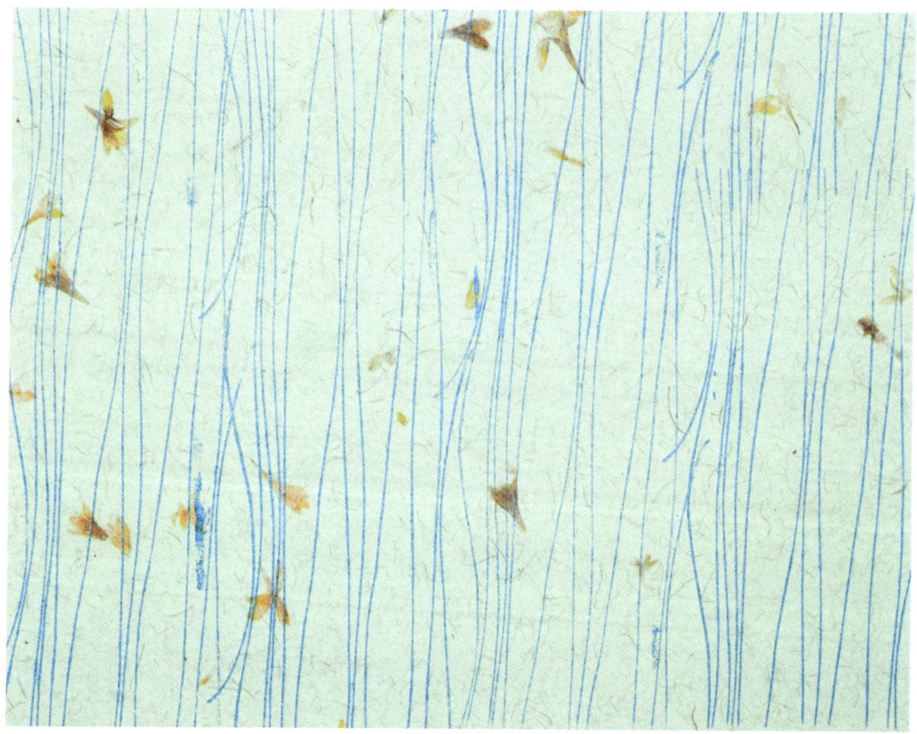

Mit Farbe auf handgeschöpftem Papier gedruckt.

Anleitung

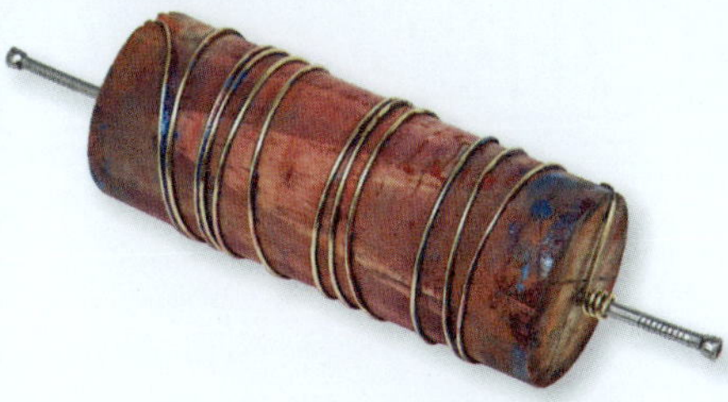

1. Stellen Sie eine Druckwalze aus einem Holzdübel her (siehe Seite 81).
2. Schneiden Sie mit einem Hobby- oder Gipskartonmesser eine Kerbe in jedes Ende des Dübels.
3. Wickeln Sie das Ende des Drahts um den Nagel am Ende des Dübels, führen Sie ihn durch die Kerbe und wickeln Sie ihn wie es Ihnen gefällt um den Dübel bis zum anderen Ende. Befestigen Sie den Draht in der anderen Kerbe und wickeln Sie ihn um den Nagel am Ende des Dübels. Schneiden Sie den Draht in der Nähe des Nagels ab.
4. Nutzen Sie die Nägel als Griffe, rollen Sie die mit Draht umwickelte Walze durch eine auf einem Stück Plexiglas ausgerollte Farbschicht, bis die Walze vollkommen bedeckt ist, und rollen Sie sie dann über ein Stück Papier.

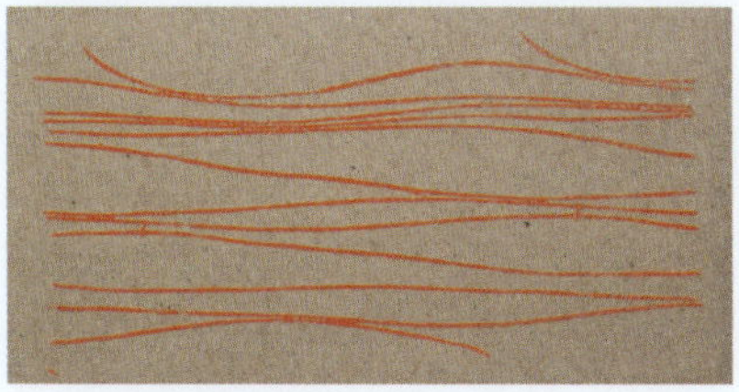

Mit Farbe gedruckt.

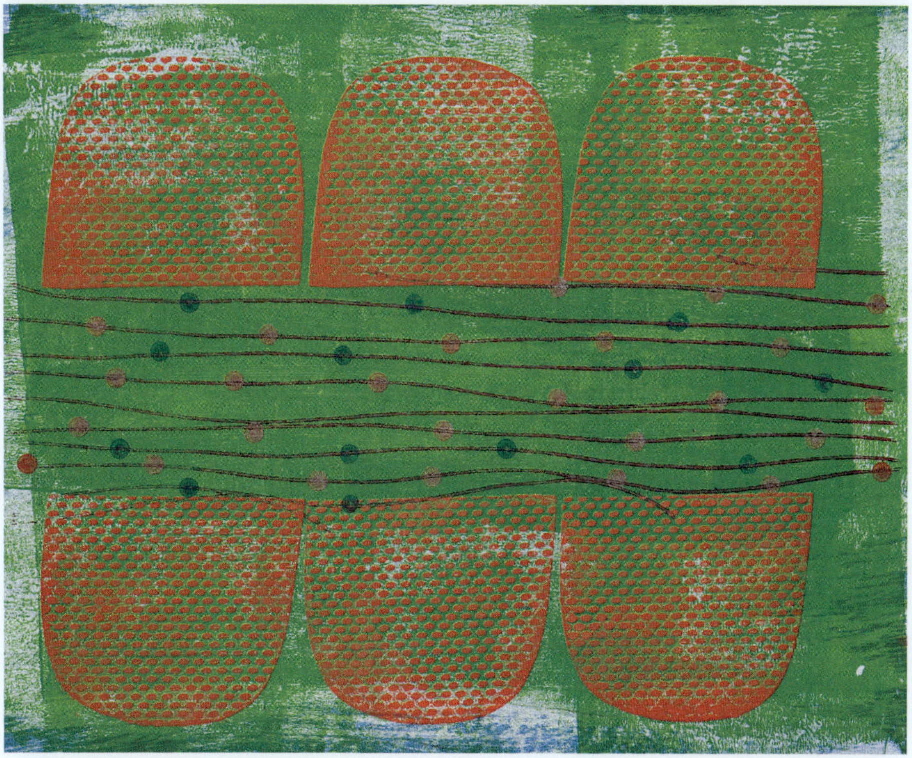

Das Tonpapier wurde zuerst leicht mit Kreidegrund bestrichen. Anschließend wurde grüne Farbe mit einer Farbwalze darauf aufgetragen (Projekt 29), dann wurde mit einem orangefarbenen Stempelkissen und Flip-Flops gestempelt (Projekt 16). In der Mitte wurde mit roter Farbe mit der drahtumwickelten Walze gedruckt, und zuletzt wurde mit Stempelkissen mit dem Bleistiftradiergummi gestempelt (Projekt 4).

Tipps

- Denken Sie beim Wickeln des Drahts um den Dübel daran, dass nur die höchsten Punkte gedruckt werden. Falls Sie möchten, dass alle Linien gedruckt werden, obwohl sich der Draht nicht kreuzen sollte, kann dies zu überraschenden Ergebnissen führen!
- Sie können mit Draht auch einen mit Draht umwickelten Stempelblock herstellen (Projekt 13).

PROJEKT 35 Geschmolzene Rohrleitungsisolierung

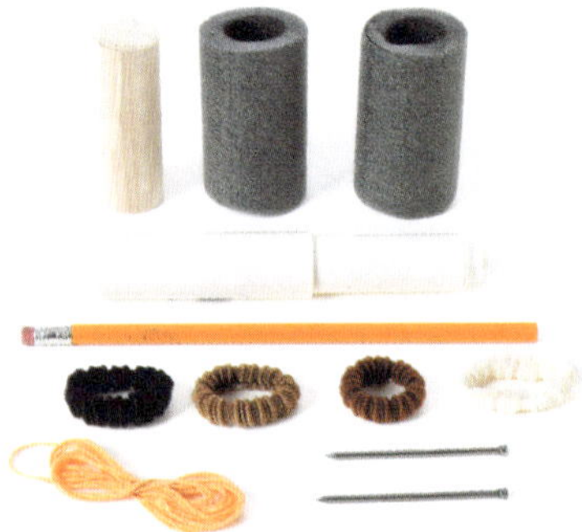

Material

- Material für eine Holzdübel-Druckwalze, Durchmesser 2,5 cm, siehe Seite 81, oder Toilettenpapier-Halterolle
- Hobbymesser
- Schneideunterlage
- Schaumstoff-Rohrleitungs-isolierung für 1,9-cm-Kupfer-rohrleitung
- Baumwollgarn
- Haargummis
- Embossingfön
- Bleistift, falls Sie eine Toiletten-papier-Halterolle verwenden
- Stempelkissen oder Farbe
- Farbwalze und Plexiglas, falls Sie Farbe verwenden
- Papier

IN DIESEM PROJEKT ZEIGE ICH EINE ALTERNATIVE VERWENDUNGSWEISE für Schaumstoff-Rohrleitungsisolierungen. Hier wird die Isolierung mit Haargummis und Garn umwickelt. Wenn die Isolierung mit einem Embossingfön erhitzt wird, schmelzen die freiliegenden Bereiche, und die mit Garn oder Haargummis abgedeckten Stellen schmelzen nicht. Die nicht geschmolzenen Stellen ergeben das Druckmuster. Arbeiten Sie in einem gut belüfteten Raum. Sie können einen Holzdübel als Mittelteil der Walze verwenden. Falls Sie jedoch kein Holz sägen möchten, eignet sich auch eine Toilettenpapier-Halterolle, deren Durchmesser hervorragend für Isolierungen für 1,9-cm-Kupferrohrleitungen geeignet ist.

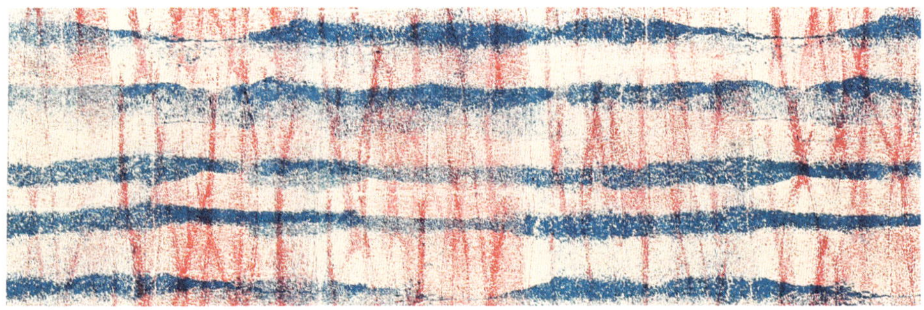

Mit Stempelkissen auf Tonpapier gedruckt. Eine Walze wurde horizontal und die andere vertikal gerollt.

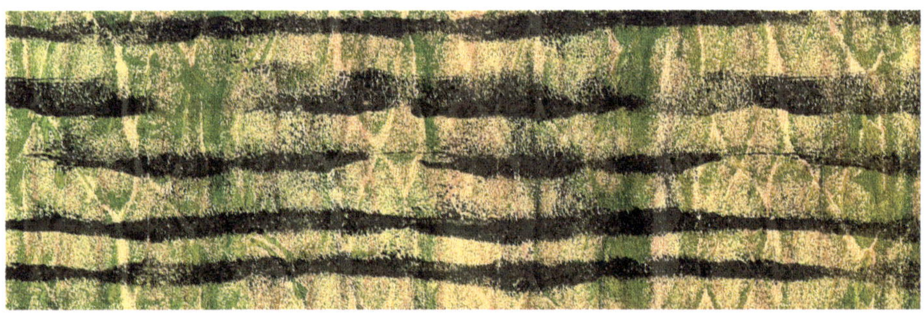

Auf Skizzenpapier gedruckt, zuerst mit der feinen Rohrleitungsisolierungs-Walze mit einem rosafarbenen Stempelkissen, dann mit grüner Farbe mit der Schaumstoff-Farbrolle (Projekt 31) und dann mit einem schwarzen Stempelkissen mit der groben Rohrleitungsisolierungs-Walze.

Anleitung

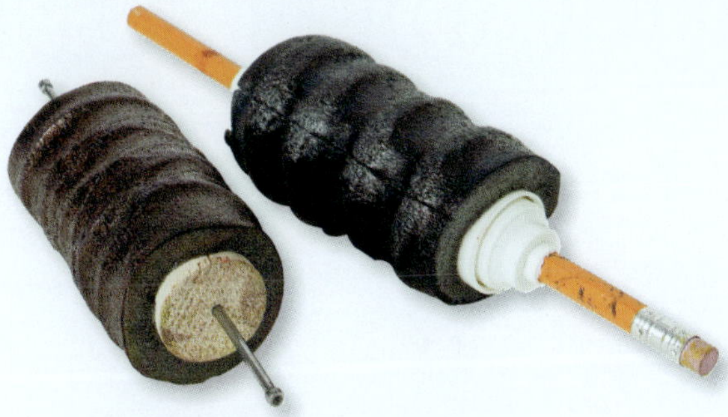

1. Stellen Sie zwei Druckwalzen aus Holzdübeln mit 2,5 cm Durchmesser (siehe „Herstellen einer Druckwalze aus einem Holzdübel", Seite 81) oder aus Toilettenpapier-Halterollen her.
2. Schneiden Sie mit einem Hobbymesser zwei ca. 7,5 cm lange Stücke Schaumstoff-Rohrleitungsisolierung ab. Es macht nichts, falls der Schnitt nicht gerade wird.
3. Schieben Sie eines der Isolierungsstücke auf eine Druckwalze und umwickeln Sie es fest mit Garn. Befestigen Sie die Enden. Denken Sie daran, dass die umwickelten Bereiche gedruckt und die freiliegenden Bereiche nicht gedruckt werden.
4. Schieben Sie das zweite Stück Isolierung auf eine Druckwalze und wickeln Sie mehrere Haargummis darum.
5. Erhitzen Sie die Schaumstoffstücke in einem gut belüfteten Bereich mit dem Embossingfön und drehen Sie sie dabei, bis die freiliegenden Stellen wie gewünscht geschmolzen sind. Es dauert nicht sehr lange, bis der Schaumstoff schmilzt.

Herstellen einer Druckwalze aus einer Toilettenpapier-Halterolle

- Ziehen Sie die Enden auseinander, und nehmen Sie die Feder heraus.
- Schneiden Sie mit einem Hobbymesser möglicherweise vorhandenes Kunststoffmaterial aus der Innenseite der beiden kleinen Enden heraus, um die Innenseite so vorzubereiten, dass später ein Bleistift durchgeschoben werden kann.
- Wickeln Sie ein Stück doppelseitiges Klebeband um das offene Ende der kleineren Rolle, schieben Sie diese in die größere Rolle und drücken Sie die Enden zusammen, sodass das Klebeband hält. Oder schieben Sie, statt doppelseitiges Klebeband zu verwenden, das kleinere Stück in das größere Stück und kleben Sie die beiden Stücke von außen mit Klebeband zusammen.
- Schieben Sie einen Bleistift durch die kleinen Öffnungen an den Enden, den Sie beim Drucken als Griffe verwenden können.

6. Nehmen Sie das Garn und die Haargummis ab.
7. Nutzen Sie die Nägel oder den Bleistift als Griffe, rollen Sie die Schaumstoffwalzen über ein Stempelkissen oder durch eine auf einem Stück Plexiglas ausgerollte Farbschicht, bis die Walzen vollkommen bedeckt sind, und rollen Sie sie dann über ein Stück Papier.

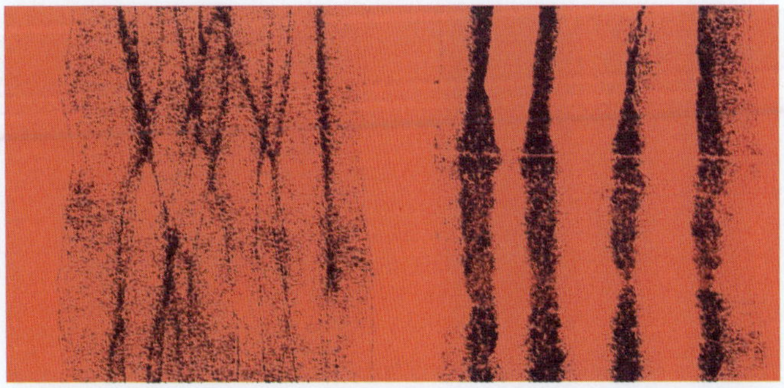

Mit einem Stempelkissen gedruckt: Für den Druck mit den breiteren Linien wurde die Walze mit Haargummi-Hitzeschutz verwendet, für den Druck mit den feineren Linien die Walze mit dem Garn-Hitzeschutz.

Tipps

- Sie können jedes Material als Hitzeabweiser verwenden, solange es großer Hitze standhalten kann.
- Sie können viele Schaumstoffwalzen mit demselben Halter verwenden. Die Schaumstoffisolierung lässt sich einfach auf den Halter und wieder herunter schieben, egal ob Sie einen Holzdübel oder eine Toilettenpapier-Halterolle verwenden.

PROJEKT

36 Dübel mit Schaumstoff

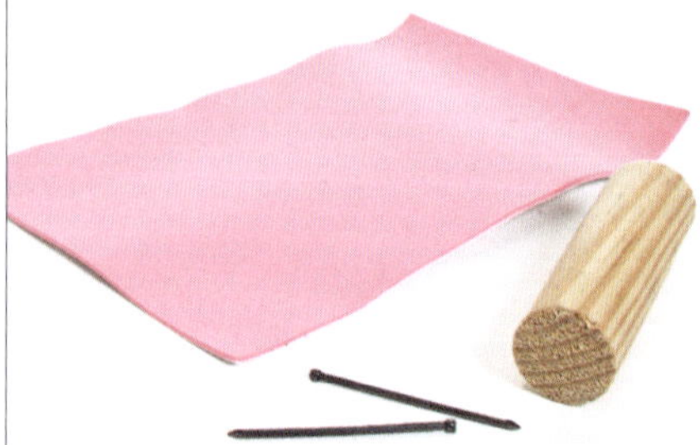

Material

- Material für eine Holzdübel-Druckwalze, Durchmesser 2,5 cm oder breiter, siehe Seite 81
- Filzstift
- Selbstklebender Bastelschaumstoff
- Hobbymesser und/oder Schere mit dekorativen Kanten
- Schneideunterlage
- Maßband
- Stahllineal mit Korkrückseite
- Stempelkissen oder Farbe
- Farbwalze und Plexiglas, falls Sie Farbe verwenden
- Papier

UM IHRE EIGENEN DRUCKWALZEN HERZUSTELLEN, zeichnen Sie Ihr Motiv einfach direkt auf den Bastelschaumstoff, schneiden Sie es aus, ziehen Sie die Schutzfolie ab und kleben Sie das Motiv auf die Walze. Sie können ein freies Muster verwenden, oder etwas, das um die Walze herum läuft und sich passend aneinanderfügt. Je größer der Umfang der Walze, desto größer der wiederholte Teil des Musters. Ich habe einen Dübel mit einem Durchmesser von 3 cm verwendet, aber jeder andere Durchmesser ist genauso gut geeignet.

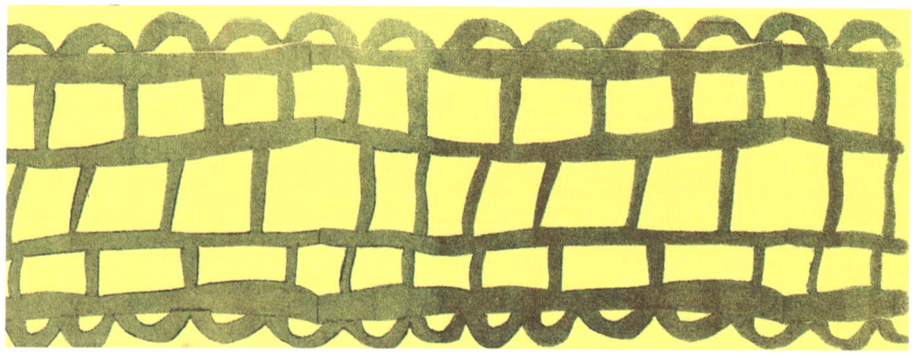

Mit Stempelkissen auf Tonpapier gedruckt.

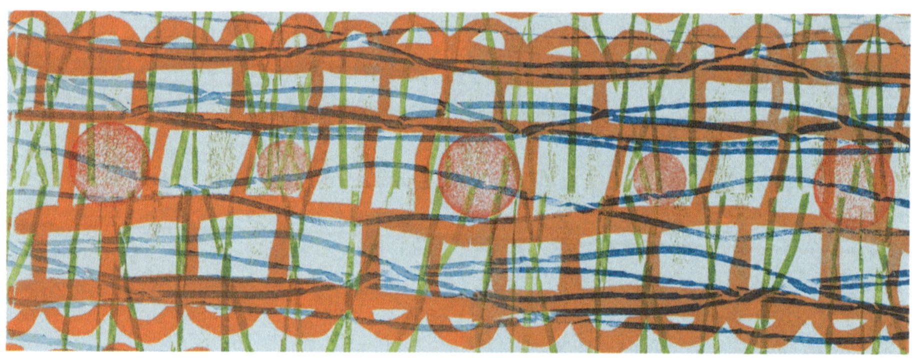

Das Tonpapier wurde zuerst mit Stempelkissen mit beiden mit Gummibändern umwickelten Walzen bedruckt (Projekt 32), dann mit einer mit Bastelschaumstoff beklebten Walze und dann mit einem Ohrstöpsel und Korken gestempelt (Projekt 1).

Anleitung

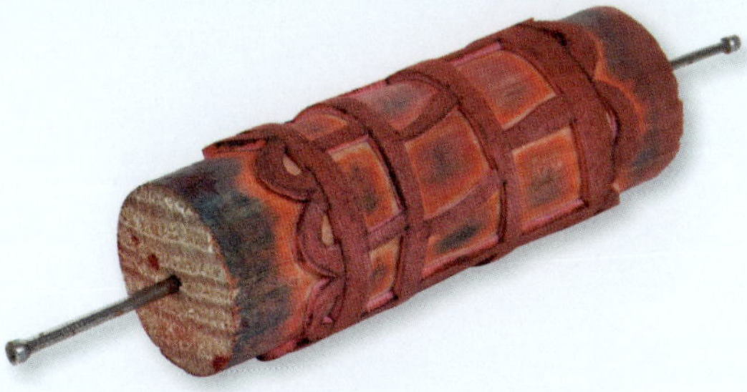

Stellen Sie aus einem Holzdübel mit einem Durchmesser von 2,5 cm oder mehr eine Druckwalze her (siehe Seite 81).

Für ein freies Muster:

Zeichnen Sie mit dem Filzstift Formen auf die Vorderseite des selbstklebenden Bastelschaumstoffs, schneiden Sie sie aus, ziehen Sie die Schutzfolie ab, und kleben Sie die Formen auf den Dübel.

Für ein Muster, das sich passend aneinander fügt:

1. Messen Sie den Umfang des Dübels.
2. Schneiden Sie ein Stück Bastelschaumstoff mit einem Hobbymesser auf dieselben Abmessungen zu. Schneiden Sie dabei an einem Stahllineal entlang, um eine gerade untere und obere Kante zu erhalten. (Es ist wichtig, mit einem Hobbymesser an einem Stahllineal entlang zu schneiden anstatt eine Schere zu verwenden, damit der Bastelschaumstoff eine gerade Kante bekommt, an der er aneinandergefügt werden kann.)
3. Zeichnen Sie mit einem Filzstift das Muster auf. Beginnen Sie dabei an der Oberseite, zeichnen Sie aber nur auf dem ersten Viertel.

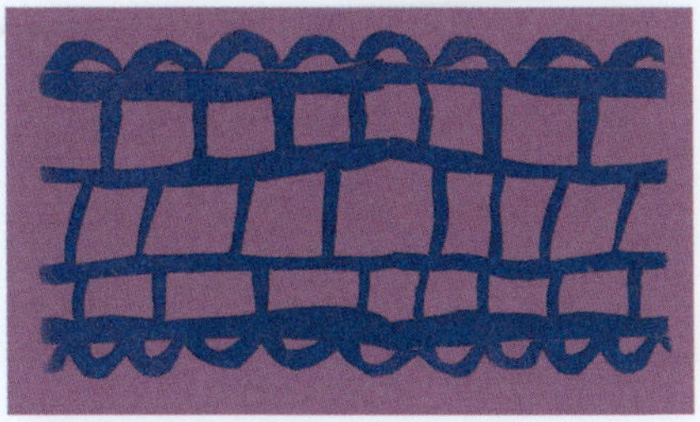

Mit einem Stempelkissen gedruckt.

4. Markieren Sie auf einem Stück Papier die Seitenkanten des Bastelschaumstoffs. Markieren Sie auf dem Papier außerdem, wo die Kanten der einzelnen Musterelemente an der oberen Kante des Bastelschaumstoffs beginnen.
5. Schieben Sie das Papier mit den Markierungen zur unteren Seite des Bastelschaumstoffs und richten Sie die Seitenkanten des Schaumstoffs mit den Seitenmarkierungen des Papiers aus.
6. Markieren Sie an der Unterseite des Bastelschaumstoffs die Linien, an denen das Muster beginnt.
7. Zeichnen Sie das Muster auf dem Bastelschaumstoff zu Ende, sodass es an den markierten Linien endet und die Kanten der einzelnen Musterelemente an derselben Stelle beginnen und enden.
8. Schneiden Sie das Muster mit einem Hobbymesser oder einer Schere aus.
9. Ziehen Sie die Schutzfolie ab und befestigen Sie das Muster vorsichtig am Dübel. Achten Sie dabei darauf, dass sich der Anfang und das Ende des Musters nahtlos treffen.

Für beide Musterarten:

Nutzen Sie die Nägel als Griffe, rollen Sie die mit Bastelschaumstoff umklebte Walze über ein Stempelkissen oder durch eine auf einem Stück Plexiglas ausgerollte Farbschicht, bis die Walze vollkommen bedeckt ist, und rollen Sie sie dann über ein Stück Papier.

Tipps

- Seien Sie beim Anbringen des Musters auf dem Dübel vorsichtig, insbesondere, wenn sich das Muster treffen soll, da sich der Bastelschaumstoff dehnen kann. Glücklicherweise ist er gut formbar.
- Da der Bastelschaumstoff saugfähig ist, benötigen Sie anfangs recht viel Stempelkissentinte, um einen starken Druck zu erhalten. Dies bedeutet aber auch, dass Sie länger drucken können, bevor Sie die Walze wieder mit Tinte tränken müssen. Farbe wird nicht so stark absorbiert.
- Wenn Sie keine eigenen Muster ausschneiden möchten, können Sie Bastelschaumstoff in allen möglichen Formen in der Kinderabteilung von Bastelgeschäften kaufen.

PROJEKT 37 Eingebrannte Rohrleitungsisolierung

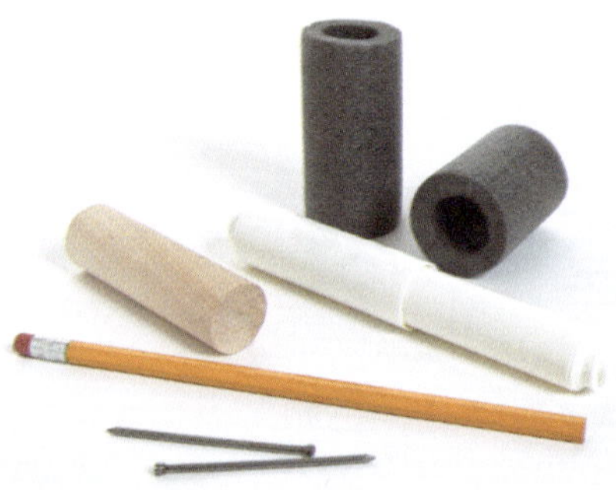

Material

- Material für eine Holzdübel-Druckwalze, Durchmesser 2,5 cm, siehe Seite 81, oder Toilettenpapier-Halterolle
- Hobbymesser
- Schneideunterlage
- Schaumstoff-Rohrleitungsisolierung für 1,9-cm-Kupferrohrleitung
- Lötkolben oder Brandmalgerät
- Bleistift, falls Sie eine Toilettenpapier-Halterolle verwenden
- Stempelkissen oder Farbe
- Farbwalze und Plexiglas, falls Sie Farbe verwenden
- Papier

SIE KÖNNEN SCHAUMSTOFF-ROHRLEITUNGSISOLIERUNG nicht nur wie in Projekt 35 schmelzen, um daraus eine Druckwalze herzustellen, sondern Sie können auch Muster mit einem Lötkolben oder einem Brandmalgerät (siehe „Ausrüstung" auf Seite 18) einbrennen. Die heiße Spitze des Werkzeugs wird zum Erstellen des Musters verwendet, da sie den Schaumstoff dort schmilzt, wo sie ihn berührt. Diese Methode zum Verändern der Rohrleitungsisolierung ist besser steuerbar als das Schmelzen mit einem Embossingfön. Dennoch muss das Muster relativ einfach und grob ohne viele Details sein, da der Schaumstoff bei Hitzeeinwirkung schnell schmilzt. Arbeiten Sie in einem gut belüfteten Raum. Die nicht geschmolzenen Stellen erscheinen auf dem Abdruck. Sie können einen Holzdübel als Mittelteil der Walze verwenden. Falls Sie jedoch kein Holz sägen möchten, eignet sich auch eine Toilettenpapier-Halterolle, deren Durchmesser hervorragend für Isolierungen für 1,9-cm-Kupferrohrleitungen geeignet ist.

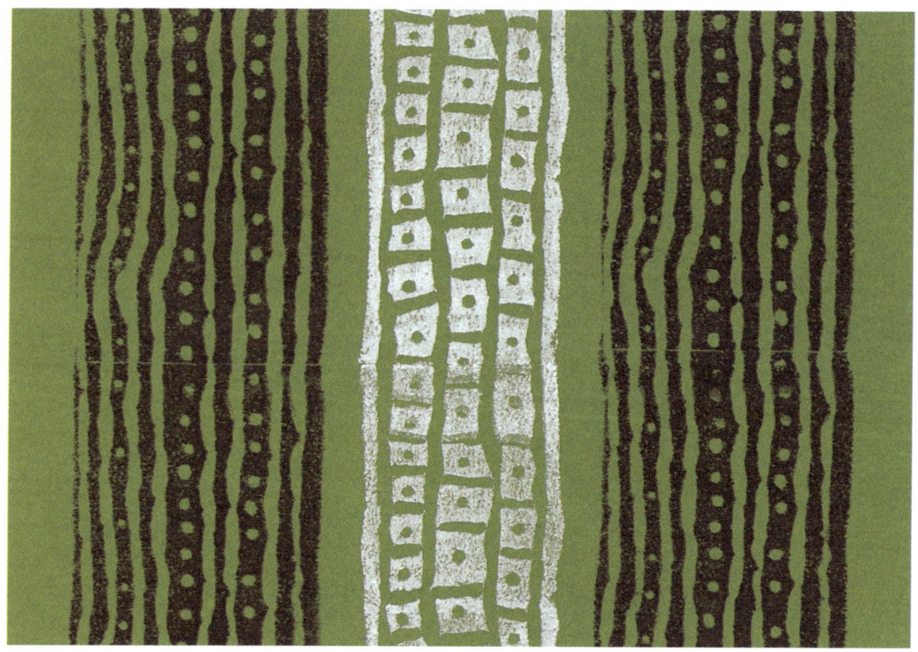

Gedruckt auf Tonpapier. Weiß wurde mit Farbe und Schwarz mit einem Stempelkissen gedruckt.

Anleitung

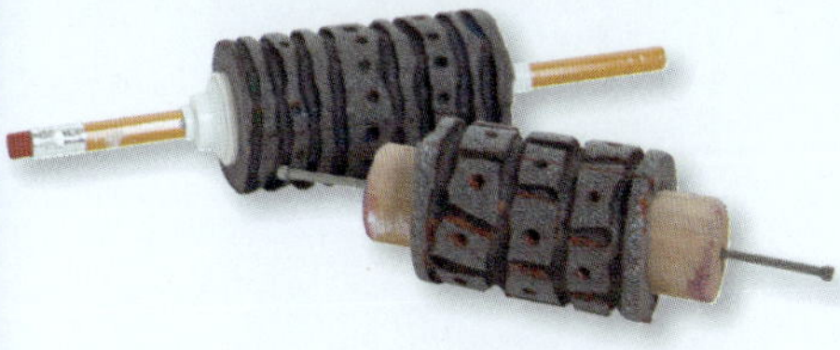

1. Stellen Sie zwei Druckwalzen aus Holzdübeln mit 2,5 cm Durchmesser (siehe Seite 81) oder aus Toilettenpapier-Halterollen her (siehe Seite 95).
2. Schneiden Sie mit einem Hobbymesser zwei Stücke Schaumstoff-Rohrleitungsisolierung auf die gewünschte Länge zu: Die beiden Stücke hier sind ca. 7,6 und 5,7 cm lang.
3. Schieben Sie die beiden Stücke auf die Halter.
4. Brennen Sie in einem gut belüfteten Bereich mit dem heißen Lötkolben oder Brandmalgerät das Muster rund um die Isolierungsstücke ein, indem Sie den Schaumstoff mit der Werkzeugspitze berühren.
5. Nutzen Sie die Nägel oder den Bleistift als Griffe, rollen Sie die Schaumstoffwalzen über ein Stempelkissen oder durch eine auf einem Stück Plexiglas ausgerollte Farbschicht, bis die Walzen vollkommen bedeckt sind, und rollen Sie sie dann über ein Stück Papier.

Mit Stempelkissen gedruckt.

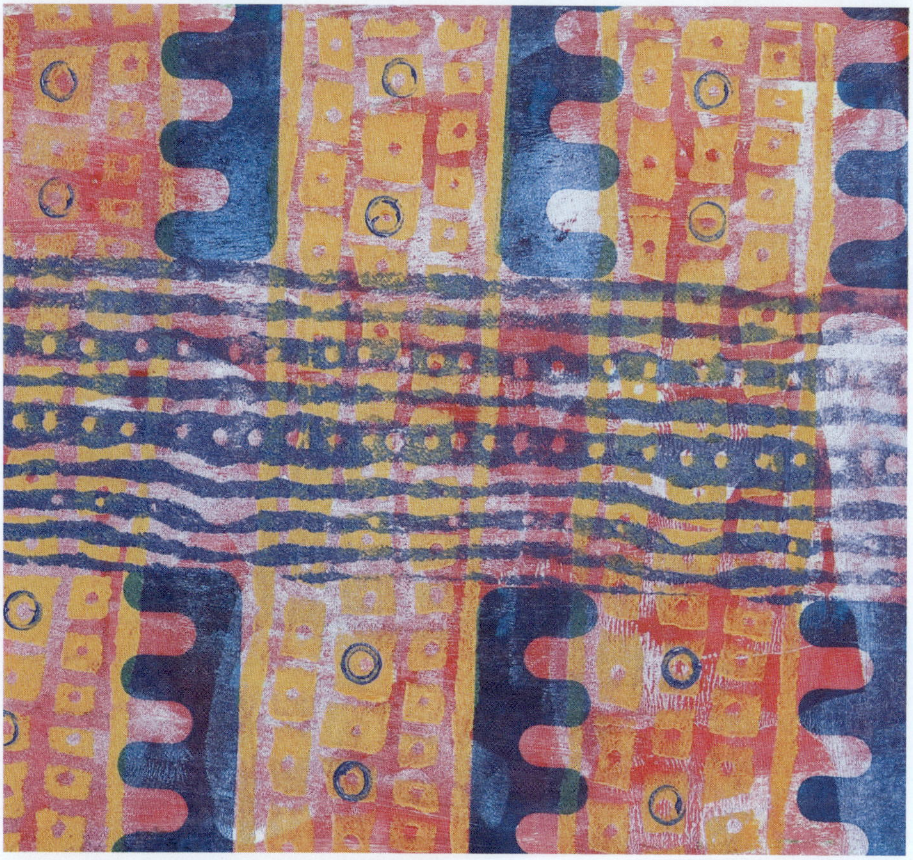

Das Tonpapier wurde zuerst leicht mit Kreidegrund bestrichen. Anschließend wurde rote Metallicfarbe mit einer Farbwalze aufgetragen (Projekt 29), dann wurde mit beiden Schaumstoffwalzen mit ockerfarbener und blauer Farbe gedruckt, mit einem blauen Stempelkissen mit den Schaumstoff-Zehenspreizern (Projekt 7) und mit blauer Farbe mit einer Radiergummikappe gestempelt (Projekt 4).

Tipp

Sie können viele Schaumstoffwalzen mit demselben Halter verwenden. Die Schaumstoffisolierung lässt sich einfach auf den Halter und wieder herunter schieben, egal ob Sie einen Holzdübel oder eine Toilettenpapier-Halterolle verwenden.

PROJEKT 38

Eingebrannter Marshmallow

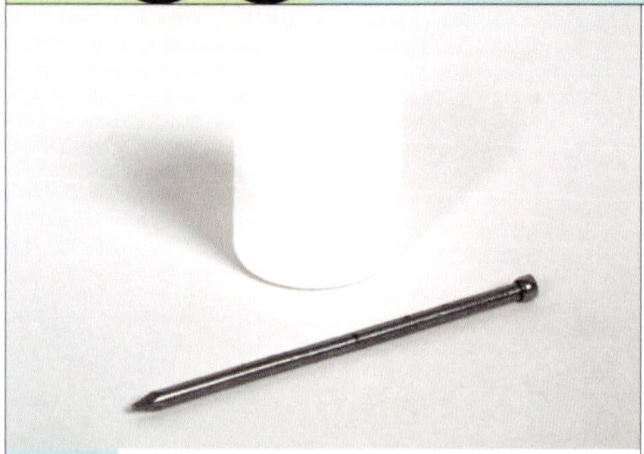

Material

- Schaumstoff-Marshmallow
- Hammer
- Stauchkopfnagel
- Lötkolben oder Brandmalgerät
- Stempelkissen oder Farbe
- Farbwalze und Plexiglas, falls Sie Farbe verwenden
- Papier

SCHAUMSTOFF-MARSHMALLOWS SIND IN DER KINDERABTEILUNG von Hobby- oder Bastelgeschäften erhältlich. Neben dem Basteln von Schneemännern und dergleichen können sie für viele andere Dinge verwendet werden. Sie eigenen sich auch als formbarer Schaumstoff (Projekt 22). Hier brennen wir mit einem Lötkolben oder einem Brandmalgerät ein einfaches Muster in einen Marshmallow, um ihn als Druckwalze zu verwenden. Sie können das Muster entweder erst mit einem Filzstift auf dem Schaumstoff-Marshmallow vorzeichnen oder mit dem Lötkolben oder dem Brandmalgerät improvisieren und das Muster während des Brennens entwerfen. Arbeiten Sie in einem gut belüfteten Raum. Die nicht geschmolzenen Stellen ergeben den Druck. Es kann ein bisschen schwierig sein, diese Art von Schaumstoff mit dem Lötkolben oder dem Brandmalgerät zu brennen (oder zu schmelzen), da sie nicht sehr leicht schmilzt. Beginnen Sie deshalb mit etwas Einfachem, bis Sie den Bogen raus haben.

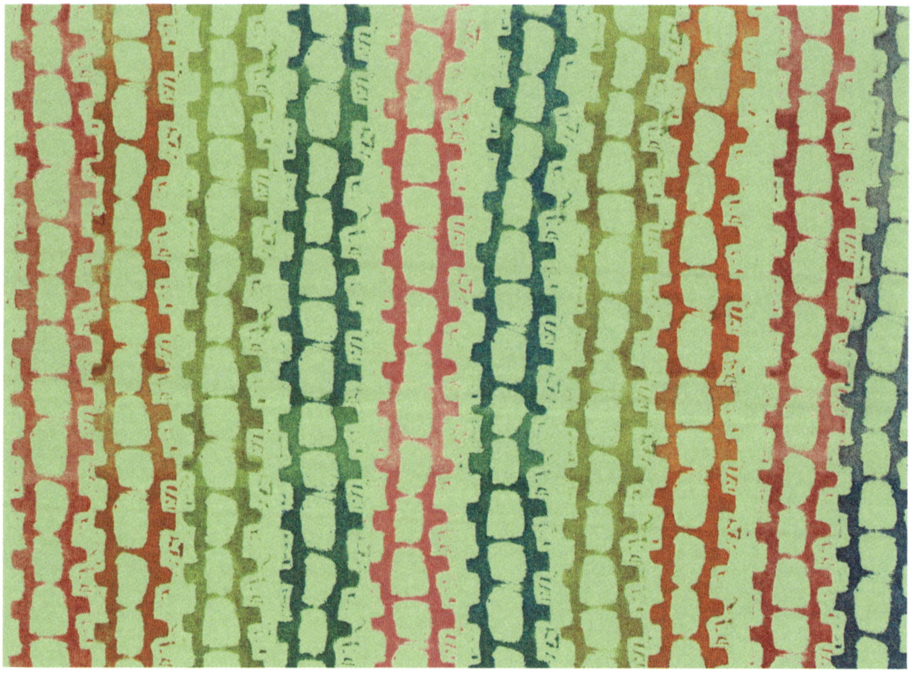

Mit Stempelkissen auf Tonpapier gedruckt.

Anleitung

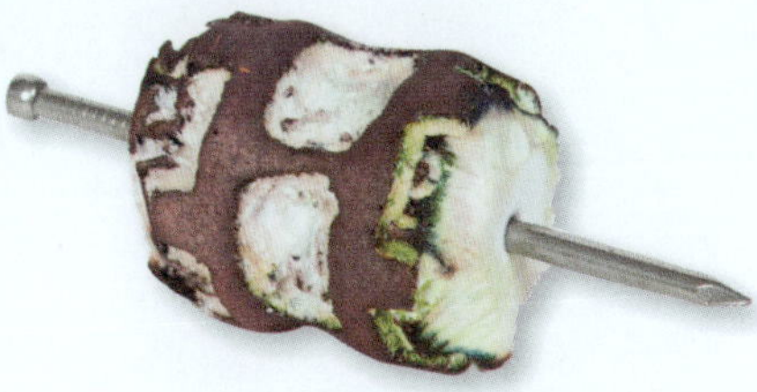

1. Markieren Sie an einem Ende des Schaumstoff-Marshmallows die Mitte. Schlagen Sie einen Stauchkopfnagel durch diese Markierung und durch bis zum anderen Ende. Lassen Sie an beiden Enden ein Stück des Nagels überstehen, um es als Griff zu verwenden.
2. Brennen Sie in einem gut belüfteten Raum mit dem heißen Lötkolben oder Brandmalgerät ein Muster rundum in den Marshmallow ein, indem Sie den Schaumstoff mit der Werkzeugspitze berühren.
3. Nutzen Sie den Nagel als Griff, rollen Sie den Schaumstoff-Marshmallow über ein Stempelkissen oder durch eine auf einem Stück Plexiglas ausgerollte Farbschicht, bis die Walze vollkommen bedeckt ist, und rollen Sie sie über ein Stück Papier.

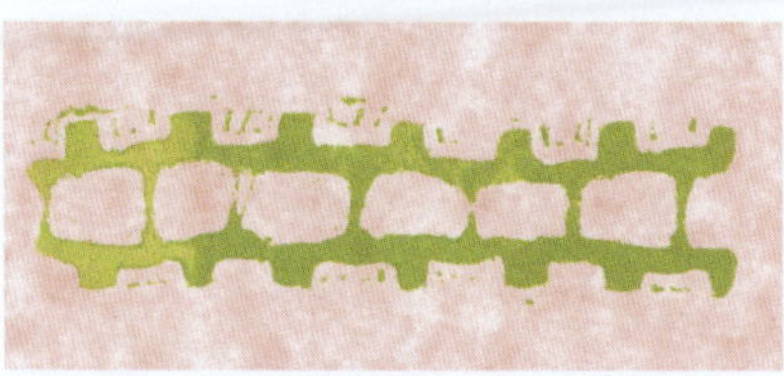

Mit einem Stempelkissen gedruckt.

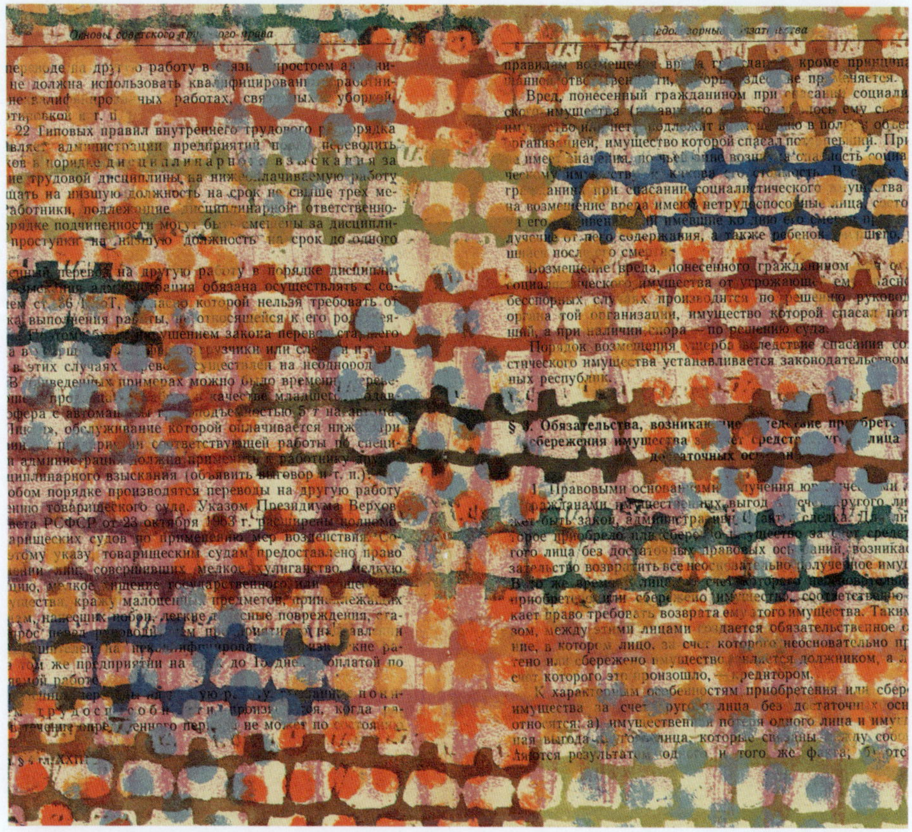

Eine alte Buchseite wurde mit einem rosafarbenen Stempelkissen und einer Walze aus geschmolzener Schaumstoff-Rohrleitungsisolierung bedruckt (Projekt 35), mit Farbe und einem Pillenspender schabloniert (Projekt 42) und anschließend mit dem eingebrannten Schaumstoff-Marshmallow mit wechselnden Stempelkissenfarben bedruckt.

Tipp

Ein Schaumstoff-Marshmallow kann auch ohne Einbrennen eines Musters als Druckwalze verwendet werden. Beim Drucken ohne Muster erhalten Sie einen ausgefüllten Streifen.

PROJEKT **39**

Eingebrannte Farbwalze

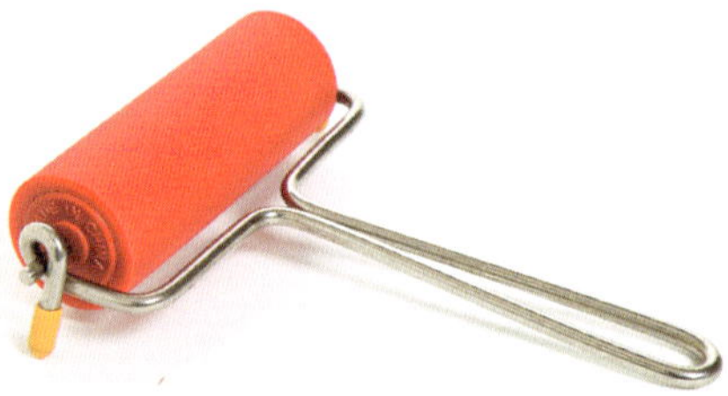

Material

- Farbwalze mit abnehmbarer weicher Gummirolle
- Lötkolben oder Brand-malgerät
- Optional: Schraubstock
- Stempelkissen oder Farbe
- Farbwalze und Plexiglas, falls Sie Farbe verwenden
- Papier

DRUCKE MIT EINER EINGEBRANNTEN FARBWALZE wirken wie Monotypensatz, so als ob sie mit Plexiglas gedruckt wurden, auf dem das Muster aufgebracht ist. Der Vorteil einer eingebrannten Farbwalze gegenüber einer Farbzeichnung auf Plexiglas ist, dass Sie ein kontinuierliches Bild erhalten, nicht nur einen einzelnen Druck. Die Farbwalze muss eine abnehmbare Rolle haben. Egal ob Sie Ihr Muster auf der Rolle vormalen oder improvisieren, denken Sie daran, dass die mit dem Lötkolben oder dem Brandmalgerät eingebrannten Linien nicht gedruckt werden, da sie vertieft sind. Nur die nicht bearbeiteten Stellen der Farbwalze werden gedruckt. Ich finde es am einfachsten, ein Freihandmuster herzustellen, das ungefähr horizontal ist und die Walze der Länge nach verziert. Die sicherste Methode zum Brennen ist, die Rolle in einen Schraubstock einzuspannen und bei Bedarf zu drehen. Wenn Sie die Rolle bei der Arbeit in der Hand halten, achten Sie darauf, Ihre Finger nicht mit dem heißen Werkzeug zu berühren!

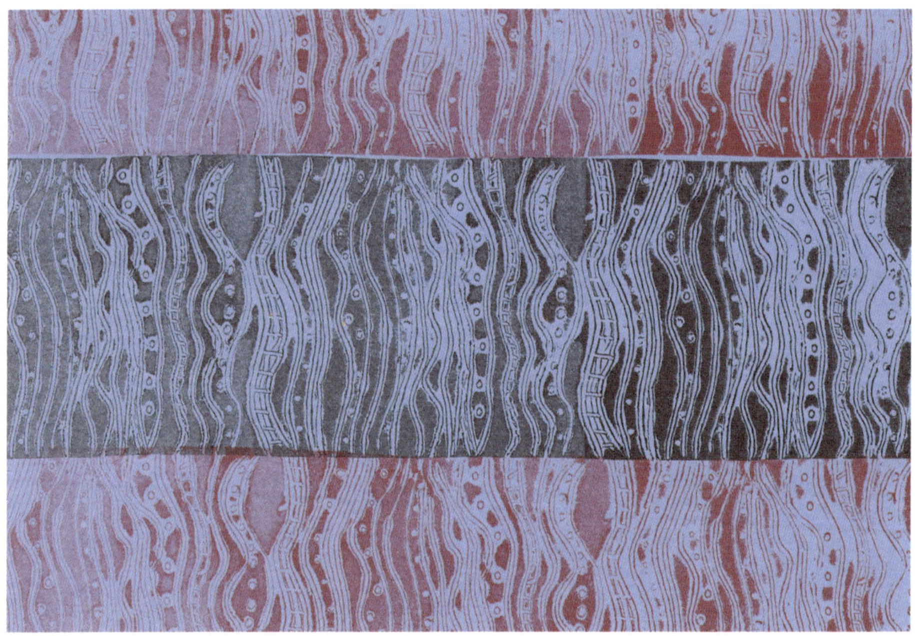

In einzelnen Durchgängen auf Tonpapier mit Stempelkissen gedruckt.

Anleitung

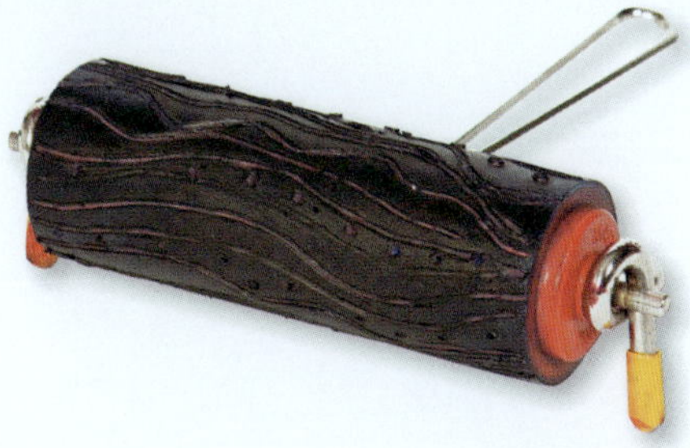

1. Nehmen Sie die Rolle von der Farbwalze ab.
2. Brennen Sie in einem gut belüfteten Raum mit dem heißen Lötkolben oder Brandmalgerät ein Muster um den gesamten Umfang der Farbwalze, indem Sie die Rolle mit der Spitze des Werkzeugs berühren. Sie können die Rolle in einen Schraubstock einspannen, um sich die Arbeit zu erleichtern.
3. Setzen Sie die Rolle wieder in die Farbwalze ein, rollen Sie sie über ein Stempelkissen oder durch eine auf einem Stück Plexiglas ausgerollte Farbschicht, bis sie vollkommen bedeckt ist, und rollen Sie sie über ein Stück Papier.

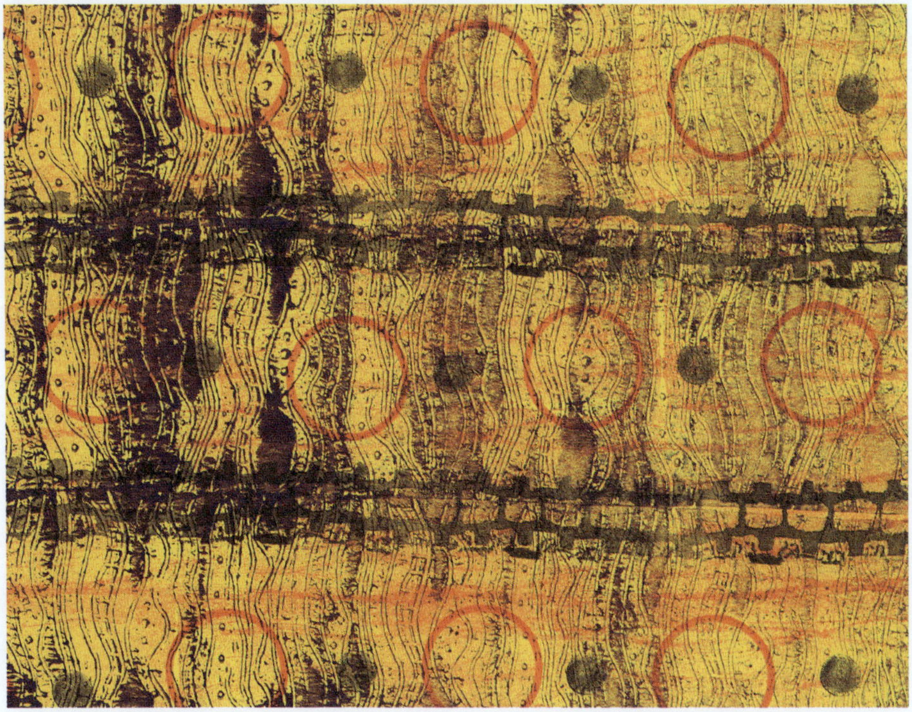

Das Skizzenpapier wurde mit Farbe mit der eingebrannten Farbwalze und dann mit einem schwarzen Stempelkissen mit einem eingebrannten Schaumstoff-Marshmallow (Projekt 38) bedruckt und anschließend mit einem roten Stempelkissen mit einer Stuhlbeinkappe (Projekt 5) und einem schwarzen Stempelkissen mit einem Ohrstöpsel gestempelt (Projekt 1).

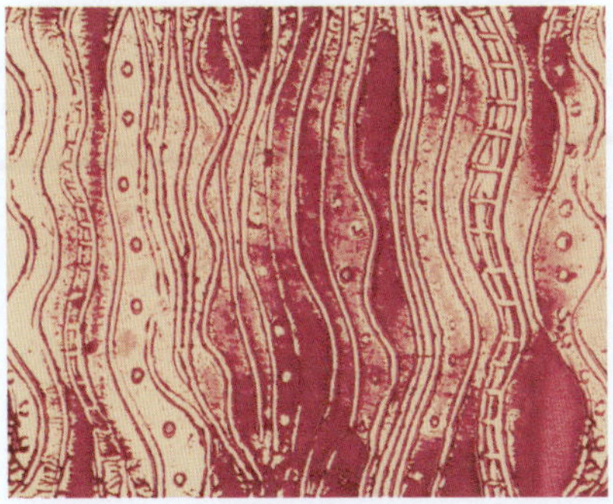

Mit Farbe gedruckt.

Tipps

- Farbe oder Stempelkissen sind zum Drucken gleichermaßen gut geeignet.
- Wenn Sie die Farbe zu dick auf die Farbwalze auftragen, gehen Details des Musters verloren, und der Druck wird fleckig. Achten Sie darauf, dass die Farbschicht auf dem Plexiglas nicht zu dick ist.

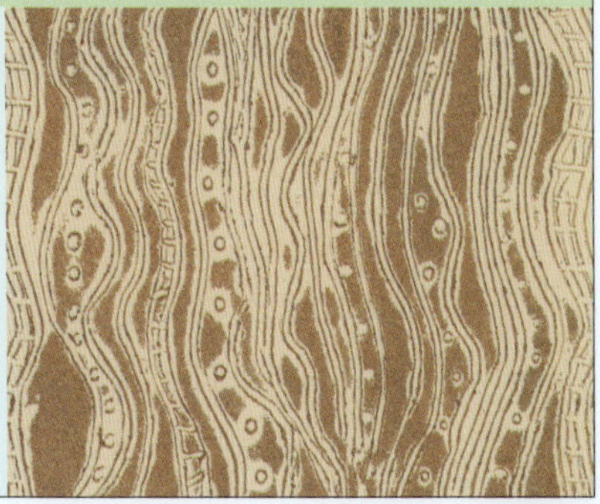

Mit einem Stempelkissen gedruckt.

PROJEKT

40 Dübel mit Vinyl

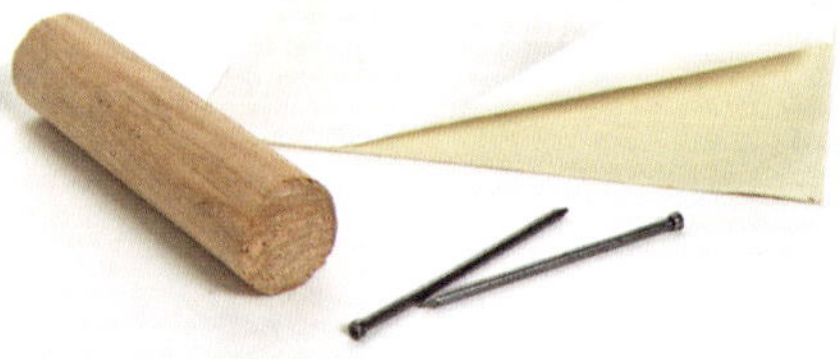

Material

- Material für eine Holzdübel-Druckwalze, Durchmesser 2,5 cm oder breiter, siehe Seite 81
- Filzstift
- Flexible Druckplatte mit selbstklebender Rückseite
- Optional: Kerbschnitzgriff und Klinge. Verwenden Sie hauptsächlich die kleinste V-förmige Schneide (Nr. 1). (Siehe „Ausrüstung", Seite 18)
- Hobbymesser und/oder Schere
- Stempelkissen oder Farbe
- Farbwalze und Plexiglas, falls Sie Farbe verwenden
- Papier

DAS IN DIESEM PROJEKT VERWENDETE MATERIAL nennt sich flexible Druckplatte mit selbstklebender Rückseite. Es besteht aus Vinyl, ist ca. 16 mm dick und in Künstlerbedarfsläden erhältlich (siehe „Quellen", Seite 142). Es wird genauso wie selbstklebender Bastelschaumstoff verwendet (Projekte 14 und 36). Ein Muster wird ausgeschnitten, die Schutzfolie wird abgezogen, und das Muster wird auf den Dübel aufgeklebt. Dieses Material kann nicht nur mit einer Schere oder einem Hobbymesser ausgeschnitten werden sondern auch mit einem Kerbschnitzwerkzeug bearbeitet werden! So erhalten Sie den Effekt eines handgeschnitzten Stempels mit einer kontinuierlich druckenden Walze. Stellen Sie ein einfaches Muster her, indem sie die Formen auf dem Vinyl vorzeichnen, sie ausschneiden und das Muster auf den Dübel kleben, oder stellen Sie ein komplexeres Muster her, indem Sie zusätzlich in die ausgeschnittenen Formen schnitzen. Wie bei dem Bastelschaumstoff-Dübel in Projekt 36 können Sie ein Freihandmuster herstellen oder ein Muster, das um den Umfang der Walze herumläuft und an den Enden zusammengefügt wird. Je größer der Umfang des Dübels, desto größer ist das wiederholte Muster. In diesem Projekt verwenden wir einen Dübel mit 2,5 cm Durchmesser und 10 cm Länge. Sie können aber auch jede andere Größe verwenden.

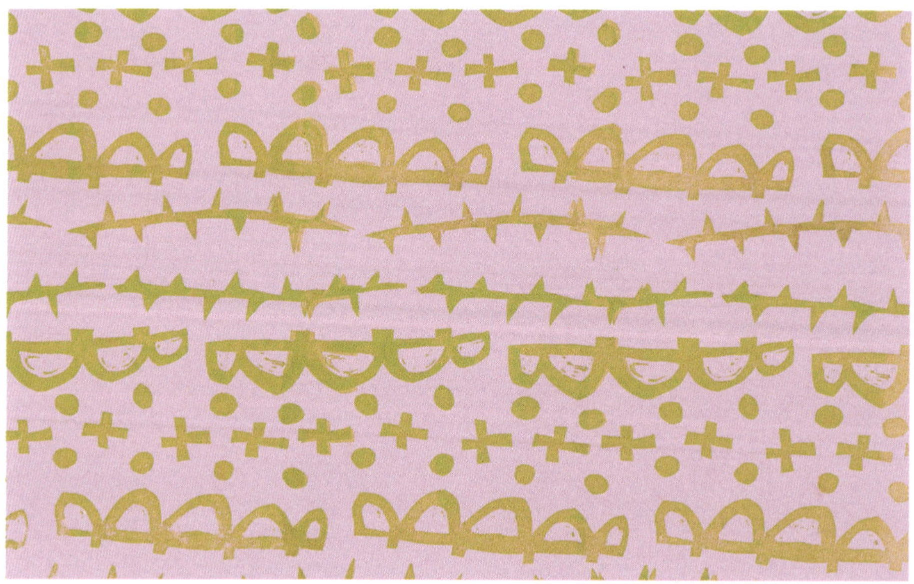

Mit einem Stempelkissen auf Tonpapier gedruckt. Die Walze wurde jedes Mal nach dem erneuten Einfärben wieder mit dem Druck ausgerichtet.

Anleitung

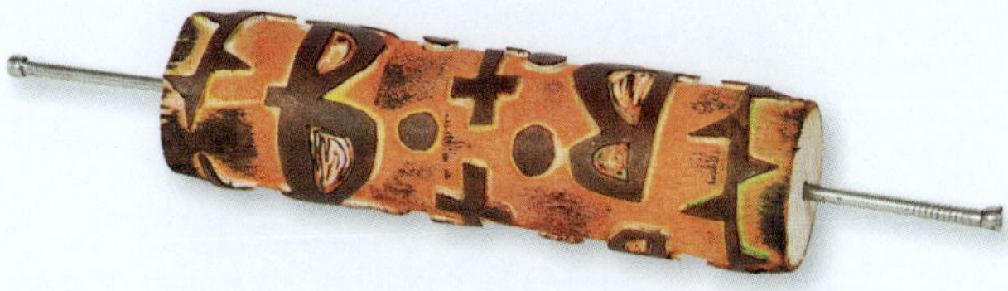

Stellen Sie eine Druckwalze aus einem Holzdübel her (siehe „Herstellen einer Druckwalze aus einem Holzdübel", Seite 81).

Für ein freies Muster:

1. Zeichnen Sie mit einem Filzstift Formen auf die Vorderseite des selbstklebenden Vinyls. Schnitzen Sie mit dem Kerbschnitzwerkzeug nach Wunsch mehr Details in das Muster. (Weitere Informationen über das Schnitzen finden Sie in Projekt 21).
2. Schneiden Sie das Muster aus, ziehen Sie die Schutzfolie ab und kleben Sie das Muster auf den Dübel.

Für ein Muster, das sich passend aneinander fügt:

1. Siehe Projekt 36, Schritte 1-9 bezüglich Informationen zum Markieren des Vinyls, sodass Anfang und Ende des Musters zusammen passen.
2. Schnitzen Sie mit dem Kerbschnitzwerkzeug nach Wunsch mehr Details in das Muster. (Weitere Informationen über das Schnitzen finden Sie in Projekt 21).
3. Schneiden Sie das Muster mit dem Hobbymesser oder der Schere aus.

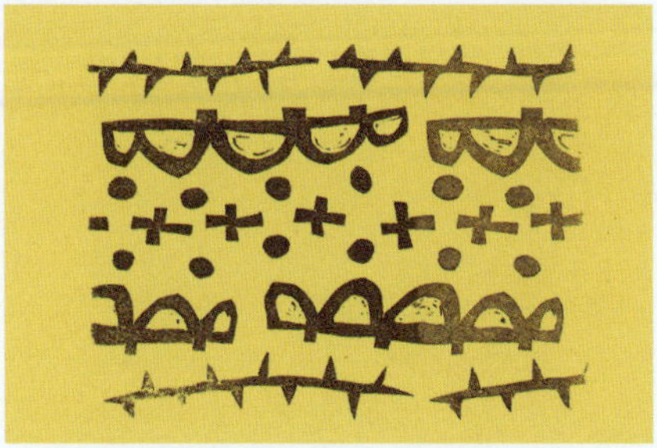

Mit einem Stempelkissen gedruckt.

4. Ziehen Sie die Schutzfolie ab und befestigen Sie das Vinyl vorsichtig auf dem Dübel. Achten Sie dabei darauf, den Anfang und das Ende des Musters nahtlos zusammenzufügen.

Für beide Musterarten:

Nutzen Sie die Nägel als Griffe, rollen Sie die mit Vinyl umklebte Walze über ein Stempelkissen oder durch eine auf einem Stück Plexiglas ausgerollte Farbschicht, bis die Walze vollkommen bedeckt ist, und rollen Sie sie dann über ein Stück Papier.

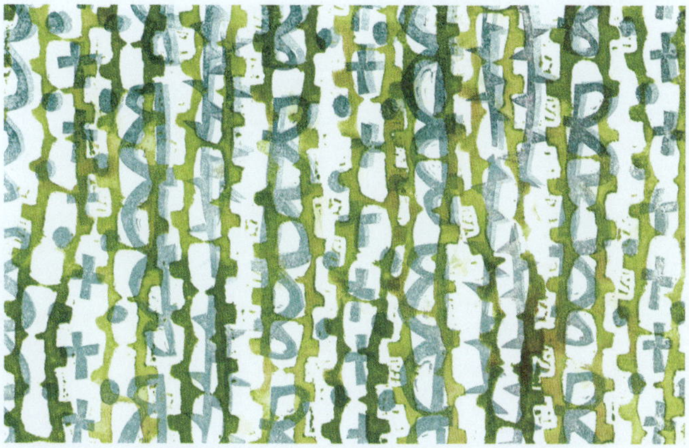

Das Aquarellpapier wurde mit Stempelkissen mit der mit Vinyl bedeckten Walze bedruckt, wobei mehrere Drucke leicht versetzt erstellt wurden, um einen Schatteneffekt zu erzielen. Anschließend wurde mit einem Stempelkissen mit einem eingebrannten Schaumstoff-Marshmallow gedruckt (Projekt 38).

Tipp

Wenn Sie die Farbe zu dick auf die Farbwalze auftragen, gehen Details des Musters verloren, und der Druck wird fleckig. Achten Sie darauf, dass die Farbschicht auf dem Plexiglas nicht zu dick ist.

PROJEKT 41

Geschnitzte Farbwalze

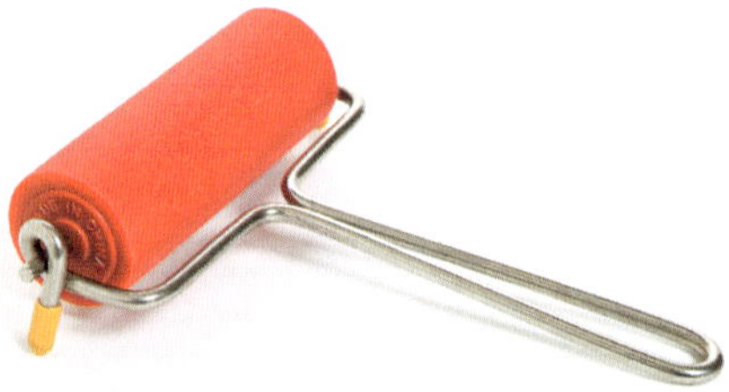

Material

- Farbwalze mit abnehmbarer weicher Gummirolle
- Filzstift
- Kerbschnitzgriff und Klinge (Klingen werden auch Schneiden genannt). Nutzen Sie hauptsächlich die kleinste V-förmige Schneide (Nr. 1). Verwenden Sie die größeren Schneiden zum Ausschneiden der Hintergründe. (Siehe „Ausrüstung", Seite 18)
- Optional: Schraubstock
- Stempelkissen oder Farbe
- Farbwalze und Plexiglas, falls Sie Farbe verwenden
- Papier

EINE GESCHNITZTE FARBWALZE IST DIE ULTIMATIVE Druckwalze. Sie ist nichts für schwache Nerven, da sie nicht leicht herzustellen ist, aber Sie werden begeistert sein, wenn Sie das erste Mal damit drucken. Üben Sie zuerst, indem Sie Motivradiergummis schnitzen (Projekt 21), bevor Sie dieses Projekt in Angriff nehmen. Nicht alle Rollen für Farbwalzen können geschnitzt werden. Probieren Sie aus, welche Walzen für Sie funktionieren. Die Walze muss aber eine herausnehmbare Rolle haben. Zeichnen Sie Ihr Muster mit einem Filzstift auf der Rolle vor, bevor Sie mit dem Schnitzen beginnen. Je nach Muster, das Sie schnitzen, können Sie die Rolle in einen Schraubstock einspannen und bei Bedarf drehen oder mit der Hand halten. Schnitzen Sie auf jeden Fall von sich weg und achten Sie auf Ihre Finger. Zum Schnitzen einer Farbwalze benötigen Sie deutlich mehr Kraft als zum Schnitzen anderer Stempelmaterialien.

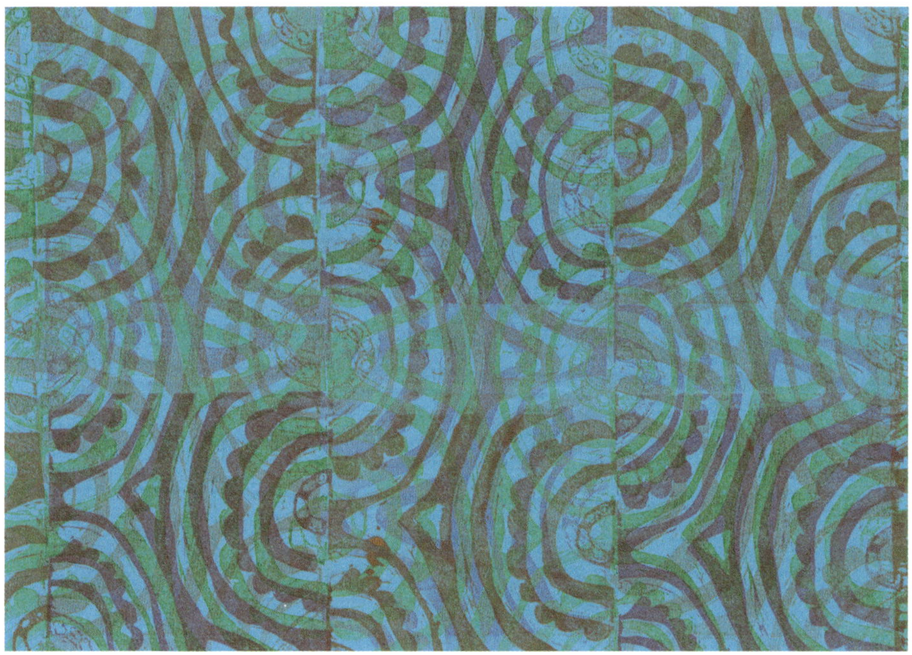

Mit Stempelkissen in mehreren Durchgängen, die an den gegenüberliegenden Enden begonnen wurden auf Tonpapier gedruckt. Es wurde jedoch immer vertikal gedruckt.

Anleitung

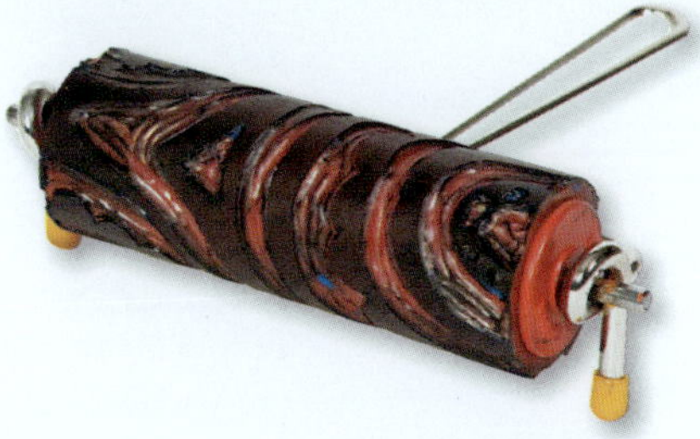

1. Nehmen Sie die Rolle aus der Farbwalze.
2. Zeichnen Sie mit einem Filzstift ein Muster auf die Rolle.
3. Schnitzen Sie das Muster vorsichtig in die Rolle, indem Sie das Kerbschnitzwerkzeug wie einen Stift halten und von sich weg schnitzen.
4. Setzen Sie die Rolle wieder in die Farbwalze ein, rollen Sie sie über ein Stempelkissen oder durch eine auf einem Stück Plexiglas ausgerollte Farbschicht, bis sie vollkommen bedeckt ist, und rollen Sie sie über ein Stück Papier.

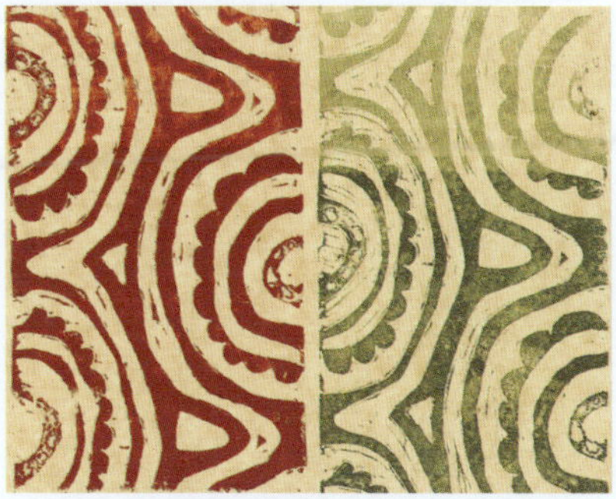

Rot wurde mit Farbe gedruckt und Grün mit einem Stempelkissen.

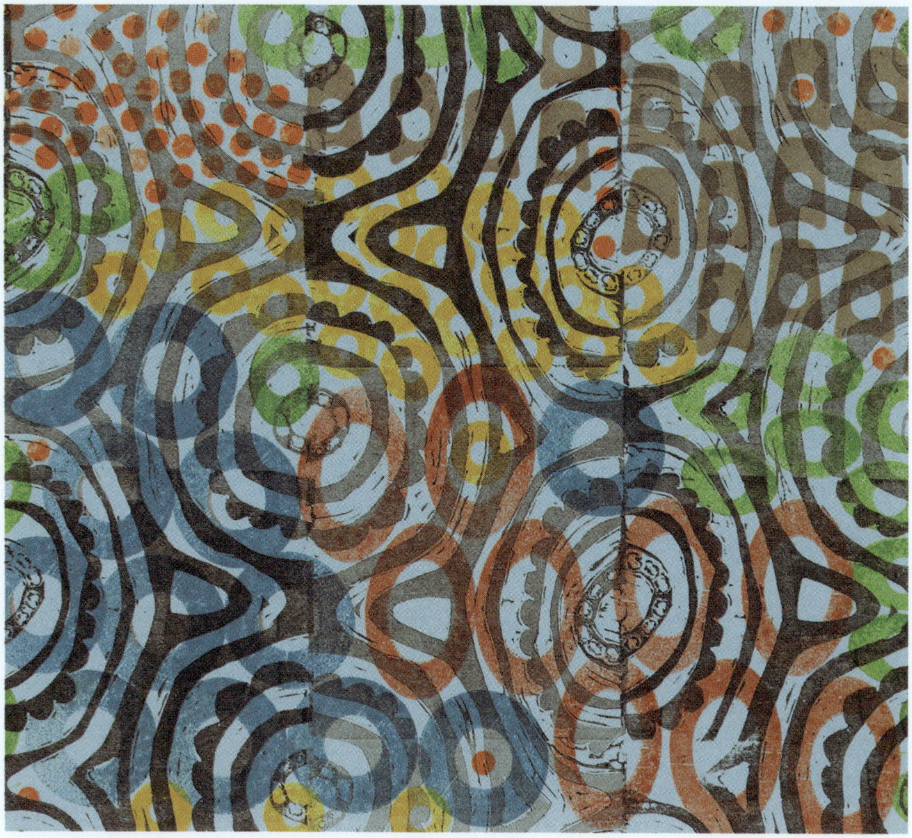

Das Tonpapier wurde zuerst mit Stempelkissen mit Hühneraugen- und Ballen-Druckschutzpflastern (Projekt 6) gestempelt und dann mit einem schwarzen Stempelkissen mit der geschnitzten Farbwalze an gegenüberliegenden Enden beginnend jedoch immer vertikal bedruckt. Ich habe die Rolle so angesetzt, dass die Seiten des Musters zusammenpassen.

Tipp

Wenn Sie die Farbe zu dick auf die Farbwalze auftragen, gehen Details des Musters verloren, und der Druck wird fleckig. Achten Sie darauf, dass die Farbschicht auf dem Plexiglas nicht zu dick ist.

Schablonen

KAPITEL 4

DRUCKEN MIT SCHABLONEN UNTERSCHEIDET SICH vom Drucken mit Stempelwerkzeugen, Druckstöcken und Walzen. Mit einer Schablone wird Farbe oder Tinte durch das Werkzeug gedrückt anstatt die Farbe oder Tinte mit dem Werkzeug aufzutragen.

Hier sammeln und verwenden wir alles von Abflusssieben, Antibabypillen-Spendern, gestanztem Scrapbooking-Papier und Platzdeckchen aus Filz bis hin zu Schablonen aus Klarsichthüllen. Die einzige Grenze ist Ihre Fantasie. Jeder Gegenstand, der flach ist, kurzzeitig Farbe oder einem Stempelkissen standhalten kann und ausgeschnittene Bereiche hat, kann als Schablone verwendet werden.

Für die meisten Projekte in diesem Kapitel benötigen Sie drei Hauptmaterialien: Die Schablone selbst, einen steifen, runden Pinsel und Farbe. Dicke Pinsel aus der Kinderabteilung in Bastel- und Hobbygeschäften sind großartig hierfür geeignet, da sie günstig sind und in Paketen zu mehreren verkauft werden. Wenn die Borsten zu lang und deshalb nicht besonders steif sind, schneiden Sie sie mit einer Schere ab. Das Schablonieren funktioniert am besten mit einem fast trockenen Pinsel. Wenn Sie zu viel Farbe am Pinsel haben, erhalten Sie keine klaren Kanten, und nasse Pinsel funktionieren nicht so gut. Falls Sie die Farbe wechseln möchten, halten Sie mehrere trockene Pinsel bereit. Häu-

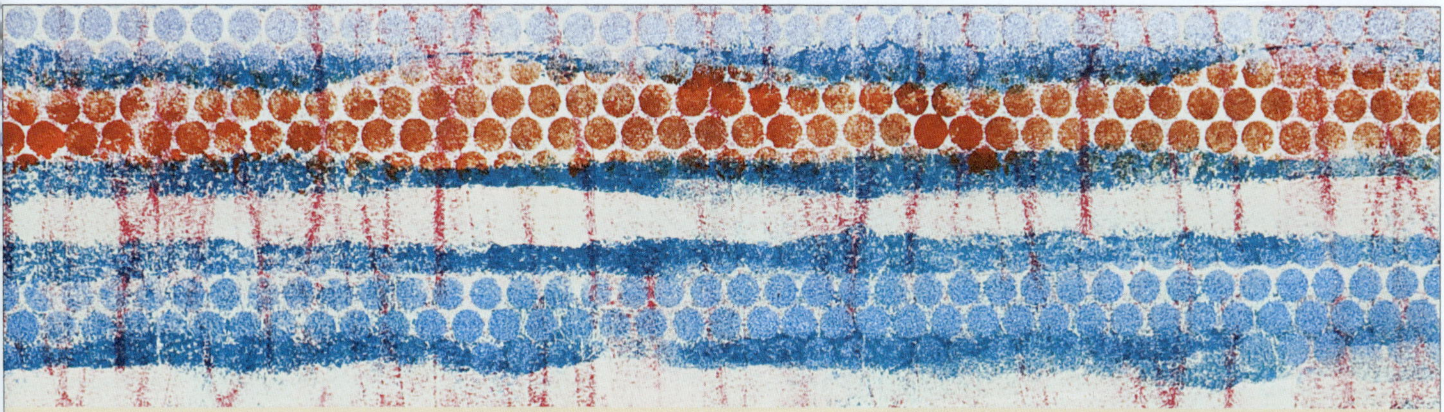

fig, wenn ich die Farbe wechsle, mache ich mir gar nicht die Mühe, den Pinsel auszuwaschen oder einen neuen, trockenen zu nehmen – ich gehe einfach zur neuen Farbe über. Dadurch entsteht ein schöner Übergang von einer Farbe zur anderen. Lassen Sie die Farbe unbedingt trocknen, bevor Sie erneut an einem bereits schablonierten Bereich arbeiten. Andernfalls übertragen Sie feuchte Farbe an die Rückseite der Schablone und von dort auf einen Teil des Papiers, wo Sie sie nicht haben möchten.

Ob dicke oder dünne Farben besser funktionieren, hängt von der Stärke der Schablone ab. Mit dünnen Schablonen wie den Zierdeckchen aus Papier (Projekt 44) können Sie jede Art von Farbe verwenden. Für dickere Schablonen wie die Spülbeckenmatte (Projekt 47) benötigen Sie dicke Farbe. Dünne Farbe tendiert dazu, unter dickeren Schablonen zu verlaufen. Falls die Schablone absorbierend ist, wie zum Beispiel gestanzter Filz, können Sie jede Art von Farbe verwenden.

Normalerweise verwende ich zum Schablonieren einen Pinsel und Farbe, aber in vielen der Projekte mit dünnen Schablonen, zum Beispiel die von Hand ausgeschnittenen Schablonen in den Projekten 51 und 52, kann auch ein Schwamm zum Auftragen der Farbe durch die Schablone verwendet werden oder ein kleines erhöhtes Stempelkissen, das genauso eingesetzt wird. Probieren Sie aus, welche Materialien mit Ihrer Schablone am besten funktionieren.

Lesen Sie unbedingt das Kapitel „Grundlagen“ beginnend auf Seite 10. Es enthält wichtige Informationen über Acrylfarbe, Stempelkissen, Drucken und Ausrüstung.

Tipps

- Bei dünnen Schablonen können Sie erhöhte Mini-Stempelkissen benutzen. Verwenden Sie die Stempelkissen genauso, wie Sie einen Pinsel anwenden würden.
- Tupfen Sie um die äußeren Kanten der Schablone herum, um einen Sprühfarbeneffekt zu erhalten.

PROJEKT 42

Pillenspender

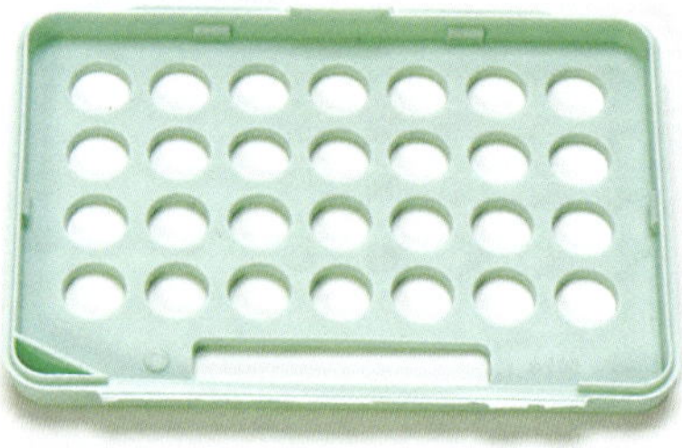

Material

- Farbe
- Plexiglas
- Schablonierpinsel oder steifer, runder Pinsel
- Pillenspender
- Papier

Mit Pillenspendern für Antibabypillen können Sie schöne Reihen mit Kreisen drucken, die Sie übereinander anordnen. Die Art des Spenders ist von der Marke der Pille abhängig. Falls Sie selbst keinen geeigneten Spender haben, fragen Sie Ihre Freundinnen. Pillenspender sind die denkbar einfachsten Schablonen. Nehmen Sie die Blister-Verpackung heraus, in der die Pillen enthalten waren, brechen oder schneiden Sie den umklappbaren Deckel ab, und schon kann es losgehen!

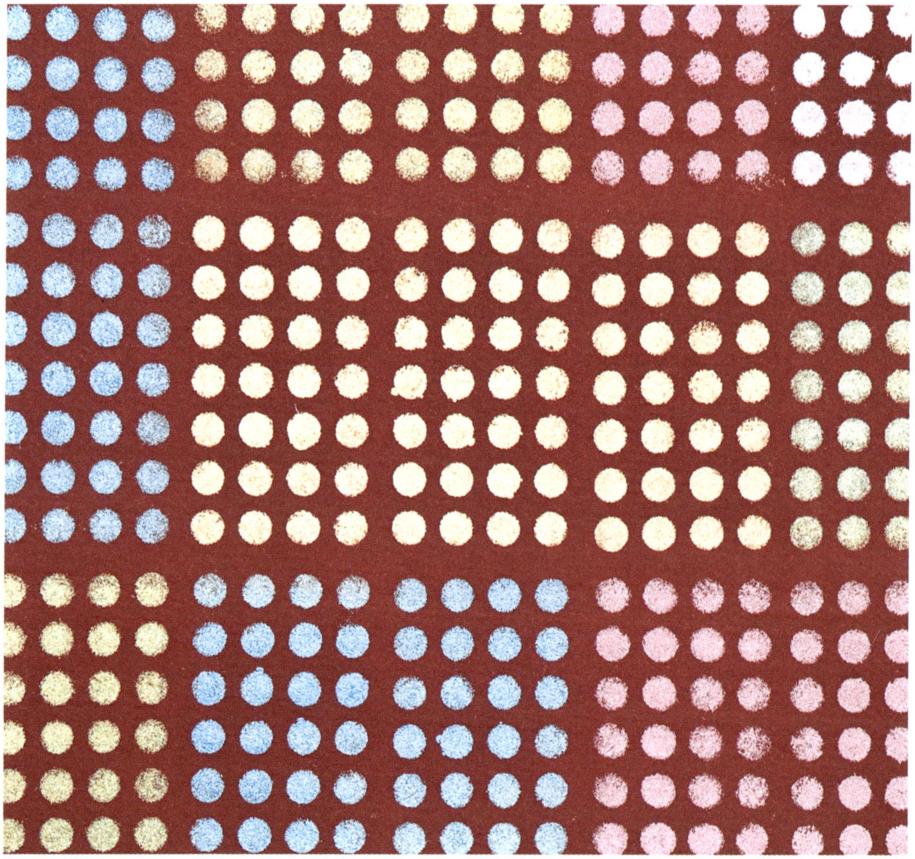

Schabloniert auf Tonpapier mit verschiedenen Metallicfarben.

Anleitung

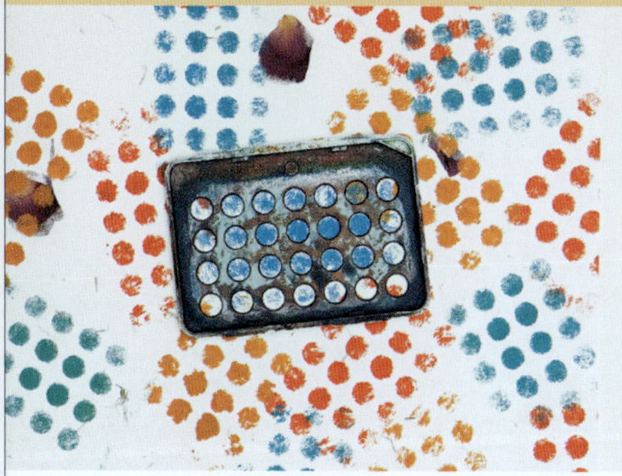

1. Geben Sie etwas Farbe auf ein Stück Plexiglas.
2. Tupfen Sie mit dem Pinsel in die Farbe. Tippen Sie mit der Pinselspitze auf das Plexiglas, um überschüssige Farbe zu entfernen.
3. Legen Sie die ebene Seite der Pillenspenderschablone auf das Papier.
4. Halten Sie die Kanten des Spenders mit einer Hand und den Pinsel senkrecht mit der anderen Hand und tupfen Sie mit dem Pinsel über die Oberseite des Pillenspenders, um die Farbe durch die offenen Flächen hindurch aufzutragen.
5. Bearbeiten Sie die Schablone mit dem Pinsel und nehmen Sie dabei bei Bedarf mehr Farbe auf, bis der gewünschte Bereich schabloniert ist.

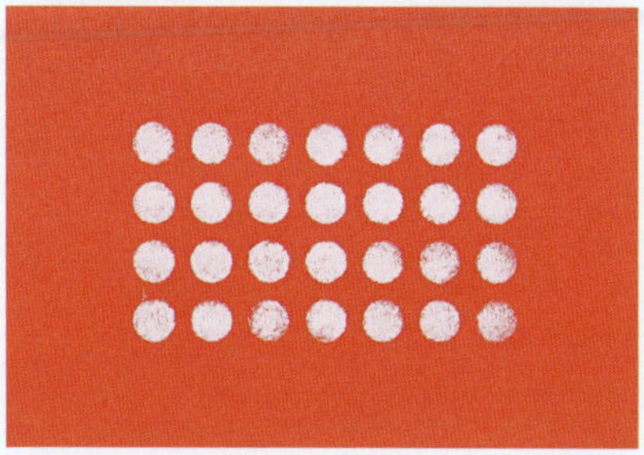

Mit Metallicfarbe schabloniert.

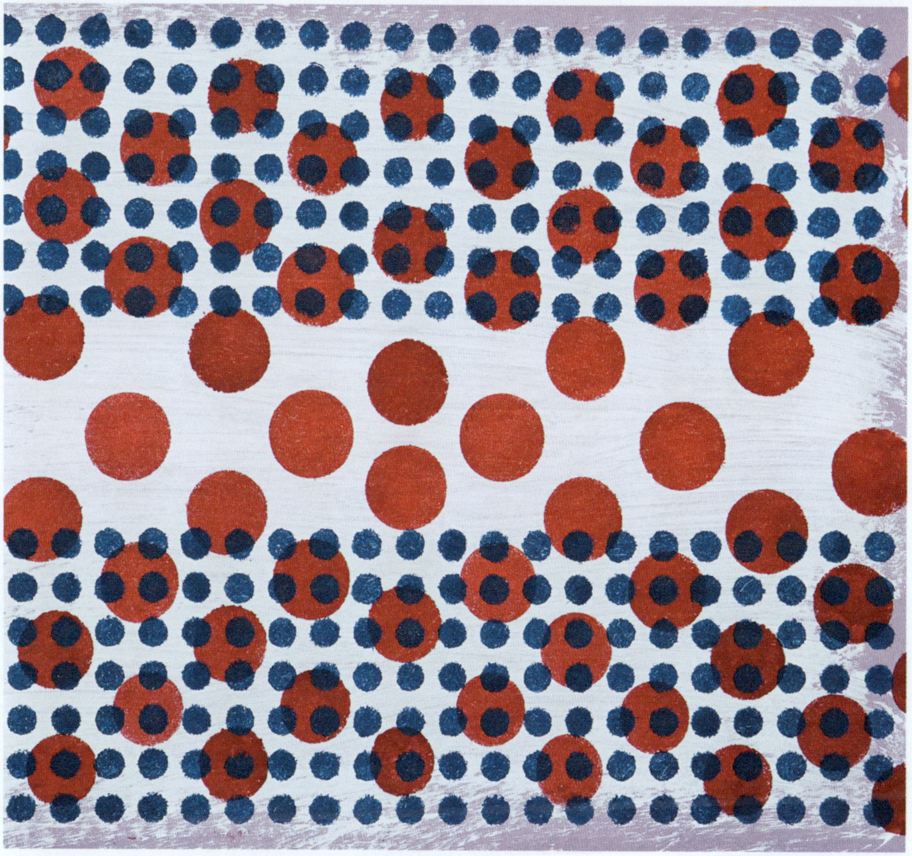

Das Tonpapier wurde zuerst leicht mit Kreidegrund bestrichen und dann mit roter Farbe mit einem Kunststoffkorb (Projekt 48) und dann mit blauer Farbe mit dem Pillenspender schabloniert.

Tipp

Um im gesamten Bereich ein gleichmäßiges Muster mit dem Pillenspender herzustellen, richten Sie die letzte Reihe oder Spalte der gedruckten Kreise auf dem Papier mit der ersten Reihe oder Spalte von Löchern im Pillenspender aus. Schablonieren Sie jedoch nicht erneut über der ersten Reihe oder Spalte, die bereits gedruckt wurde.

PROJEKT 43

Paillettenabfall

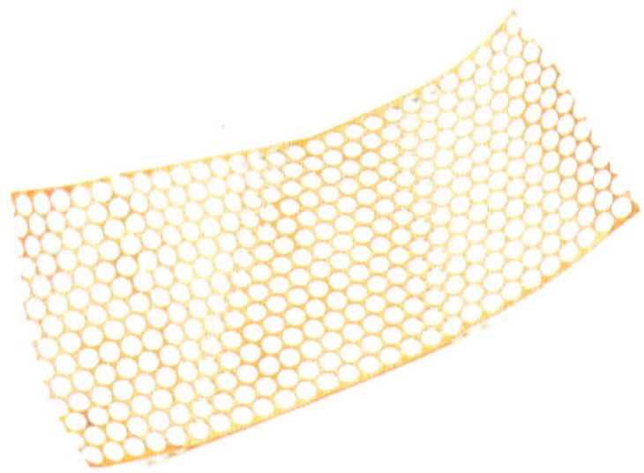

Material

- Farbe
- Plexiglas
- Schablonierpinsel oder steifer, runder Pinsel
- Paillettenabfall
- Papier

PAILLETTENABFALL IST DER REST des Metallicmaterials, aus dem die Pailletten ausgestanzt werden. Sie finden ihn in Stoffgeschäften in der Bortenabteilung oder in Bastelläden in der Floristikabteilung. Er wird auf Spulen verkauft, und manchmal müssen Sie die ganze Spule kaufen. In einigen Stoffgeschäften wird er jedoch auch nach Wunsch zugeschnitten. Schauen Sie auch um die Weihnachtsfeiertage herum in Bastelgeschäften, da er auch für Adventskränze verwendet wird. Egal, wann Sie Paillettenabfall kaufen, er ist nicht teuer, sodass Sie genug kaufen können, um Ihren Freunden etwas abzugeben. Schneiden Sie ein ca. 15 cm langes Stück ab, da alles, was länger ist, schwierig zu handhaben ist. Im Gegensatz zur Pillenspenderschablone (Projekt 42) druckt Paillettenabfall Löcher im Honigwabenmuster und keine in Reihen und Spalten angeordneten Löcher. Da das Material billig und haltbar ist, mache ich mir nicht die Mühe, es zu reinigen, sondern lasse die Farbe einfach daran trocknen.

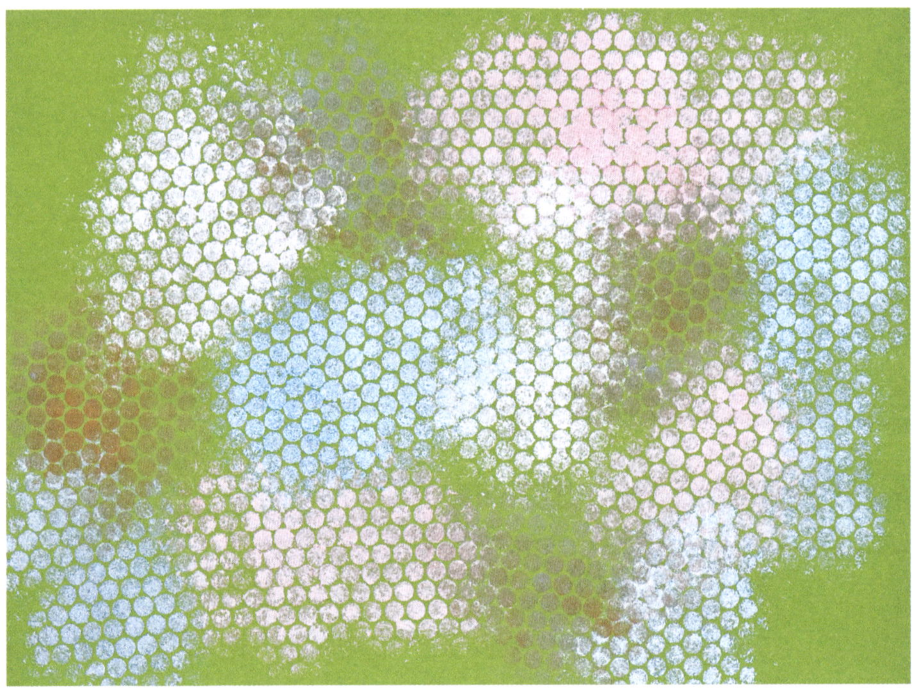

Wahllos auf Tonpapier mit verschiedenfarbiger Metallicfarbe schabloniert.

Anleitung

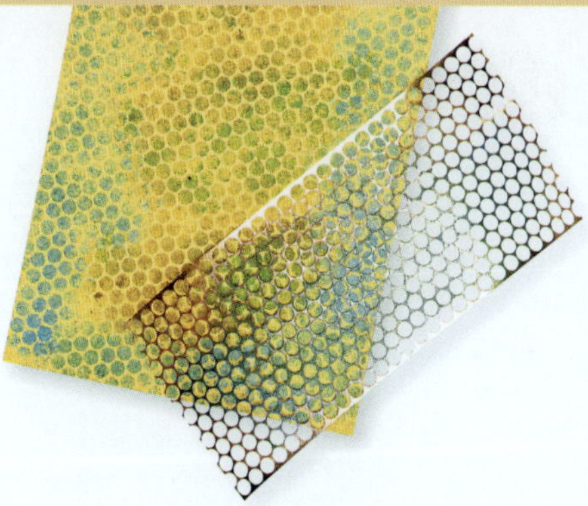

1. Geben Sie etwas Farbe auf ein Stück Plexiglas.
2. Tupfen Sie mit dem Pinsel in die Farbe. Tippen Sie mit der Pinselspitze auf das Plexiglas, um überschüssige Farbe zu entfernen.
3. Legen Sie den Paillettenabfall auf das Papier.
4. Halten Sie die Kanten des Paillettenabfalls mit einer Hand und den Pinsel senkrecht mit der anderen Hand und tupfen Sie mit dem Pinsel über die Oberseite der Schablone, um die Farbe durch die offenen Flächen hindurch aufzutragen.
5. Bearbeiten Sie die Schablone mit dem Pinsel.

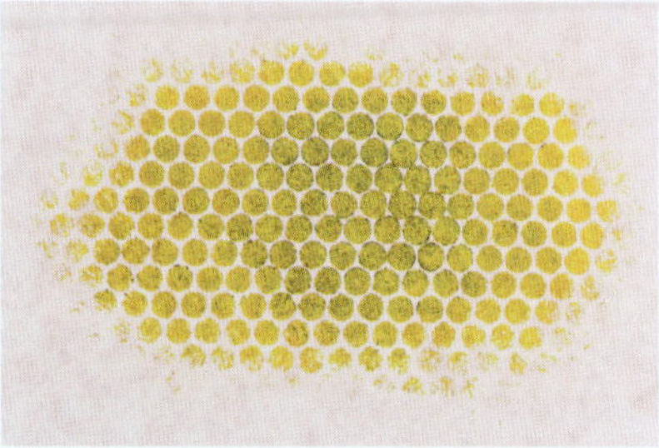

Mit Farbe schabloniert.

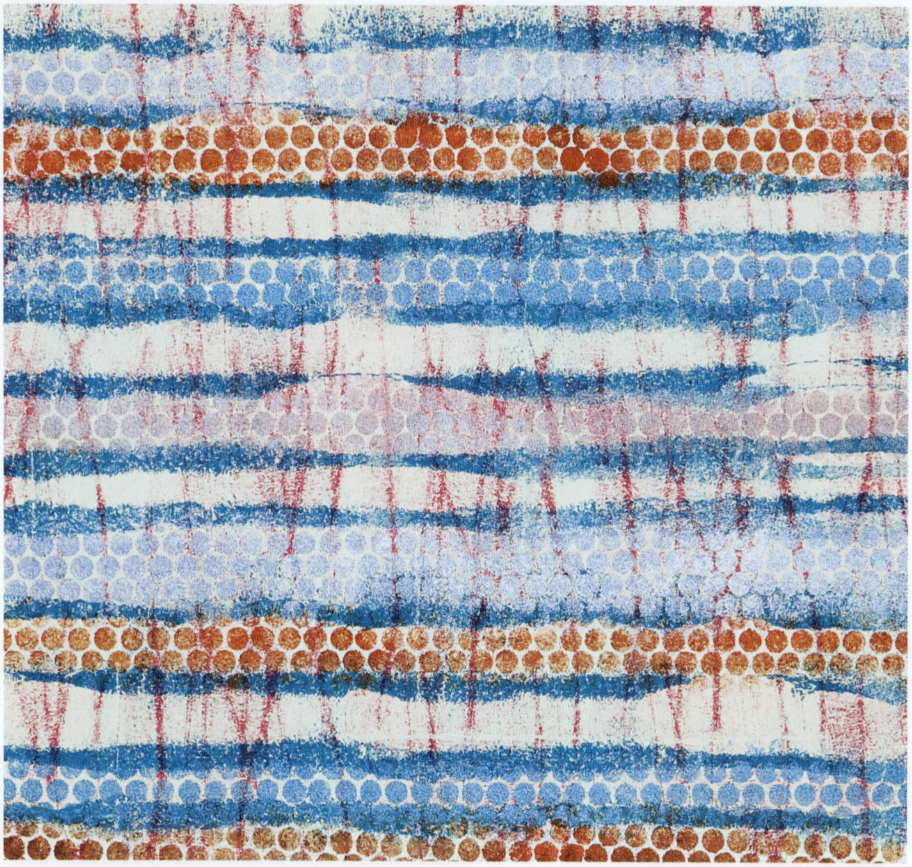

Das Tonpapier wurde zuerst mit blauen und dann mit roten Stempelkissen mit den beiden Walzen aus Schaumstoff-Rohrleitungsisolierung (Projekt 35) bedruckt, wobei eine horizontal und die andere vertikal gerollt wurde. Anschließend wurde zwischen die breiten blauen Linien der Walzen mit Metallicfarben mit dem Paillettenabfall schabloniert.

Tipp

Sie können die untere Lochreihe des Paillettenabfalls mit der oberen Reihe von gedruckten Kreisen auf dem Papier ausrichten, um ein größeres Gesamtmuster zu erstellen, aber ich finde es interessanter, wahllos zu schablonieren.

PROJEKT

44 Papierzierdeckchen

Material

- Farbe
- Plexiglas
- Schablonierpinsel oder steifer, runder Pinsel
- Papierzierdeckchen
- Papier

PAPIERZIERDECKCHEN SIND GÜNSTIG, können einfach als Schablonen verwendet werden und sie werden normalerweise in Packungen mit größeren Mengen verkauft. Sie sind in verschiedenen Formen, Größen und Mustern erhältlich. Normalerweise werden sie als Unterlage unter Kuchen oder anderem Gebäck und Süßigkeiten verwendet, um diese schön zu präsentieren. Sie finden sie in Kuchendekorations- oder Hochzeitsdekorationsabteilungen in Bastelgeschäften. Vor bestimmten Feiertagen wie Valentinstag oder Muttertag können Sie auch Zierdeckchen in Herzform oder anderen Formen finden, wie ich sie hier verwendet habe. Obwohl die Zierdeckchen aus Papier bestehen und normalerweise recht dünn sind, sind sie relativ gut haltbar und können mehrfach verwendet werden. Die Deckchen aus Metallfolie sind dicker und halten besser als die aus Papier.

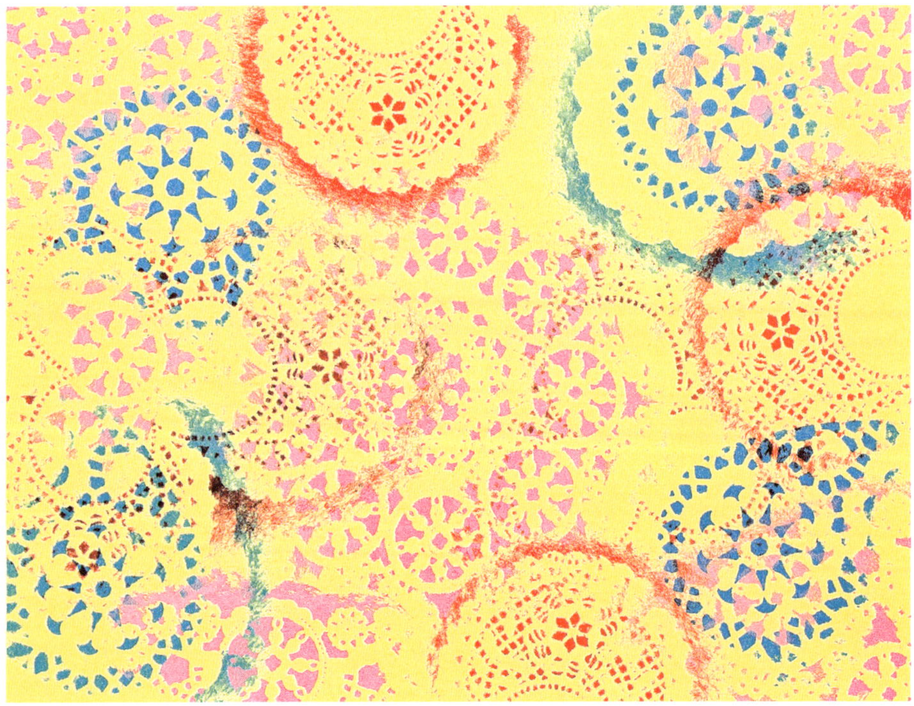

Wahllos mit verschiedenen Farben auf Tonpapier schabloniert.

Anleitung

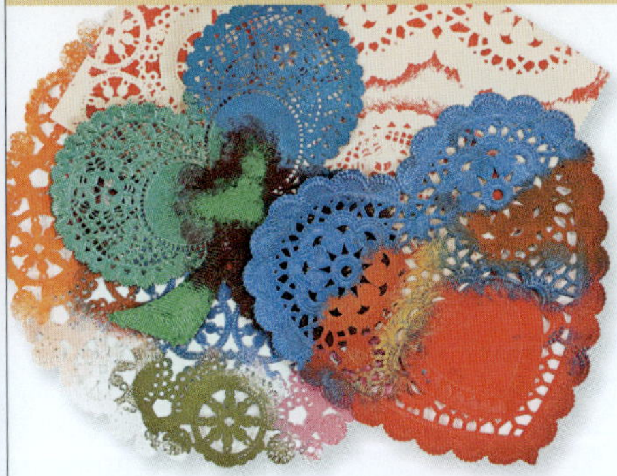

1. Geben Sie etwas Farbe auf ein Stück Plexiglas.
2. Tupfen Sie mit dem Pinsel in die Farbe. Tippen Sie mit der Pinselspitze auf das Plexiglas, um überschüssige Farbe zu entfernen.
3. Legen Sie die Zierdeckchenschablone auf das Papier.
4. Halten Sie die Kanten des Zierdeckchens mit einer Hand und den Pinsel senkrecht mit der anderen Hand und tupfen Sie mit dem Pinsel über die Oberseite des Zierdeckchens, um die Farbe durch die offenen Flächen hindurch aufzutragen.
5. Bearbeiten Sie die Schablone mit dem Pinsel und nehmen Sie bei Bedarf mehr Farbe auf, bis der gewünschte Bereich schabloniert ist.

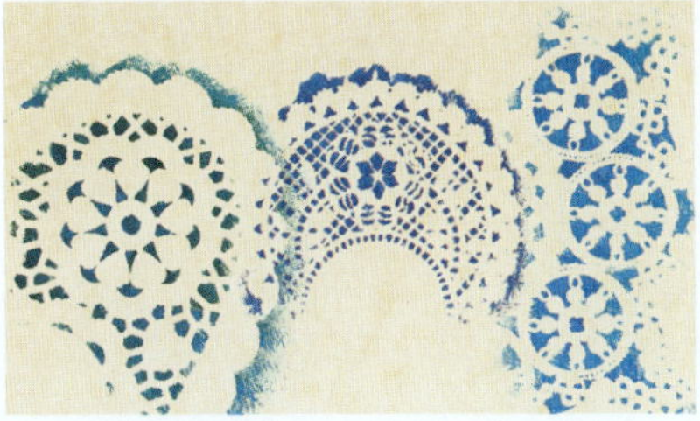

Mit Metallicfarbe schabloniert.

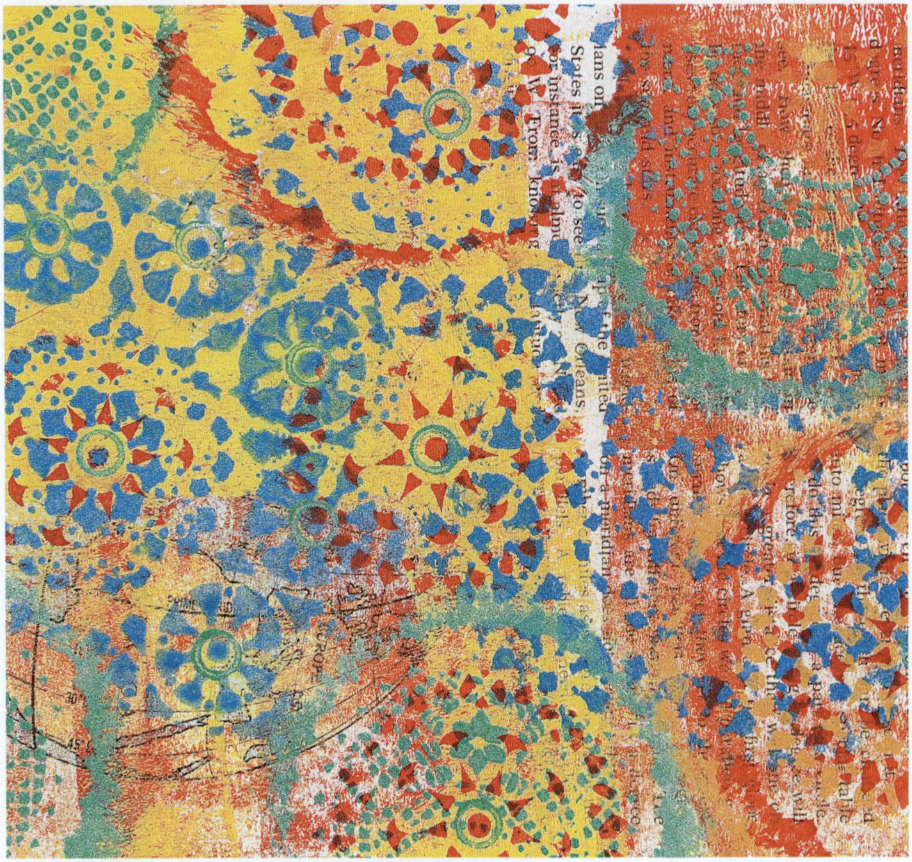

Auf eine alte Buchseite wurde zuerst mit einer Farbwalze ockerfarbene und rote Farbe aufgetragen (Projekt 29). Anschließend wurde mit den Zierdeckchen schabloniert und dann mit Farbe und einer Radiergummikappe gestempelt (Projekt 4).

Tipp

Wenn die Papierzierdeckchen nicht mehr als Schablonen zu gebrauchen sind, ergeben sie gutes farbiges und strukturiertes Collagematerial.

PROJEKT

45 Alphabet

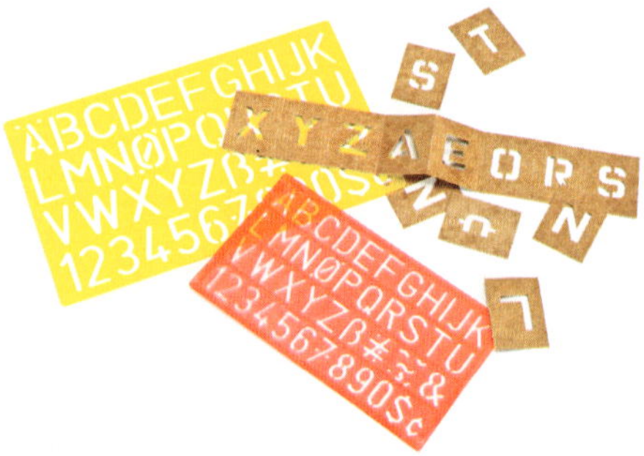

Material

- Farbe
- Plexiglas
- Schablonierpinsel oder steifer, runder Pinsel
- Alphabetschablonen
- Papier

ALPHABETSCHABLONEN SIND IN ZWEI FORMEN ERHÄLTLICH: Als dickes Kunststoffstück mit allen Buchstaben oder als langer Streifen aus Ölkarton mit perforierten Quadraten, die jeweils einen Buchstaben enthalten. Beide Sorten sind in vielen verschiedenen Buchstabengrößen erhältlich. Die Kunststoffschablone wird auch Beschriftungshilfe oder Beschriftungsvorlage genannt und ist in Paketen mit mehreren Größen erhältlich. Ölkarton ist dickes mit Trockenöl imprägniertes Papier. Es ist haltbar und wieder verwendbar und wird durch Farbe nicht beschädigt. Es ist ebenfalls in vielen verschiedenen Größen erhältlich, jedoch immer nur in einer Größe pro Paket. Normalerweise sind die Buchstaben getrennt, sodass Sie beim Schablonieren ganz leicht Wörter bilden können. Ich verwende gerne mehrere Buchstaben, die noch als Streifen zusammen hängen. Normalerweise bilde ich beim Schablonieren mit Alphabetschablonen keine Wörter. Ich verwende Sie nur als Muster oder zum Erstellen einer optischen Struktur. Beide Arten von Schablonen sind in Bastelgeschäften in der Abteilung zur Herstellung von Schildern erhältlich oder in der Zeichen- oder Künstlerbedarfsabteilung. Einige Baumärkte haben die Ölkartonschablonen im Sortiment.

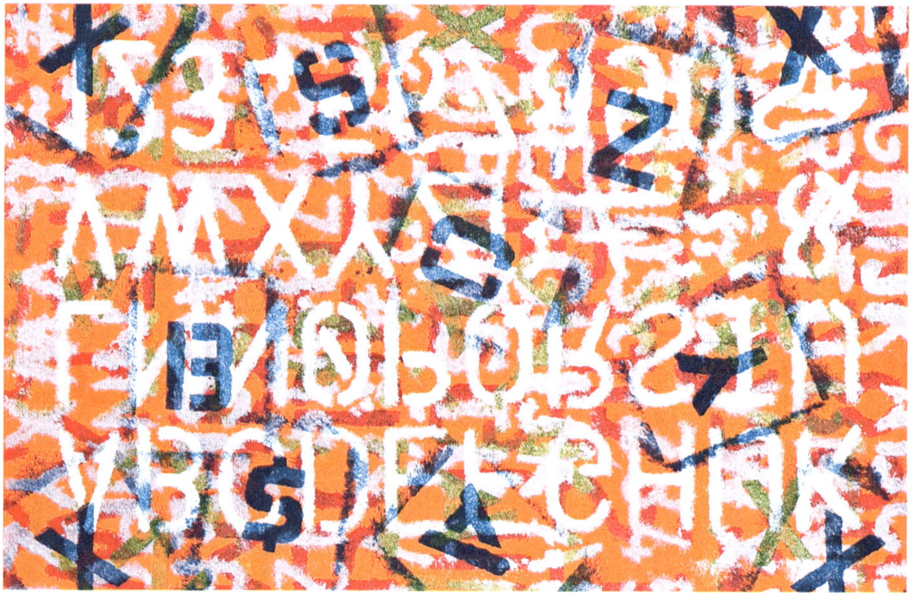

Viele Schichten wahllos mit verschiedenen Farben und allen Buchstabenschablonen auf Tonpapier schabloniert.

Anleitung

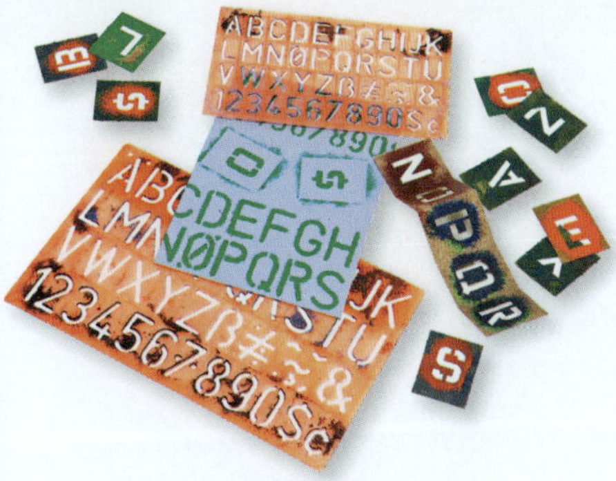

1. Geben Sie etwas Farbe auf ein Stück Plexiglas
2. Tupfen Sie mit dem Pinsel in die Farbe. Tippen Sie mit der Pinselspitze auf das Plexiglas, um überschüssige Farbe zu entfernen.
3. Legen Sie die Alphabetschablone auf das Papier.
4. Halten Sie die Kanten der Schablone mit einer Hand und den Pinsel senkrecht mit der anderen Hand und tupfen Sie mit dem Pinsel über die Oberseite der Schablone, um die Farbe durch die offenen Flächen hindurch aufzutragen.

Schabloniert mit Farbe.

Auf Tonpapier wurde zuerst mit einer Farbwalze leicht etwas blaue Farbe aufgetragen (Projekt 29). Anschließend wurde mit den Alphabetschablonen mit blauer und schwarzer Farbe schabloniert, und dann wurde mit einem weißen Stempelkissen mit einem Sternenstempel aus Bastelschaumstoff gestempelt (Projekt 14).

Tipp

Verwenden Sie die Alphabetschablone verkehrt herum mit spiegelverkehrten Buchstaben, um sie abstrakter zu machen.

PROJEKT 46

Gestanztes Scrapbookingpapier

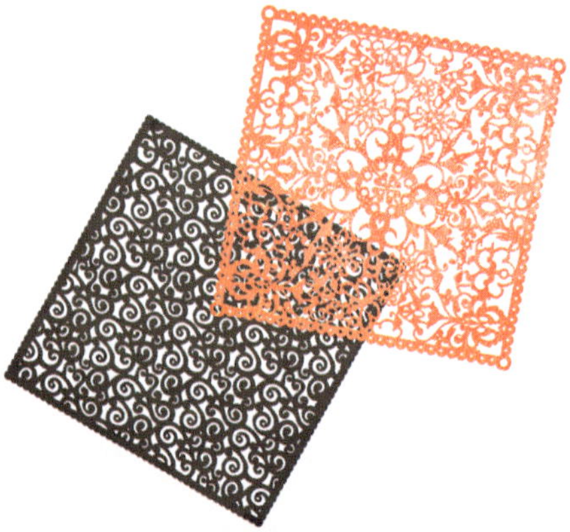

ES IST EINFACH, SPEZIELLES MATERIAL zum Schablonieren zu finden. Aber es ist viel lustiger, Dinge zu finden, die eigentlich für einen anderen Zweck gedacht sind aber genauso gut zum Schablonieren geeignet sind. Eines dieser Dinge ist gestanztes Papier für Scrapbooking. Das gestanzte Papier, das ich gefunden habe, ist schwer genug, um als Schablone verwendet zu werden. Einige der Exemplare sind reich verziert und liefern einen wundervollen Druck. Sie finden dieses spezielle Papier in der Scrapbooking-Abteilung in Bastelgeschäften. Es ist in Paketen mit verschiedenen Mustern oder als einzelne Bögen erhältlich.

Material

- Farbe
- Plexiglas
- Schablonierpinsel oder steifer, runder Pinsel
- Gestanztes Scrapbookingpapier
- Papier

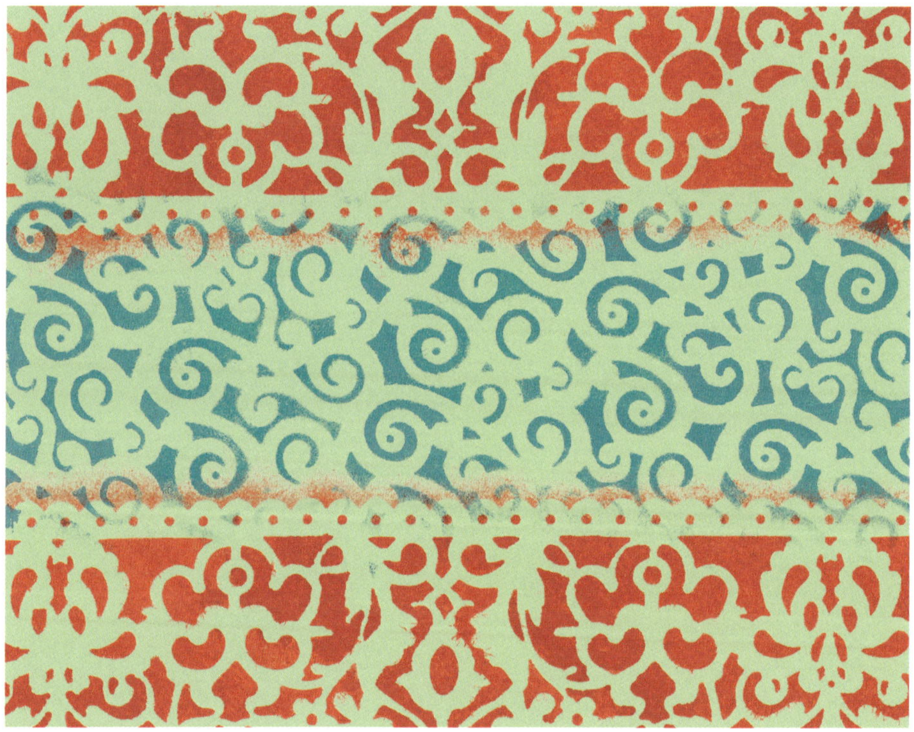

Das Tonpapier wurde am oberen und unteren Rand mit roter Farbe und dem gestanzten Blumen- und Schmetterlings-Scrapbookingpapier schabloniert. Dabei wurde über den Rand der Schablone hinaus gearbeitet, um den bogenförmigen Rand abzubilden. Anschließend wurde die Mitte mit blauer Farbe mit dem spiralförmig gestanzten Papier schabloniert.

Anleitung

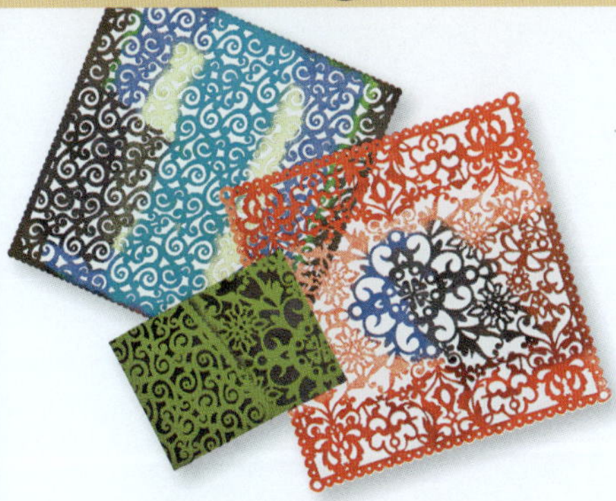

1. Geben Sie etwas Farbe auf ein Stück Plexiglas.
2. Tupfen Sie mit dem Pinsel in die Farbe. Tippen Sie mit der Pinselspitze auf das Plexiglas, um überschüssige Farbe zu entfernen.
3. Legen Sie das ausgestanzte Papier auf das zu bedruckende Papier.
4. Halten Sie den Bereich des ausgestanzten Papiers, mit dem Sie schablonieren möchten, mit einer Hand und den Pinsel senkrecht mit der anderen Hand und tupfen Sie mit dem Pinsel über die Oberseite der Schablone, um die Farbe durch die offenen Flächen hindurch aufzutragen.

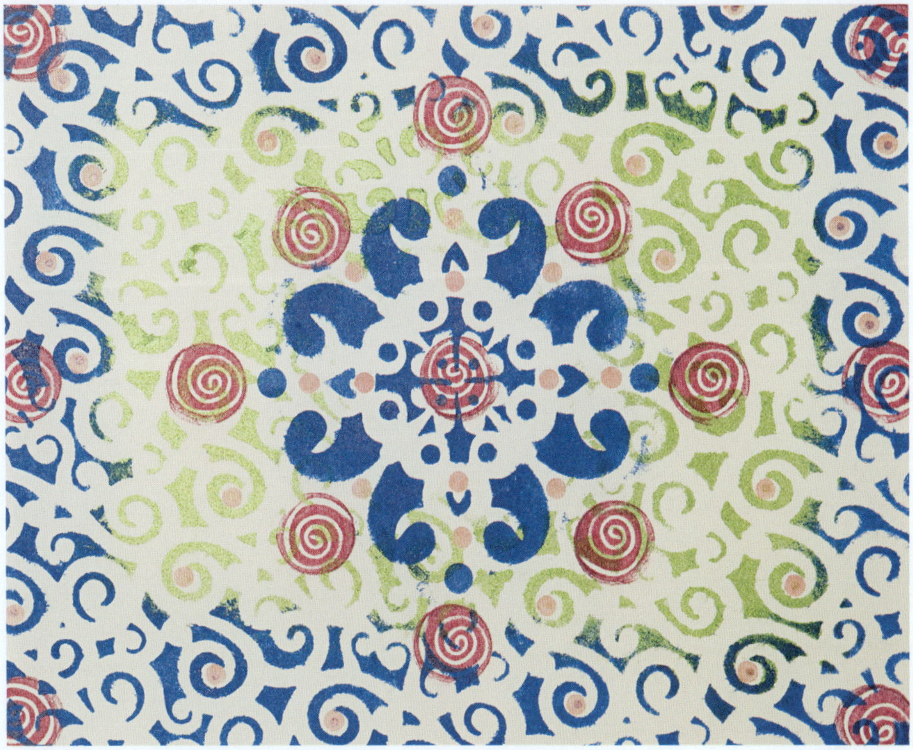

Das Tonpapier wurde zuerst mit dem spiralförmig gestanzten Papier mit blauer und metallic-grüner Farbe an den Kanten schabloniert. Anschließend wurde mit dem gestanzten Blumen- und Schmetterlingspapier in der Mitte mit blauer Farbe schabloniert. Danach wurde mit roter Farbe mit dem mit einem spiralförmigen Draht verformten Schaumstoff-Marshmallow (Projekt 22) und mit einem metallic-kupferfarbenen Stempelkissen mit einem Bleistiftradiergummi gestempelt (Projekt 4).

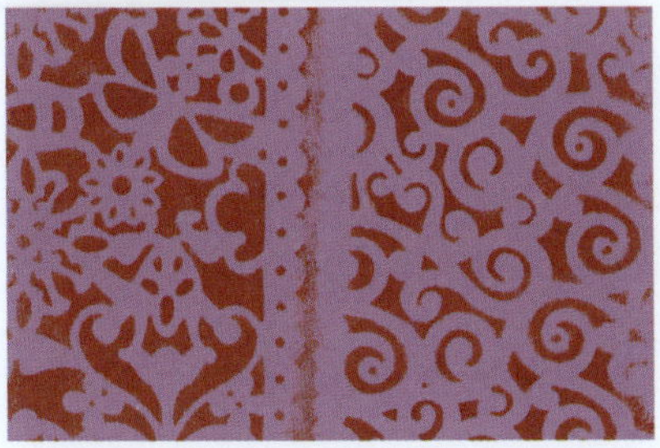

Mit Farbe schabloniert.

Tipp

Wenn Sie das gestanzte Papier beim Basteln häufig verwenden, müssen Sie es möglicherweise zwischendurch mit einem Fön trocknen. Wenn es zu sehr mit Farbe durchnässt ist, kann es leicht beschädigt werden.

PROJEKT 47

Spülbeckenmatte

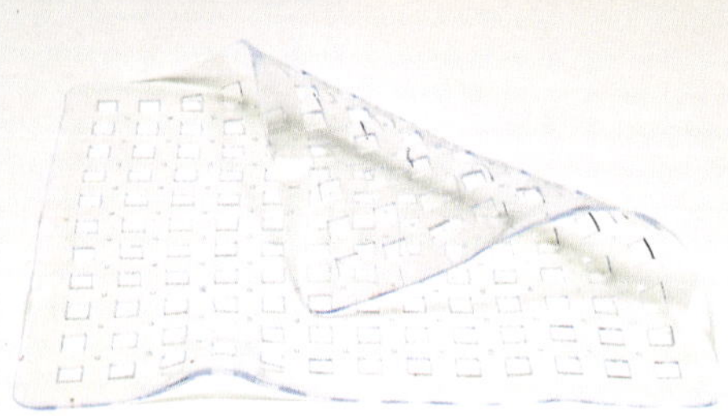

IM HAUSHALT FINDEN SICH VIELE GEGENSTÄNDE, die zum Schablonieren von Kreisen verwendet werden können, aber Quadrate sind schwieriger zu finden. Diese Spülbeckenmatte aus dem Schnäppchenladen ist prima zum Schablonieren von Quadraten. Sie ist von Natur aus abwaschbar und haltbar! Da sie so flexibel ist, kann sie entweder flach liegend oder aufgerollt aufbewahrt werden. Wenn sie Ihnen durch die Größe zu unhandlich ist, schneiden Sie sie mit einem Hobbymesser in kleinere Teile.

Material

- Farbe
- Plexiglas
- Schablonierpinsel oder steifer, runder Pinsel
- Spülbeckenmatte
- Papier

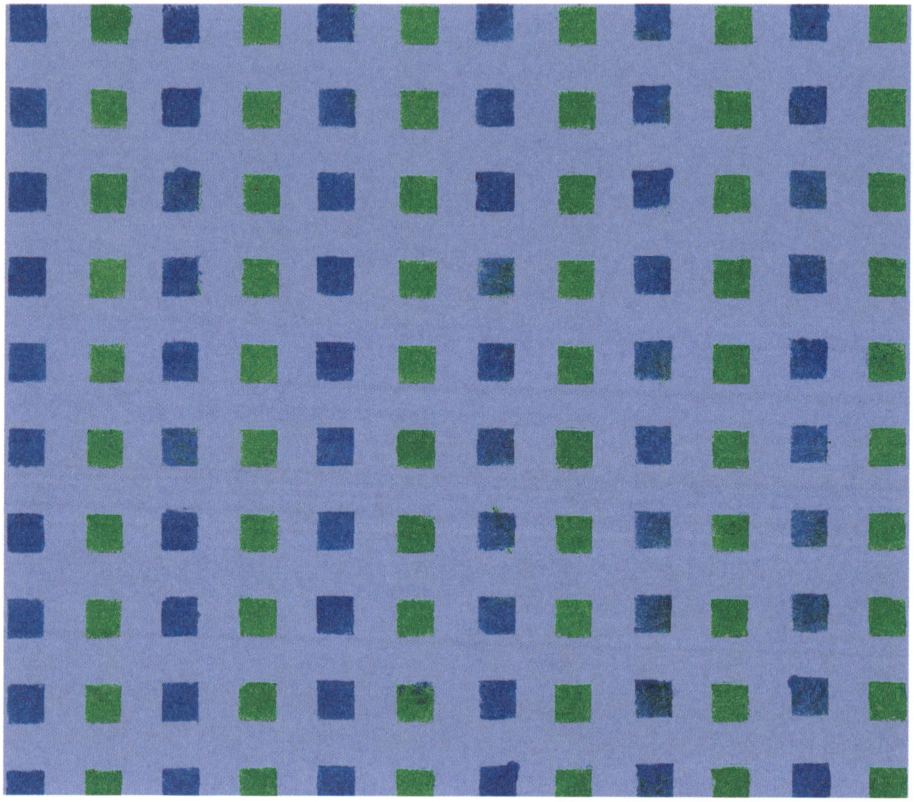

Auf Tonpapier in Spalten abwechselnd mit blauer und grüner Farbe schabloniert.

Anleitung

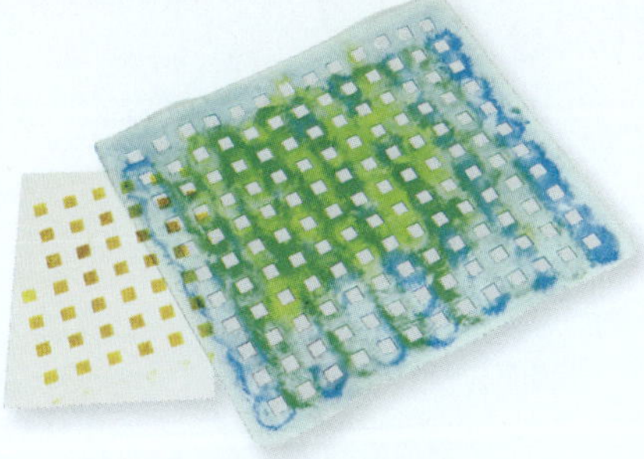

1. Geben Sie etwas Farbe auf ein Stück Plexiglas.
2. Tupfen Sie mit dem Pinsel in die Farbe. Tippen Sie mit der Pinselspitze auf das Plexiglas, um überschüssige Farbe zu entfernen.
3. Legen Sie die Spülbeckenmatte auf das Papier.
4. Halten Sie den Bereich der Spülbeckenmatte, mit dem Sie schablonieren möchten, mit einer Hand und den Pinsel senkrecht mit der anderen Hand und tupfen Sie mit dem Pinsel über die Oberseite der Schablone, um die Farbe durch die offenen Flächen hindurch aufzutragen.

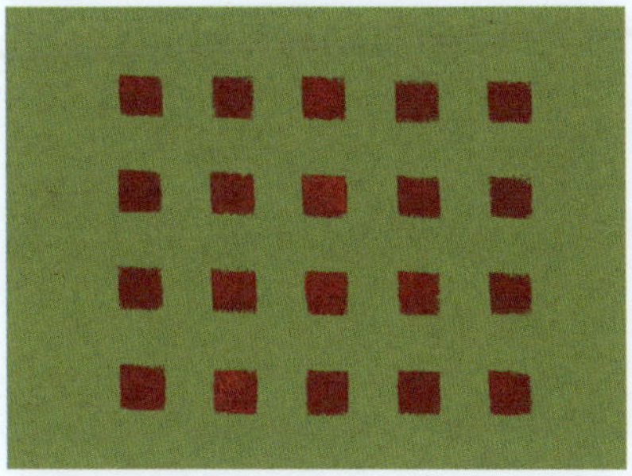

Mit Farbe schabloniert.

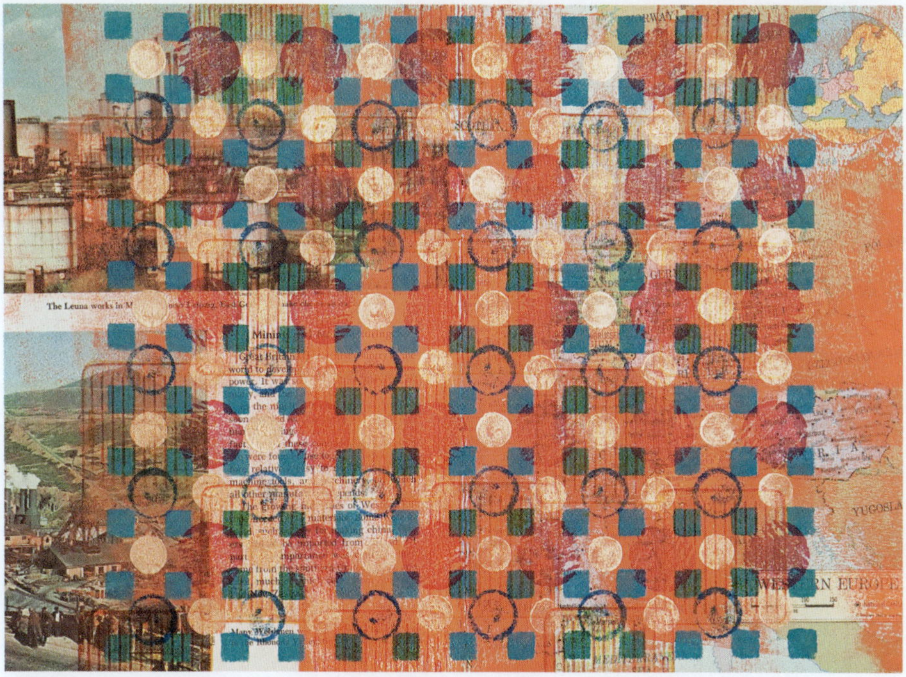

Auf eine alte Buchseite wurde zuerst mit einer Farbwalze korallenfarbene Farbe aufgetragen (Projekt 29). Anschließend wurde mit blauer Farbe mit der Spülbeckenmatte schabloniert, dann mit blauen und roten Stempelkissen mit Korken (Projekt 1), mit goldener Farbe mit einem Ohrstöpsel (Projekt 1) und mit einem orangefarbenen Stempelkissen mit einer Tischbeinkappe (Projekt 5) gestempelt.

Tipps

- Wenn sich die Spülbeckenmatte nach dem aufgerollten Lagern nicht mehr flach hinlegen lässt, weichen Sie sie mit heißem Wasser oder einem Fön auf, und streichen Sie sie glatt.
- Wenn Sie einen größeren Bereich als die Spülbeckenmatte schablonieren möchten, richten Sie die letzte Reihe oder Spalte der gedruckten Quadrate auf dem Papier mit der ersten Reihe oder Spalte der quadratischen Löcher in der Spülbeckenmatte aus. Schablonieren Sie die erste Reihe oder Spalte, die bereits gedruckt ist, nicht erneut.

PROJEKT

48 Kunststoffkorb

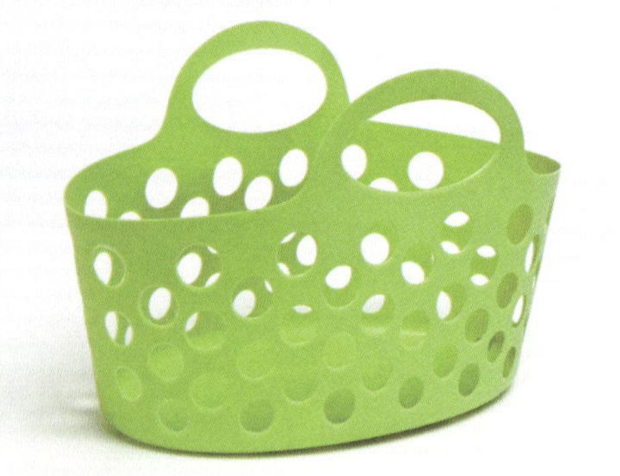

Material

- Schere oder Hobbymesser und Schneideunterlage
- Kunststoffkorb
- Farbe
- Plexiglas
- Schablonierpinsel oder steifer, runder Pinsel
- Papier

WENN SIE AUF DER SUCHE NACH GEGENSTÄNDEN SIND, die Sie als Druckwerkzeuge verwenden können, müssen Sie offen für alles sein. So habe ich diesen billigen Korb in einem Schnäppchenladen gefunden. Er hat alle Eigenschaften, die man sich von einer zweckentfremdeten Schablone wünschen kann: Er ist haltbar und abwaschbar, kann einfach mit einer Schere oder einem Hobbymesser geschnitten werden, er ist interessant und billig! Mir gefällt, dass die Kreise verschieden groß sind und einen leichten Bogen bilden. Ich habe eine Seite des flexiblen Korbs mit einer Schere abgeschnitten und den Griff drangelassen, falls ich einmal ein sehr großes Oval schablonieren möchte.

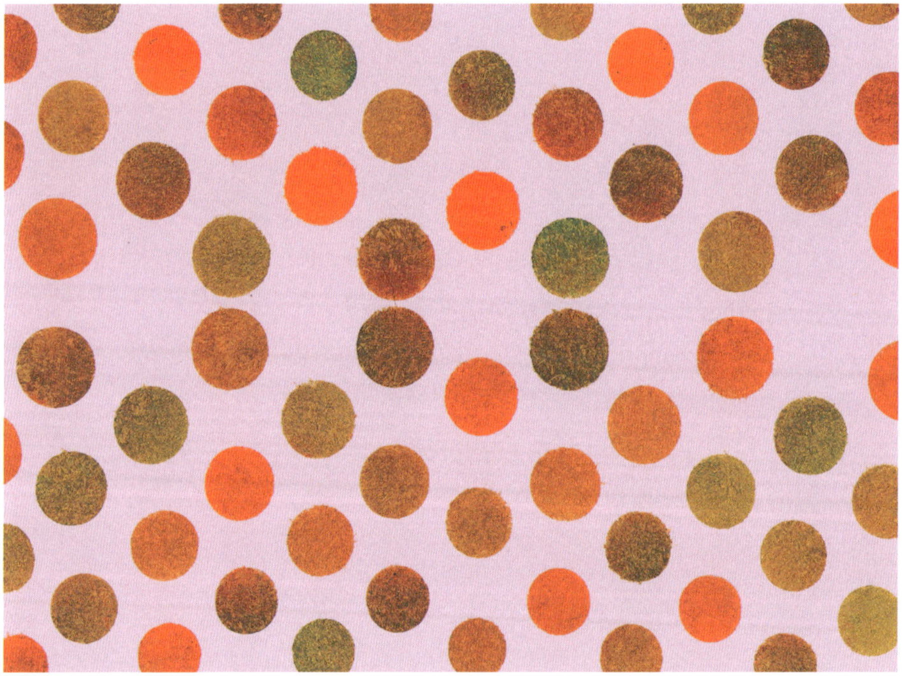

Das Tonpapier wurde zuerst horizontal schabloniert. Dabei wurde die Schablone mit dem Korbgriff nach oben zeigend auf die untere Hälfte des Papiers gelegt. Dann wurde sie um 180 Grad gedreht, und die andere Hälfte wurde schabloniert. Beim Wechsel zwischen den Farben Orange, Grün und Ocker wurde der Pinsel nicht gereinigt, um feine Farbübergänge zu erhalten.

Anleitung

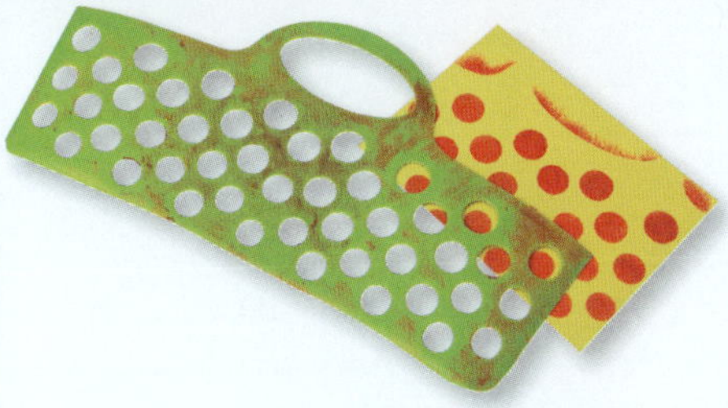

1. Schneiden Sie mit einer Schere oder einem Hobbymesser ein Stück des Korbs ab, das Sie als Schablone verwenden können. Achten Sie dabei darauf, dass es flach liegen kann.
2. Geben Sie etwas Farbe auf ein Stück Plexiglas.
3. Tupfen Sie mit dem Pinsel in die Farbe. Tippen Sie mit der Pinselspitze auf das Plexiglas, um überschüssige Farbe zu entfernen.
4. Legen Sie das Korbstück auf das Papier.
5. Halten Sie den Bereich des Korbs, mit dem Sie schablonieren möchten, mit einer Hand und den Pinsel senkrecht mit der anderen Hand und tupfen Sie mit dem Pinsel über die Oberseite der Schablone, um die Farbe durch die offenen Flächen hindurch aufzutragen.

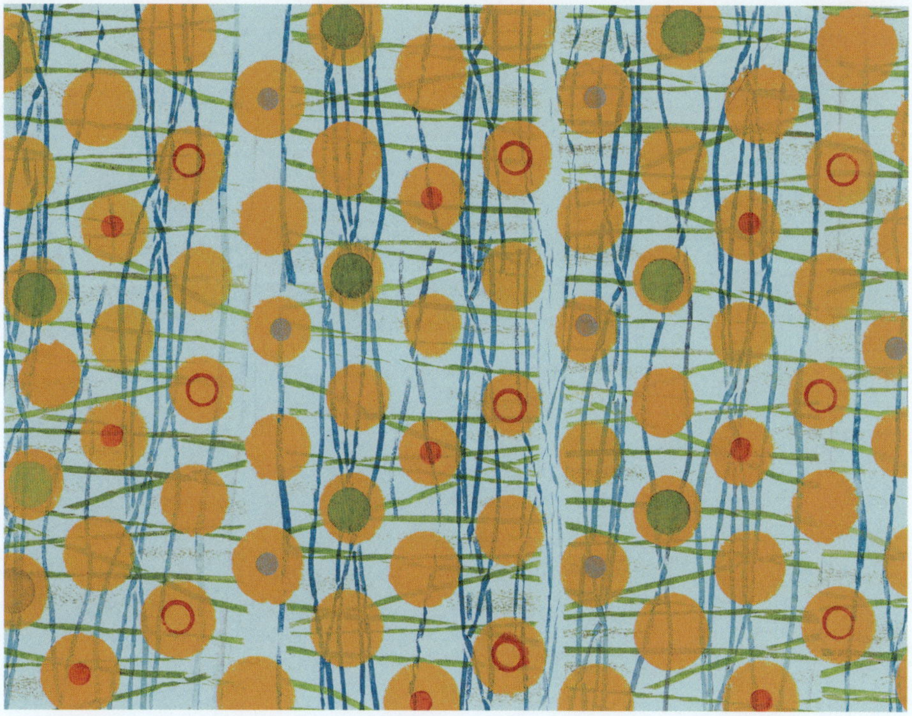

Das Tonpapier wurde zuerst mit blauen und grünen Stempelkissen mit beiden mit Gummibändern umwickelten Farbwalzen vertikal bedruckt (Projekt 32), dann horizontal mit dem Korb an der unteren Hälfte des Papiers mit ockerfarbener Farbe und dem Griff nach unten schabloniert. Dann wurde die Schablone um 180 Grad gedreht, und die obere Hälfte wurde schabloniert. Anschließend wurde mit einem Stempelkissen Grün mit einem Ohrstöpsel (Projekt 1), Orange und Metallicblau mit einem Bleistiftradiergummi (Projekt 4) und Rot mit einer Schreibhilfe (Projekt 3) gestempelt.

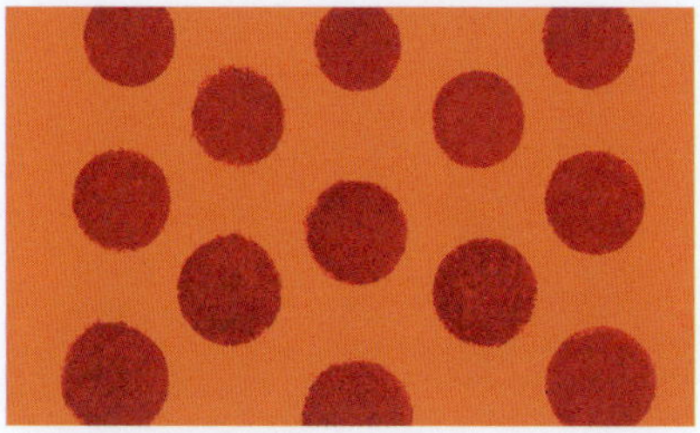

Mit Farbe schabloniert.

Tipp

Da die Löcher im Korb von oben nach unten ihre Größe ändern und einen leichten Bogen bilden, können Tiefe und optische Täuschungen erzeugt werden, indem die eine Hälfte des Papiers mit dem Korb schabloniert wird, und der Korb dann umgedreht und die andere Hälfte schabloniert wird. Experimentieren Sie mit Anordnungen und Farben, um den gewünschten Effekt zu erhalten.

PROJEKT 49 Abflusssieb

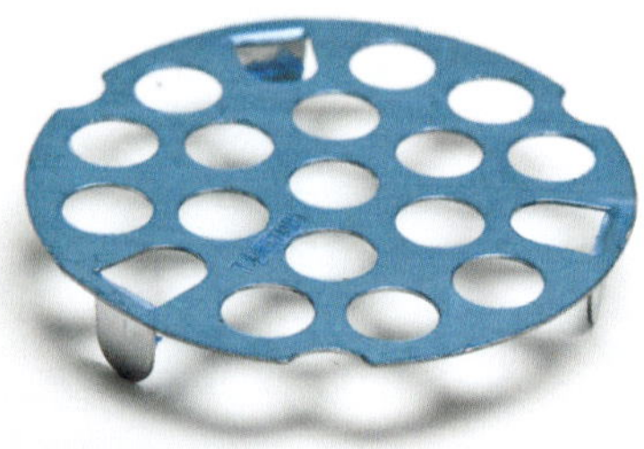

Material

- Farbe
- Plexiglas
- Schablonierpinsel oder steifer, runder Pinsel
- Abflusssieb
- Papier

WÄHREND ICH AUF DER SUCHE nach lustigen brauchbaren Gegenständen für meine Drucke durch den Baumarkt geschlendert bin, habe ich ein Abflusssieb gefunden. Es würde nicht nur eine gute Schablone abgeben, da es Löcher hat, sondern es war auch noch kreisförmig. Das bedeutete, dass der Druck ein großer Kreis mit kleinen Kreisen darin sein würde. Zuerst dachte ich, ich müsste die drei kleinen Zinken, mit denen das Sieb am Abfluss befestigt wird, abschneiden oder umbiegen. Aber dann habe ich festgestellt, dass diese Zinken großartig als Griffe geeignet sind, um das Sieb nach dem Schablonieren abzunehmen. Die Siebe sind in verschiedenen Größen zum Schablonieren (oder Sauberhalten des Abflusses) erhältlich.

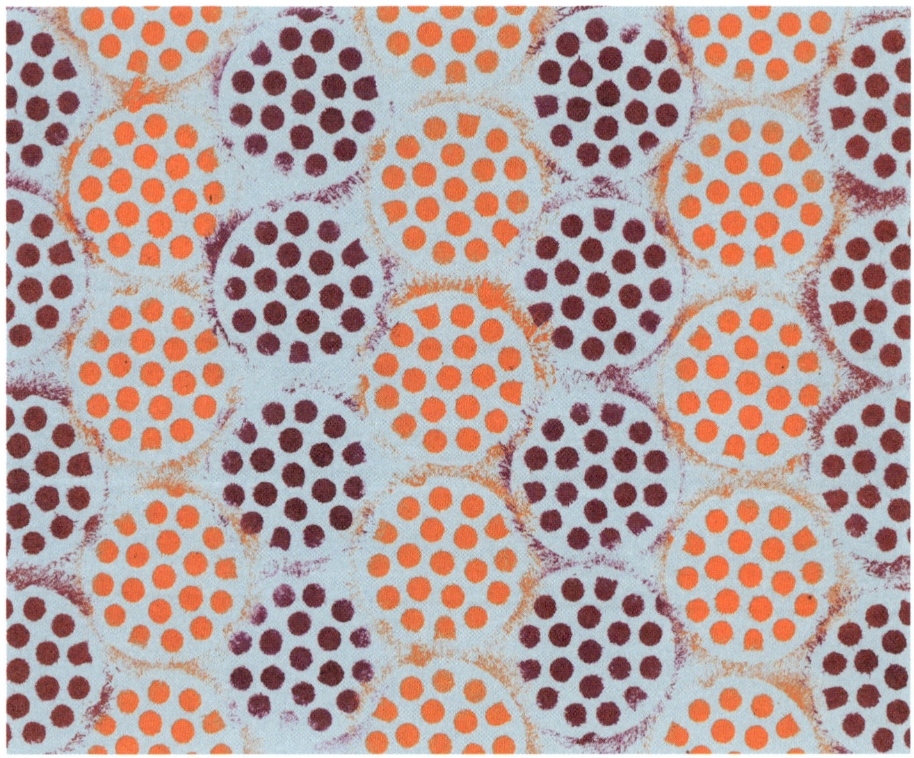

Mit Farbe auf Tonpapier in einem Wabenmuster mit von Spalte zu Spalte abwechselnden Farben schabloniert.

Anleitung

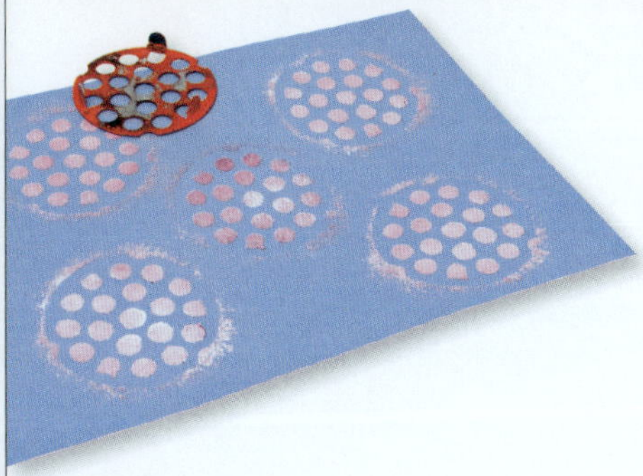

1. Geben Sie etwas Farbe auf ein Stück Plexiglas.
2. Tupfen Sie mit dem Pinsel in die Farbe. Tippen Sie mit der Pinselspitze auf das Plexiglas, um überschüssige Farbe zu entfernen.
3. Legen Sie das Abflusssieb mit der flachen Seite nach unten auf das Papier.
4. Halten Sie die Kanten des Siebs mit einer Hand und den Pinsel senkrecht mit der anderen Hand und tupfen Sie mit dem Pinsel über die Oberseite der Schablone, um die Farbe durch die offenen Flächen hindurch aufzutragen.

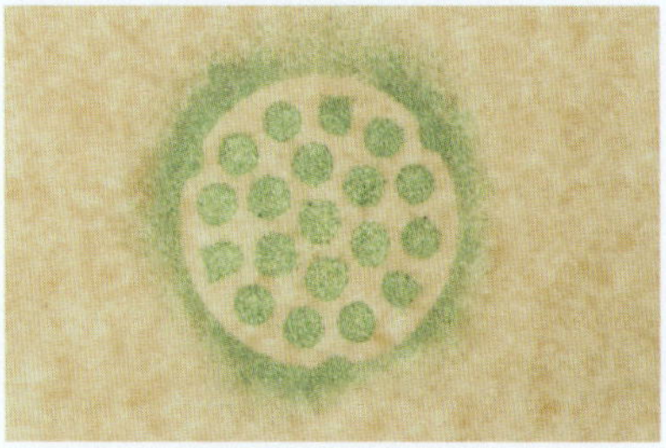

Mit Metallicfarbe schabloniert.

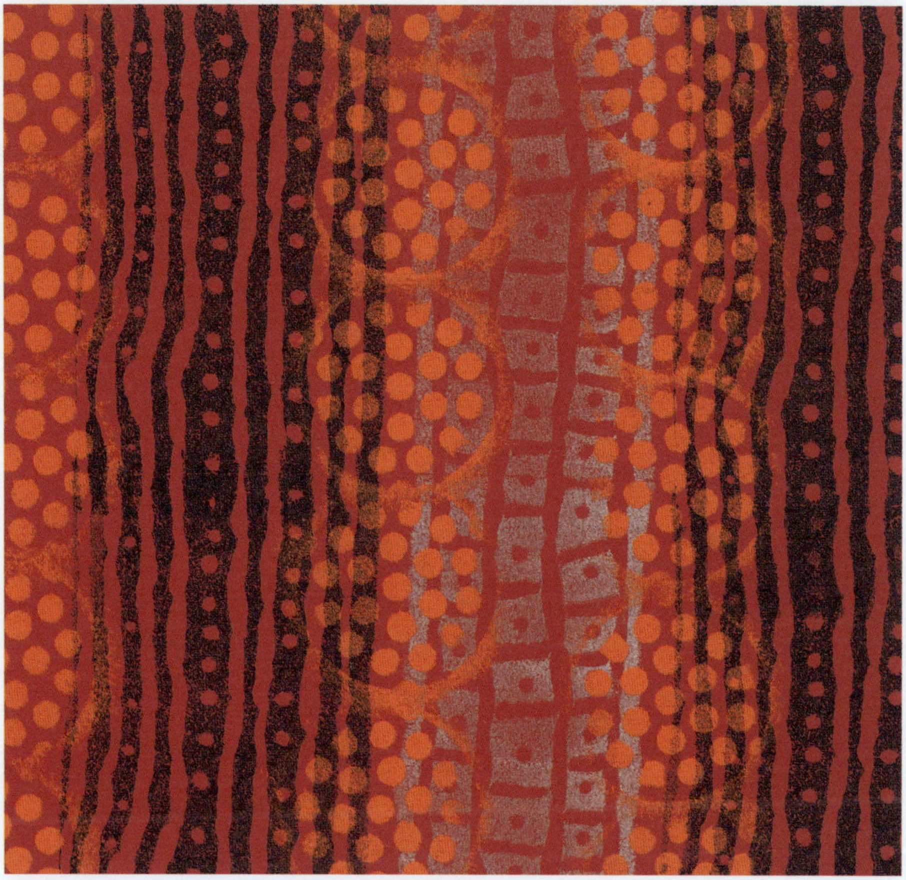

Das Tonpapier wurde zuerst mit schwarzen und weißen Stempelkissen mit den beiden Walzen aus eingebrannter Schaumstoff-Rohrleitungsisolierung (Projekt 37) bedruckt und dann mit orangefarbener Farbe mit dem Abflusssieb schabloniert.

Tipp

Machen Sie sich keine Sorgen, wenn die Farbe beim Schablonieren unter dem Abflusssieb leicht verläuft und den Löchern einen ausgefransten Effekt verleiht. Dies trägt zum abgenutzten Sprühfarbeneffekt bei und verleiht dem Muster Charakter.

PROJEKT 50

Ausgestanzter Filz

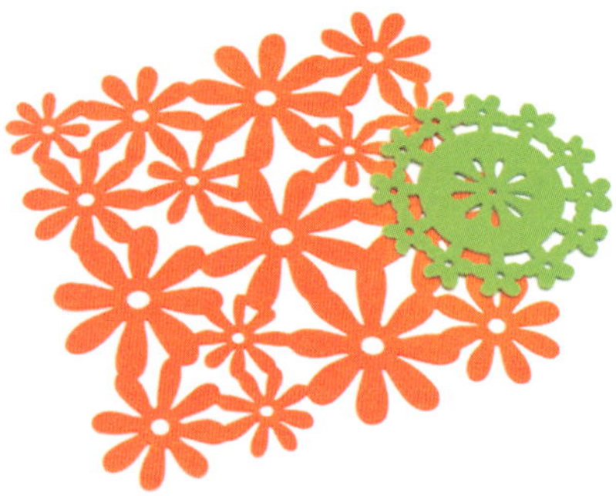

DA ICH MICH IMMER WIEDER FREUE, wenn ich verschiedene neue Verwendungsmöglichkeiten für einen Gegenstand finde, war ich ganz aufgeregt, als ich diese gestanzten Filzteile in Bastel- und Schnäppchenläden gefunden habe. Ich wusste, dass ich sie zum Drucken und zum Schablonieren verwenden konnte. Das große Filzteil, das ich hier verwendet habe, war als festliches Platzdeckchen gedacht, und das kleinere Teil als Untersetzer. Ich habe sie in Mehrzweck-Druckwerkzeuge umgewandelt. In Projekt 18 sehen Sie, wie Sie damit drucken können. Hier lernen Sie, wie Sie sie als Schablonen verwenden können. Wie bei den meisten Sachen können Sie auch hier vor bestimmten Feiertagen besondere Muster finden, zum Beispiel Herzen oder Sterne.

Material

- Farbe
- Plexiglas
- Schablonierpinsel oder steifer, runder Pinsel
- Platzdeckchen und Untersetzer aus ausgestanztem Filz
- Papier

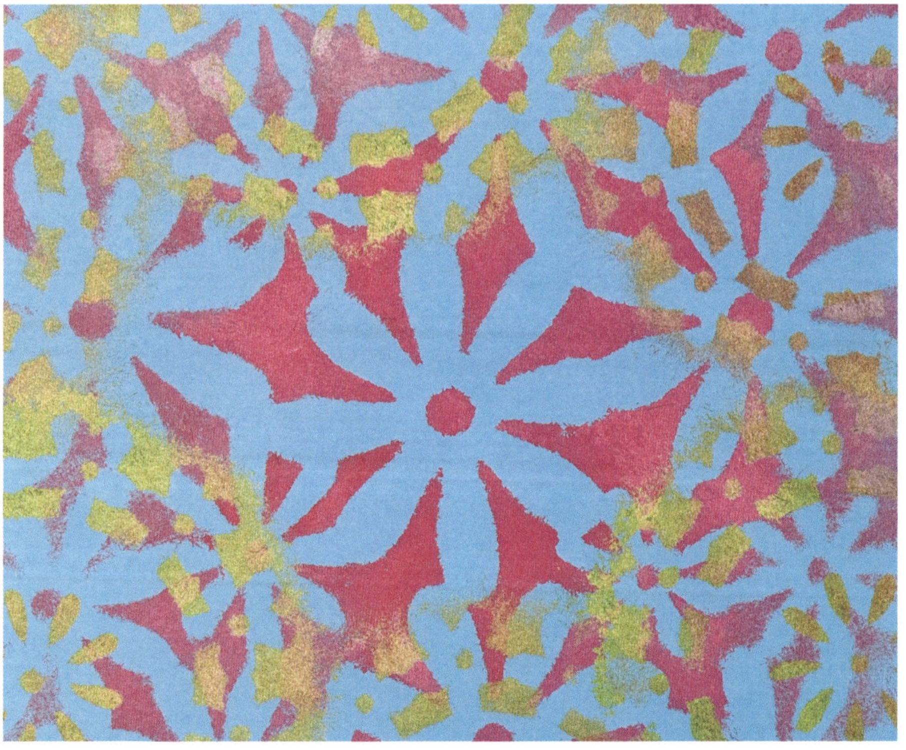

Das Tonpapier wurde zuerst mit roter Metallicfarbe mit dem Platzdeckchen und dann mit grüner Metallicfarbe mit dem Untersetzer schabloniert.

Anleitung

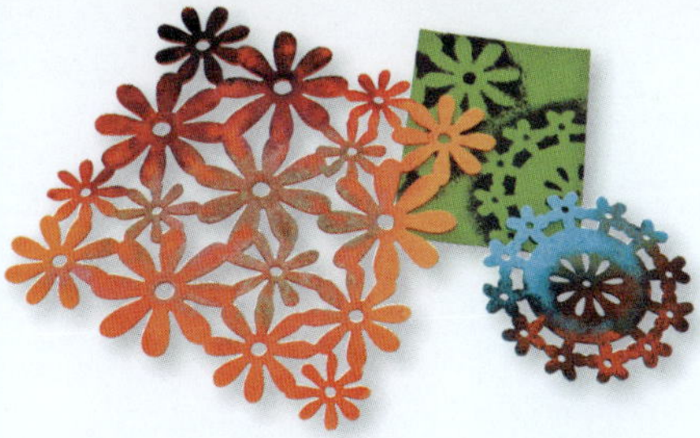

1. Geben Sie etwas Farbe auf ein Stück Plexiglas.
2. Tupfen Sie mit dem Pinsel in die Farbe. Tippen Sie mit der Pinselspitze auf das Plexiglas, um überschüssige Farbe zu entfernen.
3. Legen Sie den ausgestanzten Filz auf das Papier.
4. Halten Sie den Bereich des Filzes, mit dem Sie schablonieren möchten, mit einer Hand und den Pinsel senkrecht mit der anderen Hand und tupfen Sie mit dem Pinsel über die Oberseite der Schablone, um die Farbe durch die offenen Flächen hindurch aufzutragen.
5. Bearbeiten Sie die Schablone mit dem Pinsel und nehmen Sie dabei bei Bedarf mehr Farbe auf, bis der gewünschte Bereich schabloniert ist.

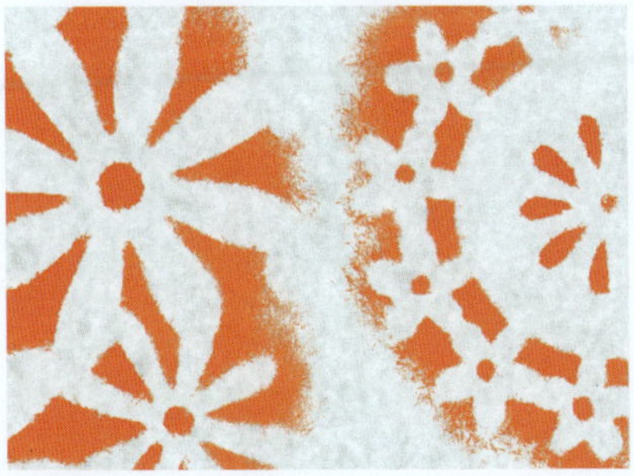

Mit Farbe schabloniert.

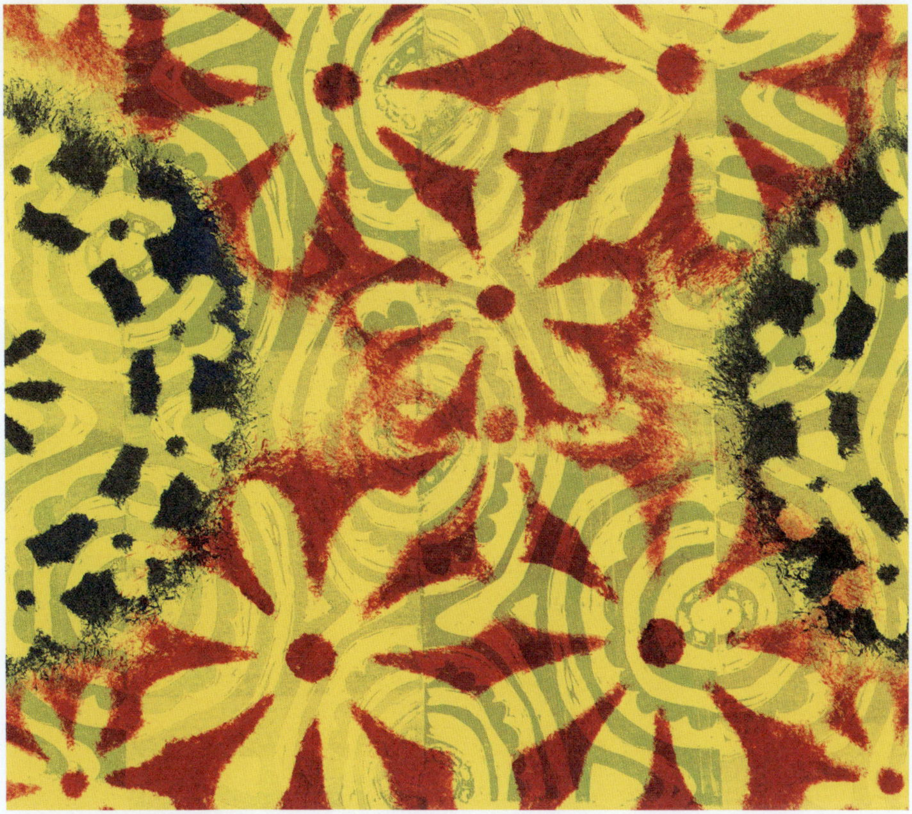

Das Skizzenpapier wurde zuerst mit einem grünen Stempelkissen mit der geschnitzten Farbwalze (Projekt 41) bedruckt und anschließend mit roter Farbe mit dem Platzdeckchen und mit blauer Farbe mit dem Untersetzer schabloniert.

Tipps

- Wenn Sie einen größeren Bereich gleichmäßig mit dem Platzdeckchen schablonieren möchten, verschieben Sie es so, dass einige der Blumenmotive übereinander liegen, um ein fortlaufendes Muster zu erreichen.
- Sie müssen die Filzschablonen nach dem Schablonieren nicht waschen. Lassen Sie die Farbe einfach darauf trocknen.

PROJEKT

51 Klarsichthülle

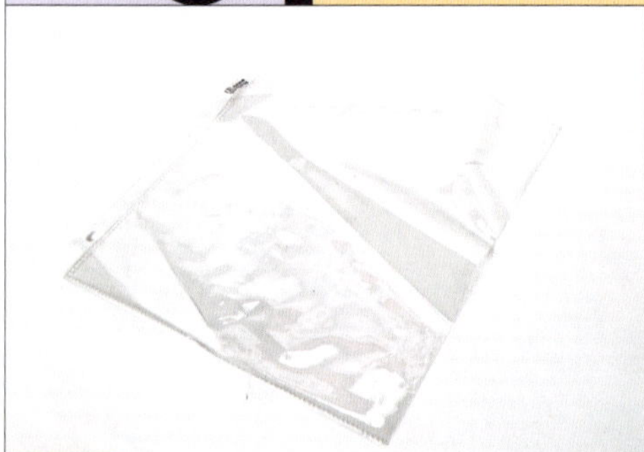

SO VIEL SPASS ES AUCH MACHT, Gegenstände in Schablonen umzuwandeln, so ist es auch sehr befriedigend, eigene Schablonen herzustellen. Diese können ganz einfach oder reich verziert sein, denken Sie jedoch daran, dass sie aus einem Stück bestehen müssen. Denken Sie beim Planen des Musters auch daran, dass Sie es wahrscheinlich eher mit einem Hobbymesser als mit einer Schere ausschneiden. Als Material für die Schablone können Sie dünnen Kunststoff, zum Beispiel diese Klarsichthüllen verwenden. Sie lassen sich leicht mit einem Hobbymesser schneiden, sind günstig und einfach zu bekommen.

Material

- Klarsichthülle
- Hobbymesser mit scharfer Klinge
- Wasserfester Stift
- Schneideunterlage
- Farbe
- Plexiglas
- Schablonierpinsel oder steifer, runder Pinsel
- Papier

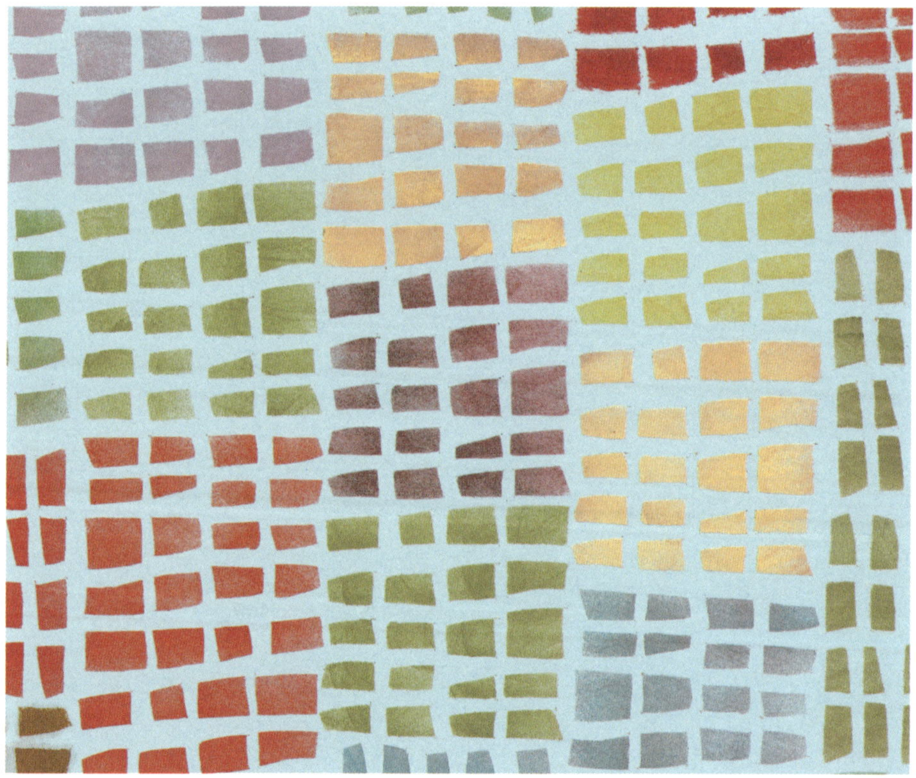

Mit Stempelkissen auf Tonpapier schabloniert.

Anleitung

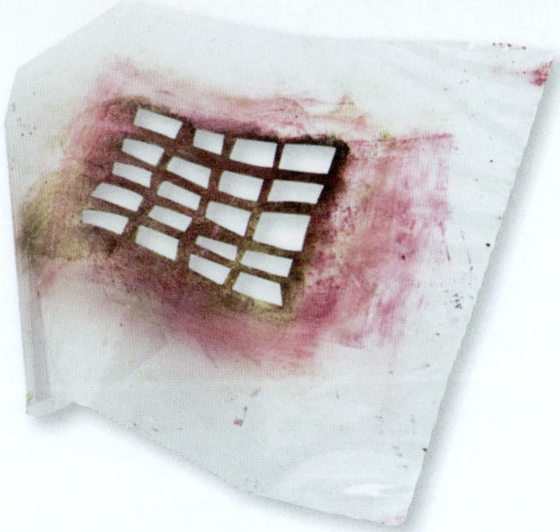

1. Schneiden Sie die Seiten und die Unterseite der Klarsichthülle ab, sodass Sie nur mit einer Plastikschicht arbeiten.
2. Zeichnen Sie mit dem wasserfesten Stift ein Muster auf die Klarsichthülle.
3. Legen Sie die Klarsichthülle auf die Schneideunterlage, und schneiden Sie sie auf eine kleinere Größe zurecht. Lassen Sie dabei um das Muster herum einen Rand stehen. Schneiden Sie das Muster vorsichtig mit einem Hobbymesser aus.
4. Geben Sie etwas Farbe auf ein Stück Plexiglas.
5. Tupfen Sie mit dem Pinsel in die Farbe. Tippen Sie mit der Pinselspitze auf das Plexiglas, um überschüssige Farbe zu entfernen.
6. Legen Sie die Klarsichthüllenschablone auf das Papier.
7. Halten Sie die Schablone mit einer Hand und den Pinsel senkrecht mit der anderen Hand und tupfen Sie mit dem Pinsel über die Oberseite der Schablone, um die Farbe durch die offenen Flächen hindurch aufzutragen.

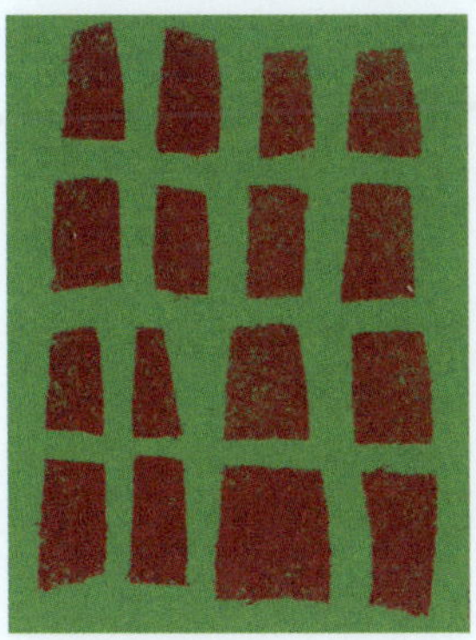

Mit Farbe schabloniert.

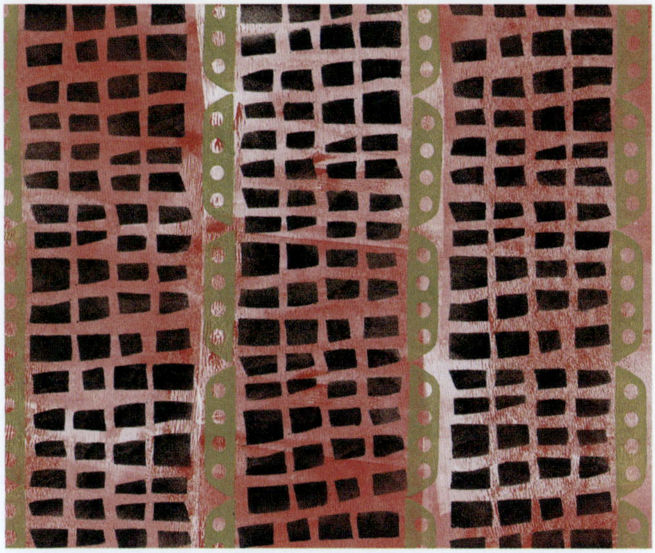

Auf Tonpapier wurde zuerst mit einer Farbwalze weiße Farbe aufgetragen (Projekt 29). Anschließend wurde mit schwarzer Farbe mit der Klarsichthüllenschablone schabloniert und dann mit einem goldenen Stempelkissen mit dem Schaumstoff-Bithalter (Projekt 8) gestempelt.

Tipps

- Wenn Sie beim Ausschneiden des Musters einen Fehler machen, können Sie diesen mit Tesafilm beheben. Kleben Sie auf beide Seiten der fehlerhaften Stelle ein Stück und schneiden Sie die entsprechende Stelle erneut aus.
- Wenn Sie mit Farbe und Pinsel keine klaren Kanten hinkriegen, versuchen Sie es mit einem Stempelkissen. Sie können zum Schablonieren kleine, erhöhte Stempelkissen verwenden. Tupfen Sie damit genau wie mit einem Schablonierpinsel über die Schablone. Kleine Schwämme sind ebenfalls zum Schablonieren geeignet.
- Klarsichthüllenschablonen können je nach ausgeschnittenem Muster recht empfindlich sein. Seien Sie beim Reinigen mit Wasser oder Baby-Feuchttüchern vorsichtig, damit Sie den Kunststoff nicht zerreißen.

PROJEKT 52

Schablonierfolie

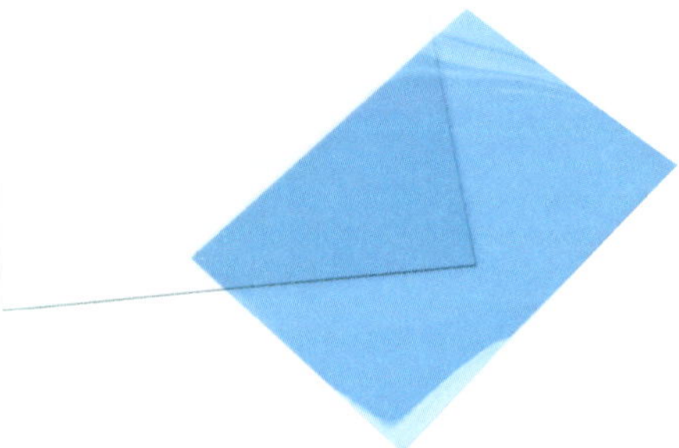

Material

- Wasserfester Stift
- Schablonierfolie
- Schere
- Ein Stück Glas (das etwas größer als Ihr Motiv ist)
- Lötkolben oder Brandmalgerät
- Farbe
- Plexiglas
- Schablonierpinsel oder steifer, runder Pinsel
- Papier

IN MEHREREN PROJEKTEN AUS KAPITEL 3 wird ein Lötkolben oder ein Brandmalgerät verwendet, um Motive in verschiedene Materialien zu brennen und daraus Druckwalzen herzustellen. In diesem Projekt verwenden wir Hitze, um eine Schablone aus Schablonenfolie zu schneiden. Die heiße Spitze schmilzt den Kunststoff und schneidet so das Muster aus. Sie können auch andere Kunststoffarten, zum Beispiel Plastikdeckel verwenden. Diese lassen sich jedoch etwas schwerer bearbeiten. Wenn Sie sich an die Arbeit mit dem Brandmalgerät zum Ausschneiden von Schablonen gewöhnt haben, experimentieren Sie mit anderen leicht handhabbaren Kunststoffteilen. Einige Kunststoffe ergeben beim Schmelzen ausgefranste Kanten. Dies kann jedoch als Designelement eingesetzt werden. Schablonierfolie ist in verschiedenen Abteilungen von Bastel- und Künstlerbedarfsgeschäften und sogar in Stoffgeschäften erhältlich. Es ist wichtig, ein Stück Glas unter die Folie zu legen, während Sie mit dem Brandmalgerät arbeiten. Andere Materialien werden durch die Hitze geschmolzen oder beschädigt.

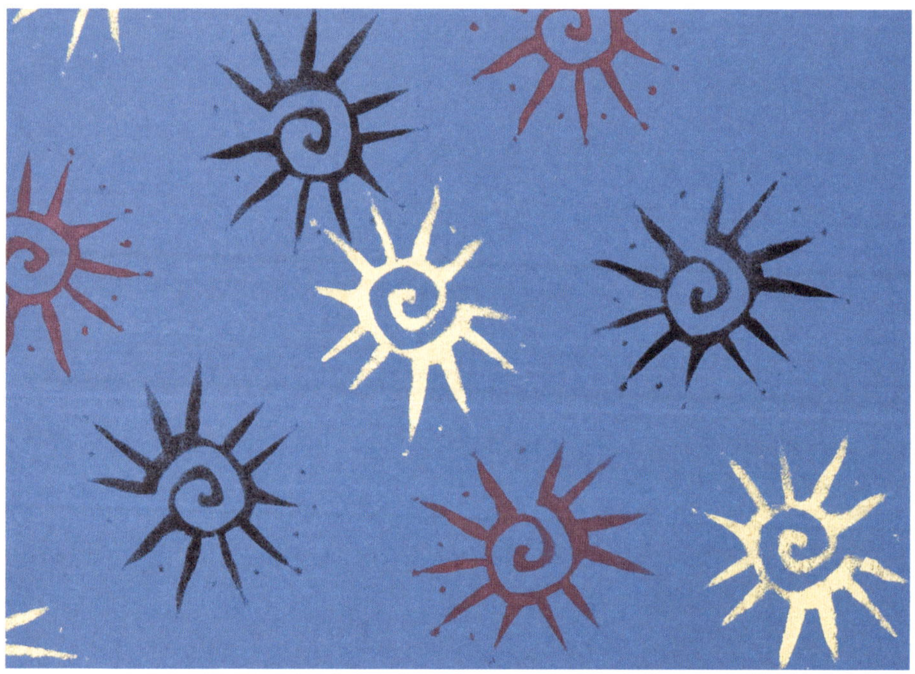

Mit Stempelkissen auf Tonpapier schabloniert.

Anleitung

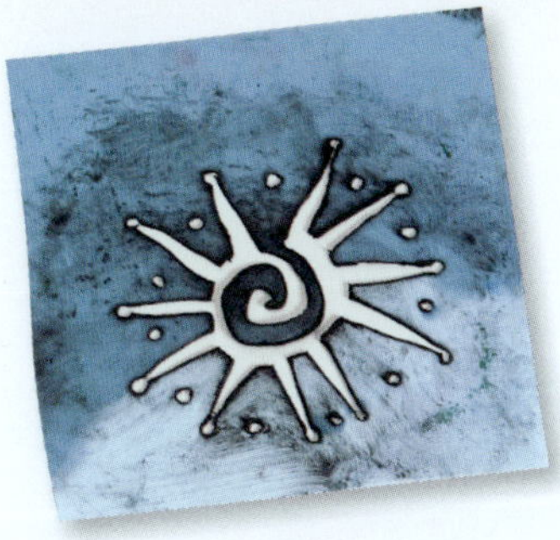

1. Zeichnen Sie mit dem wasserfesten Stift ein Motiv auf die Schablonierfolie.
2. Schneiden Sie die Folie mit einer Schere auf eine kleinere Größe zu. Lassen Sie dabei um das Motiv herum einen Rand stehen.
3. Legen Sie die Schablonierfolie auf das Glas und schneiden Sie das Muster vorsichtig mit einem heißen Lötkolben oder Brandmalgerät aus. Berühren Sie dazu die Folie mit der heißen Spitze des Werkzeugs und zeichnen Sie mit dem Werkzeug die Linien nach.
4. Geben Sie etwas Farbe auf ein Stück Plexiglas.
5. Tupfen Sie mit dem Pinsel in die Farbe. Tippen Sie mit der Pinselspitze auf das Plexiglas, um überschüssige Farbe zu entfernen.
6. Legen Sie die Schablone auf das Papier.
7. Halten Sie die Schablone mit einer Hand und den Pinsel senkrecht mit der anderen Hand und tupfen Sie mit dem Pinsel über die Oberseite der Schablone, um die Farbe durch die offenen Flächen hindurch aufzutragen.
8. Bearbeiten Sie die Schablone mit dem Pinsel und nehmen Sie dabei bei Bedarf mehr Farbe auf, bis der gewünschte Bereich schabloniert ist.

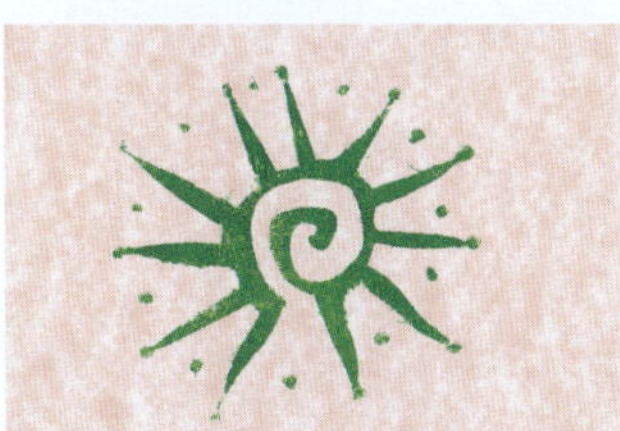

Schabloniert mit Farbe und

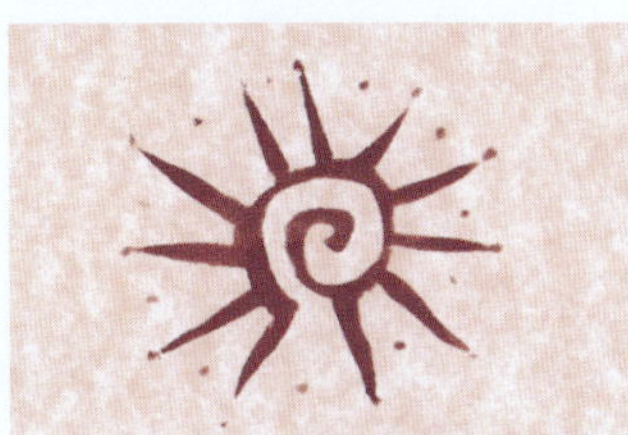

mit einem Stempelkissen.

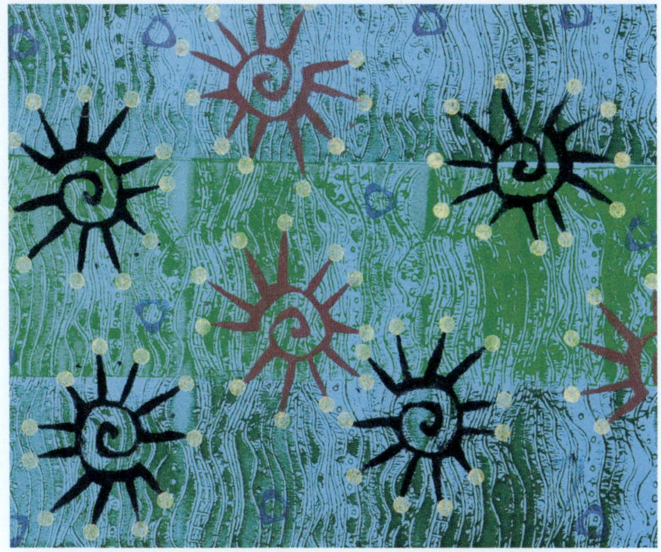

Das Tonpapier wurde zuerst mit Farbe mit einer eingebrannten Farbwalze bedruckt (Projekt 39) dann mit Stempelkissen schabloniert und dann mit goldener Farbe mit einem Bleistiftradiergummi (Projekt 4) und mit blauer Farbe mit einer Schreibhilfe gestempelt (Projekt 3).

Tipps

- Wenn Sie mit Farbe und Pinsel keine klaren Kanten hinkriegen, versuchen Sie es mit einem Stempelkissen. Sie können zum Schablonieren kleine, erhöhte Stempelkissen verwenden. Verwenden Sie es genauso wie einen Schablonierpinsel.
- Kleine Schwämme sind ebenfalls zum Schablonieren geeignet.
- Experimentieren Sie mit dem Lötkolben oder dem Brandmalgerät, um zu sehen, wie schnell oder langsam Sie mit dem Werkzeug „zeichnen" müssen oder in welche Richtung Sie am besten arbeiten: von sich weg oder zu sich hin.
- Um ein günstiges Stück Glas zu bekommen, kaufen Sie einen Bilderrahmen mit Glaseinlage.

Galerie

HIER SEHEN SIE EINIGE IDEEN zur Anwendung der Techniken, die Sie in den verschiedenen Projekten erlernt haben. Das Ziel ist, Sie dazu zu inspirieren, kreativ zu sein und Ihre Druck- und Stempelwerkzeuge dazu einzusetzen, viele verschiedene Gegenstände aufzupeppen. Sie müssen nicht unbedingt neue Dinge kaufen, auf die Sie drucken können. Viele der bedruckten Gegenstände habe ich im Haushalt gefunden oder sehr günstig in Secondhand- oder Schnäppchenläden gekauft. Wenn Sie billige Gegenstände verwenden, ist es nicht so schlimm, wenn etwas schief geht, und Sie können frei experimentieren.

Achten Sie darauf, die geeignete Farbe, Acrylfarbe oder Stofffarbe für Ihre Druckoberfläche zu verwenden. Wenn ein Gegenstand oft benutzt wird, können Sie eine dünne Schicht Fixiermittel oder Versiegelung aufsprühen, um Ihre Arbeit zu schützen. Dies gilt jedoch nicht für Stoffe. Verwenden Sie Stofffarbe oder -tinte auf Stoffen oder Kleidungsstücken, die gewaschen werden, entsprechend den Angaben des Herstellers.

Probieren Sie an einer Stelle, die nicht sichtbar ist oder die von etwas anderem verdeckt wird, ob auf Ihrem Werkstück besser ein Stempelkissen oder Farbe funktioniert. Wenn Sie kein wasserfestes Stempelkissen verwenden, dessen Tinte sofort trocknet, können Sie Farbe oder Stempelkissentinte normalerweise von glatten Oberflächen wie bei Schuhen oder Handtaschen aus Kunstleder wieder abwischen. Dies kann praktisch sein, falls Ihnen einen Fehler unterläuft. Machen Sie sich aber nicht zu viele Sorgen! Selbst wenn Sie etwas verkehrt machen, gibt es immer eine kreative Lösung! Genauere Anleitungen für die folgenden Projekte finden Sie unter www.TraciBunkers.com

Grußkarten

Sie können ganz einfach Ihre eigenen Grußkarten drucken. Basteln Sie entweder eigene Umschläge oder kaufen Sie sie zusammen mit dem passenden Papier in Bastel- und Künstlerbedarfsläden. Schieben Sie vor dem Bedrucken der Umschläge ein dickes Stück Papier oder Pappe hinein, damit die Farbe nicht auf die andere Seite durchsickert. Drucken Sie nicht mit dicker Farbe auf die Stellen, die Sie beschriften wollen, da es sich schlecht darauf schreiben lässt.

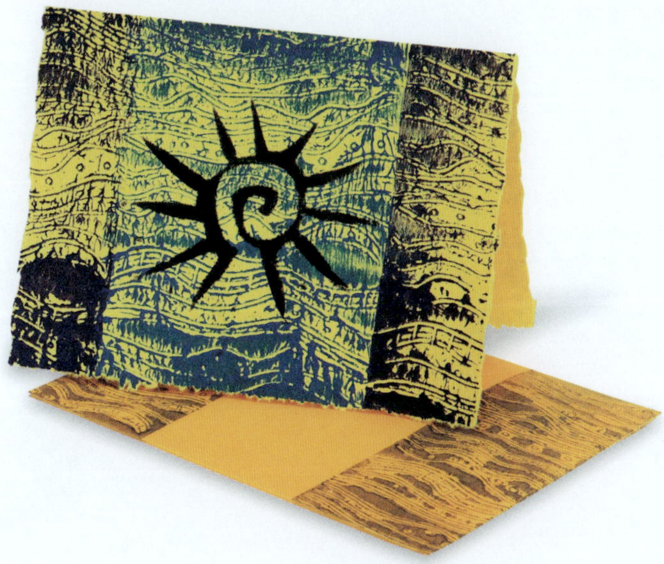

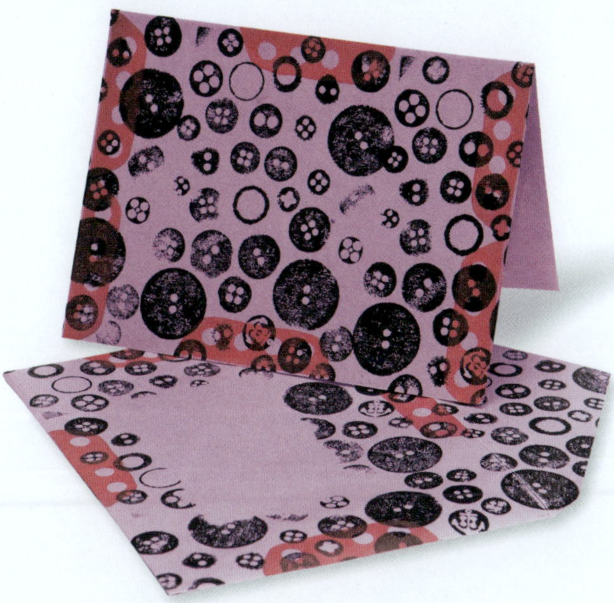

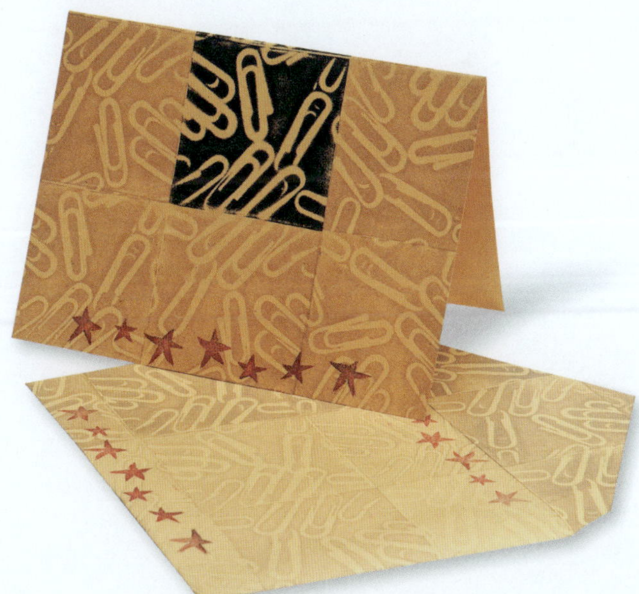

Kerzenhalter

Sie können Kerzenhalter aus Glas vorsichtig mit wasserfesten Stempelkissen bestempeln. Das transparente Muster sorgt für einen Buntglaseffekt. Auf flachen Oberflächen ist das Stempeln einfacher, aber Sie können auch mit kleineren Stempeln auf runde Kerzenhalter stempeln. Nach dem Stempeln habe ich die Kerzenhalter mit einem bearbeitbaren Fixiermittel besprüht, um die Oberflächen zu schützen. Wenn Sie Probleme beim Stempeln haben, weil die Oberfläche zu glatt ist, kann es helfen, eine dünne Schicht bearbeitbares Fixiermittel aufzusprühen. Die Glätte kann jedoch auch von Vorteil sein. Wenn Sie einen Fehler machen, können Sie die Tinte einfach abwischen, bevor sie trocknet.

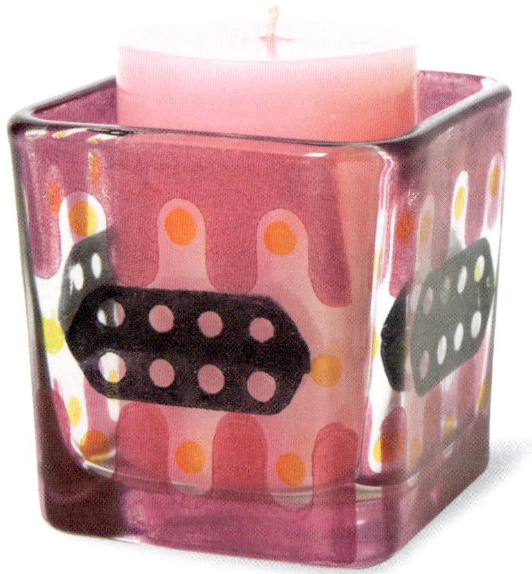

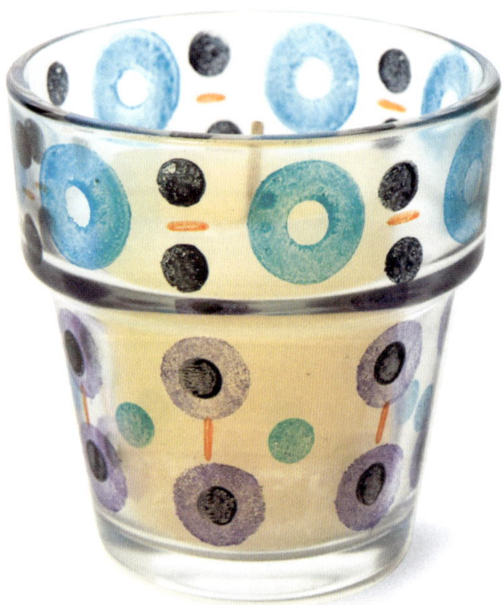

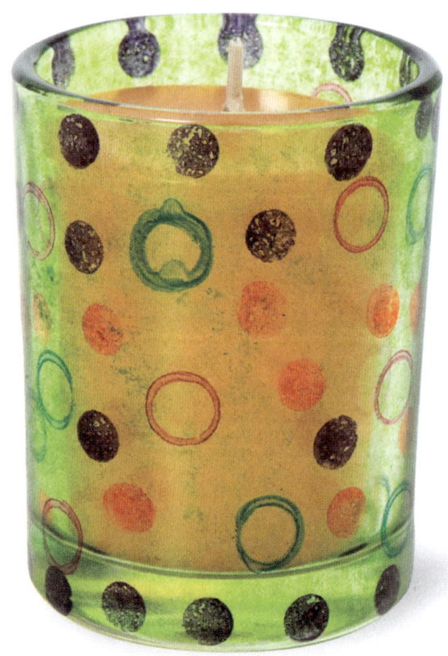

Bücher

Buchdeckel von Skizzenbüchern, Tagebüchern und Alben eignen sich besonders gut zum Bedrucken, da sie feste, ebene Oberflächen haben. Ein ganz persönliches Buch inspiriert Sie vielleicht auch dazu, darin zu arbeiten. Raue Oberflächen lassen sich am einfachsten bedrucken. Sie können glatte oder glänzende Oberflächen vorbehandeln, indem Sie eine Collage aufkleben oder die Oberflächen leicht abschleifen, damit die Farbe besser hält.

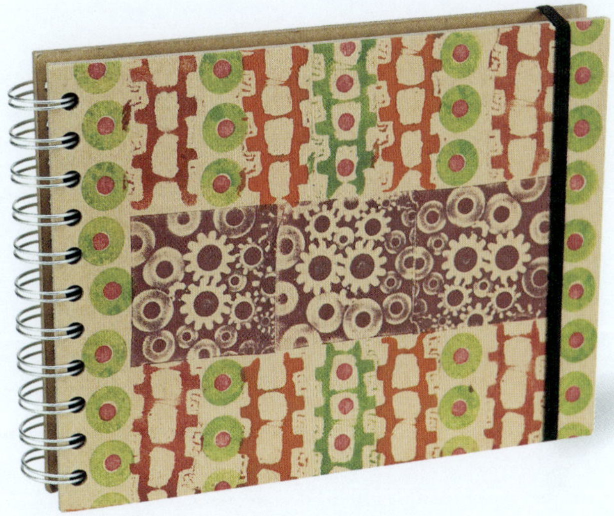

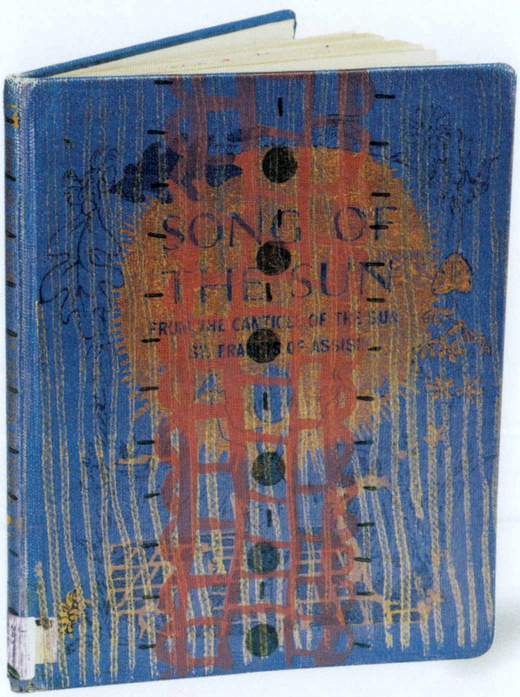

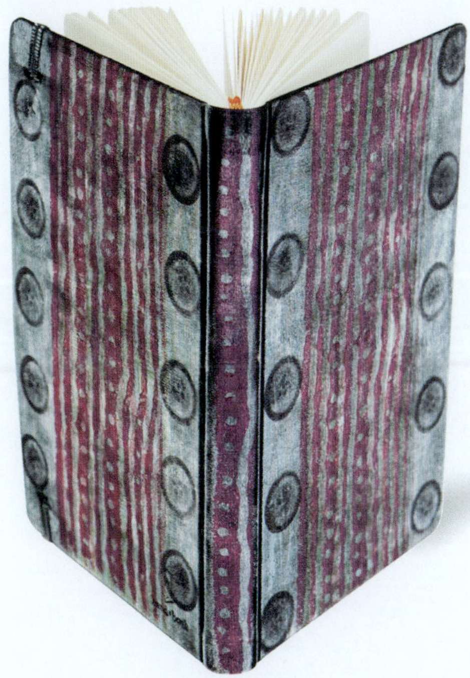

Bilderrahmen

Nehmen Sie vor dem Drucken das Glas aus den Bilderrahmen, um es zu schützen. Wählen Sie die Farben und Druckwerkzeuge zum Drucken auf einem Bilderrahmen passend zu dem Bild aus, das in den Rahmen kommen soll. Die Fotografien in diesen Rahmen stammen von mir.

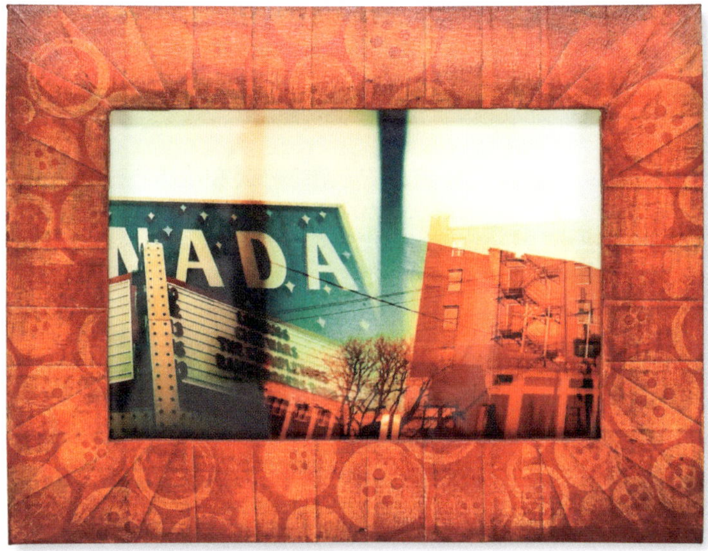

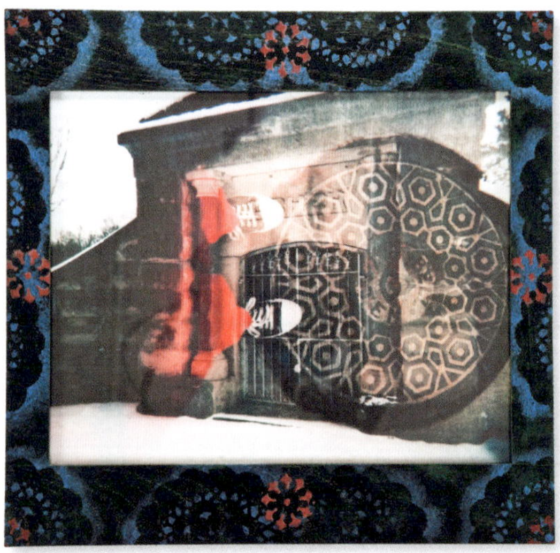

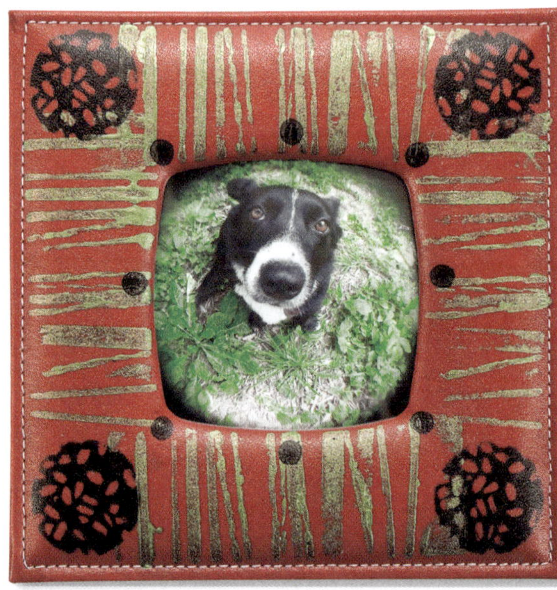

Schuhe

Je nach Schuhen und Druckwerkzeugen kann es hilfreich sein, die Schuhe fest mit Papier auszustopfen, um eine stabilere Oberfläche zum Drucken zu schaffen. Manchmal müssen Sie auch nur Ihre Hand in den Schuh direkt unter die Stelle stecken, auf die Sie drucken möchten. An den weißen Stoffschuhen sehen Sie den Arbeitsverlauf.

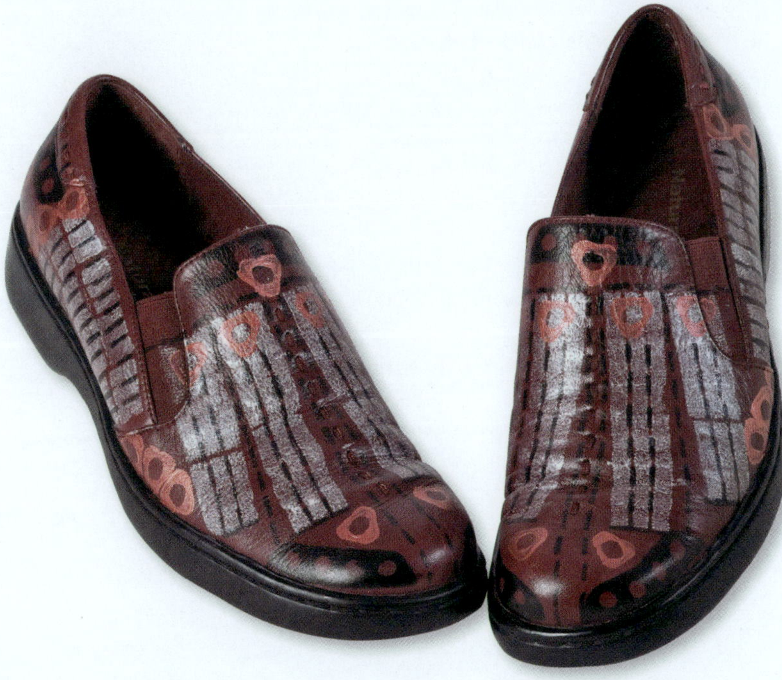

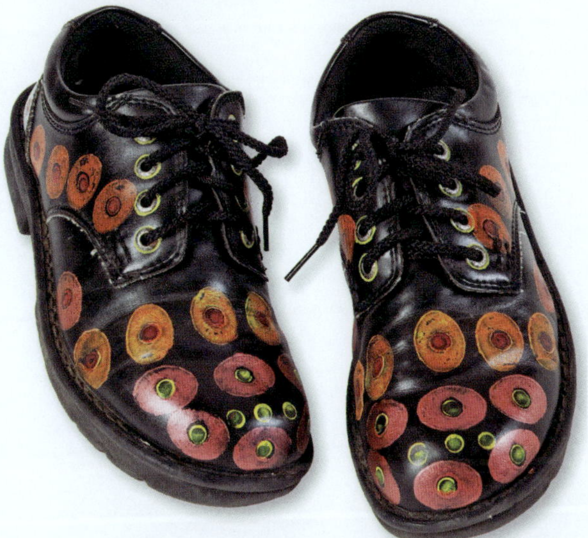

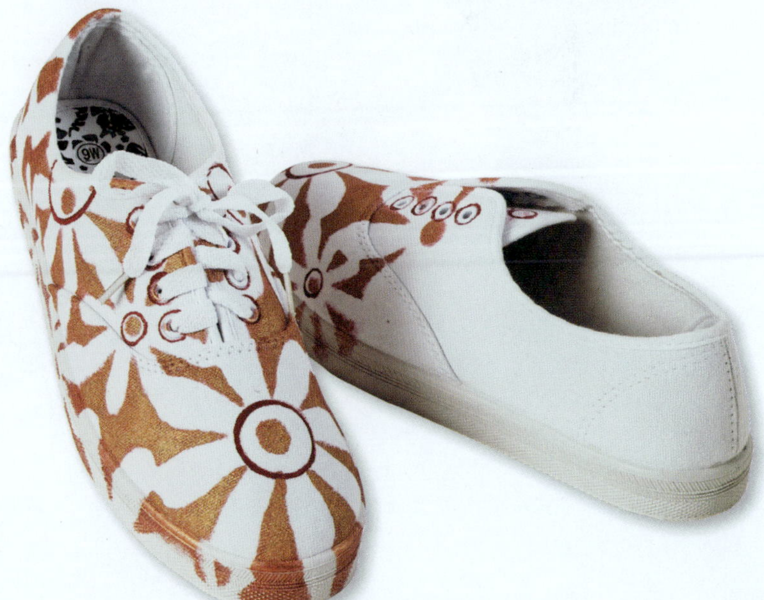

Laptophüllen und -tasche

Laptophüllen und -taschen sind schöne leere Druckoberflächen. Sie sind in verschiedenen Materialien erhältlich, die sich zum Drucken eignen. Je nach Tasche und Druckwerkzeug, kann es hilfreich sein, das Innere fest auszustopfen oder dicke Pappe hineinzuschieben, um eine stabilere Oberfläche zum Drucken zu schaffen. Manchmal müssen Sie auch nur Ihre Hand in die Tasche direkt unter die Stelle stecken, auf die Sie drucken möchten. Sie können auch die Form des Objekts anpassen und eine ebenere Fläche schaffen, auf der Sie besser drucken können.

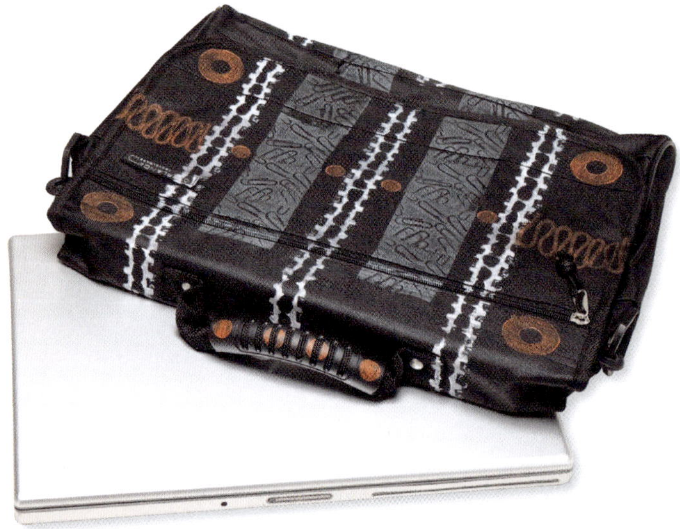

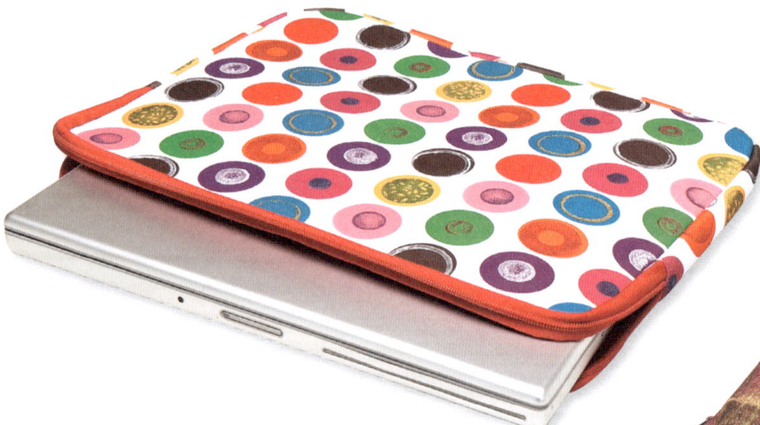

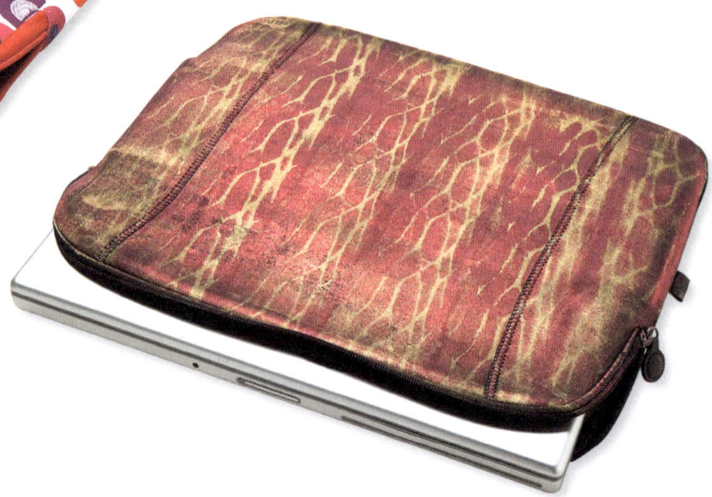

Handtaschen

Drucken auf Handtaschen macht richtig Spaß! Sie sind einfach in Secondhandläden zu bekommen und eignen sich großartig zum Ausprobieren Ihrer neuen Druckfähigkeiten und -werkzeuge. Stopfen Sie das Innere mit Papier aus, damit Sie besser drucken können, oder halten Sie einfach Ihre Hand direkt unter die Stelle, auf der Sie drucken möchten.

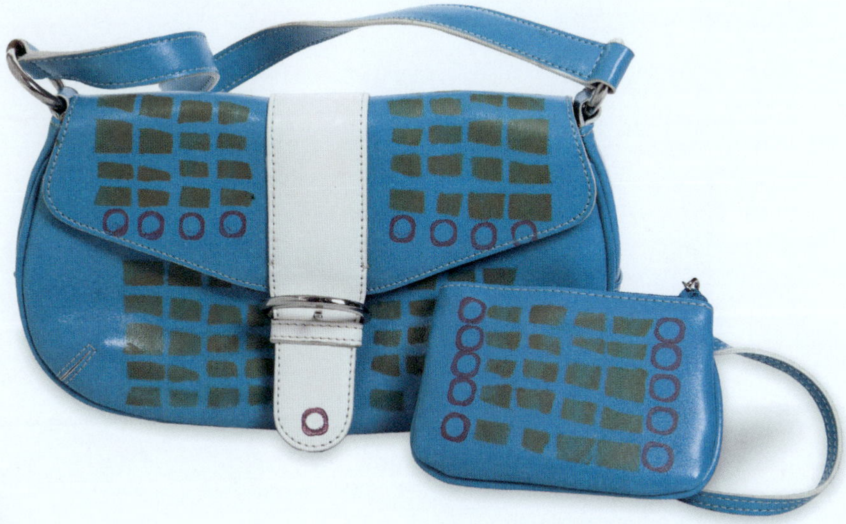

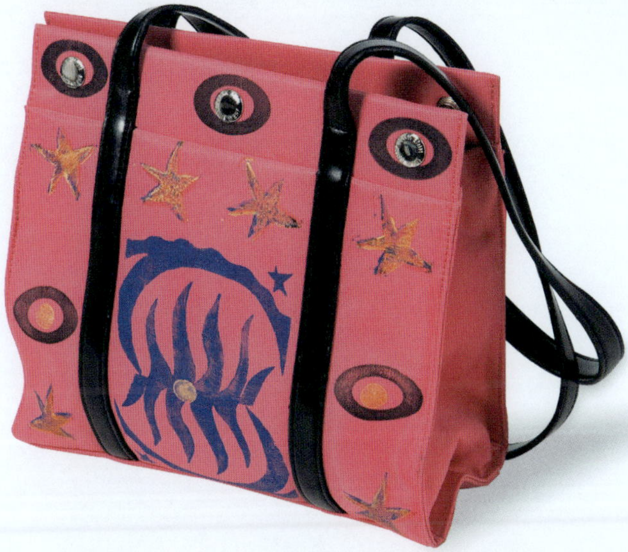

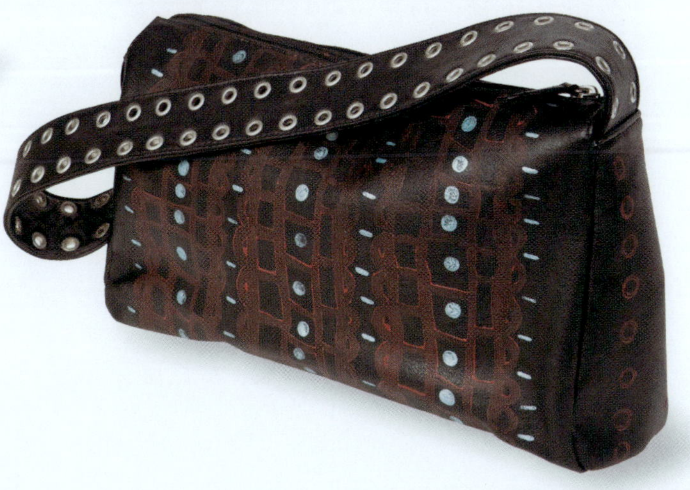

Einkaufstaschen

Einkaufstaschen kann man immer gebrauchen. Deshalb macht es Spaß, sie mit interessanten Mustern zu bedrucken. Sie können entweder eine langweilige Einkaufstasche aufpeppen, indem Sie über den bereits vorhandenen Druck drucken, oder Sie können mit einer unbedruckten Einkaufstasche ganz neu beginnen. Stecken Sie ein Stück Pappe oder einen Stapel Zeitungen in die Tasche, um eine bessere Druckoberfläche zu schaffen und um zu verhindern, dass Farbe oder Tinte auf die andere Seite durchsickert. Sie können Stofffarben verwenden. Hier habe ich jedoch mit Acrylfarben und wasserfesten Stempelkissen gearbeitet. Die Taschen können dennoch gewaschen werden, da sich Acrylfarbe nicht auswaschen lässt.

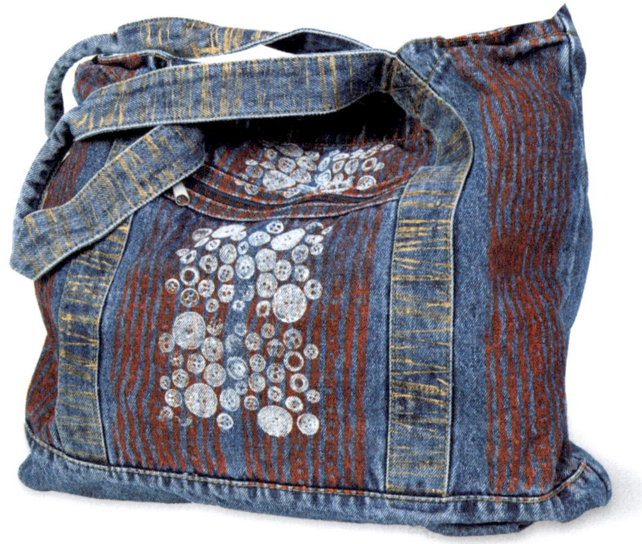

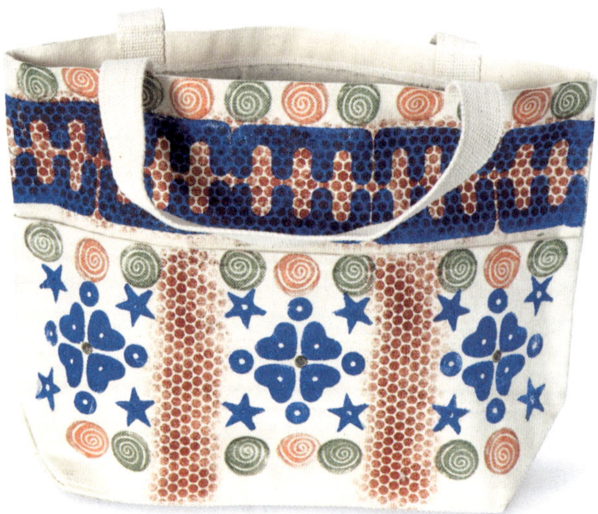

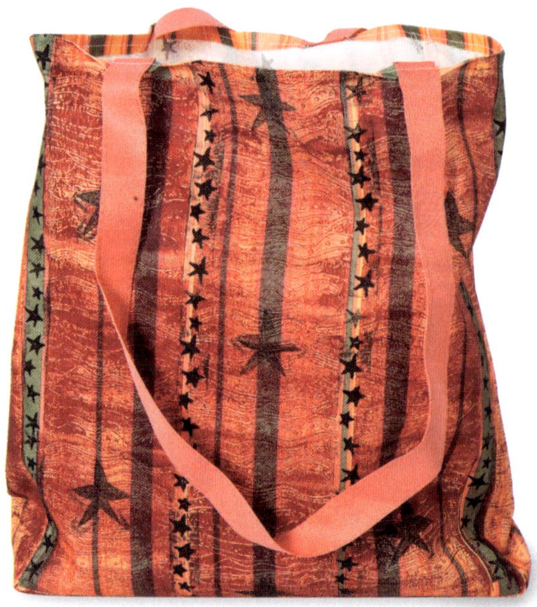

Optisch gestaltete Tagebuchseiten

Ich bin eine begeisterte Tagebuchgestalterin und nutze meine Druckwerkzeuge regelmäßig zum Verschönern meiner Tagebuchseiten. Ich arbeite gerne auf bedruckten Seiten aus alten Büchern. Ich habe sie hier leicht mit Kreidegrund bestrichen, um den Originaldruck zu verdecken.

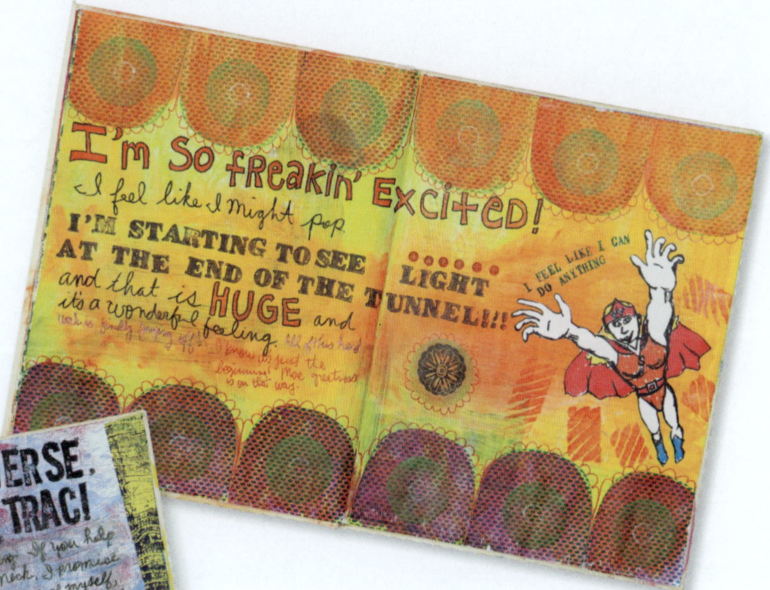

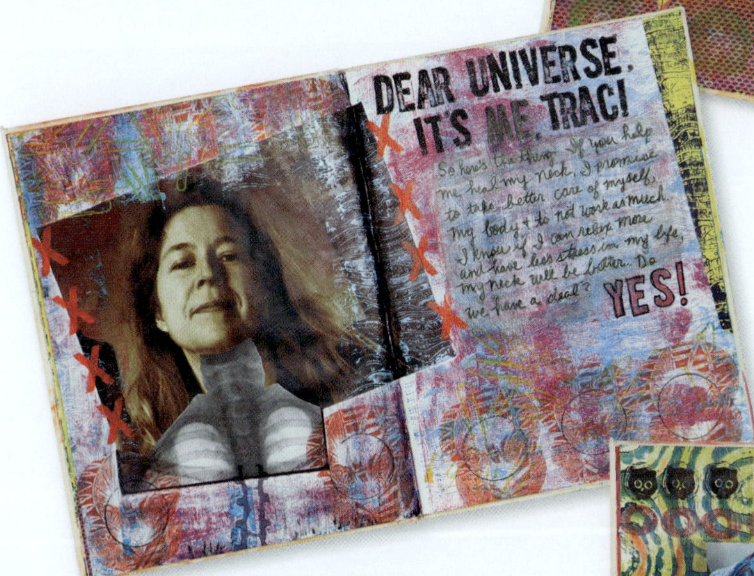

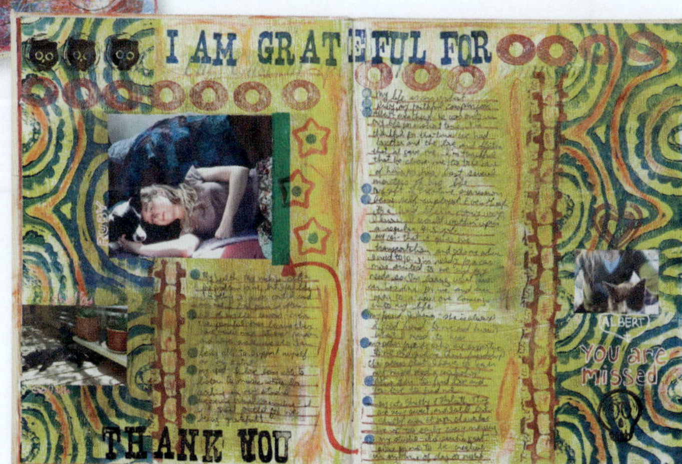

Bezugsquellen

VIELE DER IN DIESEM BUCH verwendeten Materialien, die Sie nicht bereits zu Hause haben, können Sie in Hobby-, Bastel-, Künstlerbedarfsläden, in Baumärkten, Secondhand- oder Schnäppchenläden finden. Hier ist eine Liste einiger Adressen für Online-Bestellungen. Besuchen Sie bitte auch meine Website. Dort finden Sie weitere inspirierende Links und Werke von mir, in denen ich diese und andere Techniken angewendet habe.

Traci Bunkers/Bonkers Handmade Originals

Workshops, Gummistempel- und Mischtechnikbedarf, strukturierte Gummiplatten für formbaren Schaumstoff, Heimwerkerpakete
www.TraciBunkers.com
P. O. Box 442099
Lawrence, KS 66044
USA

Boesner Versandservice

Künstler- und Kunsthandwerksbedarf
Deutschland: www.boesner.com
Schweiz: www.boesner.ch
Österreich: www.boesner.at

Besthobby

Acrylfarben, Medien
www.besthobby.de

Creativ-Disount

Künstler- und Kunsthandwerksbedarf
www.creativdiscount.de

Gerstäcker

Fachhändler für Papier und Künstlerbedarf
Deutschland: www.gerstaecker.de
Schweiz: www.gerstaecker.ch
Österreich: www.gerstaecker.at

Kunstpark

Künstler- und Kunsthandwerksbedarf
www.kunstpark-shop.de

Stempel Fabrik

Große Auswahl von Stempelkissen
Deutschland: www.stempel-fabrik.de
Österreich: www.stempel-fabrik.at
Schweiz: www.stempel-versand.ch

Über die Autorin

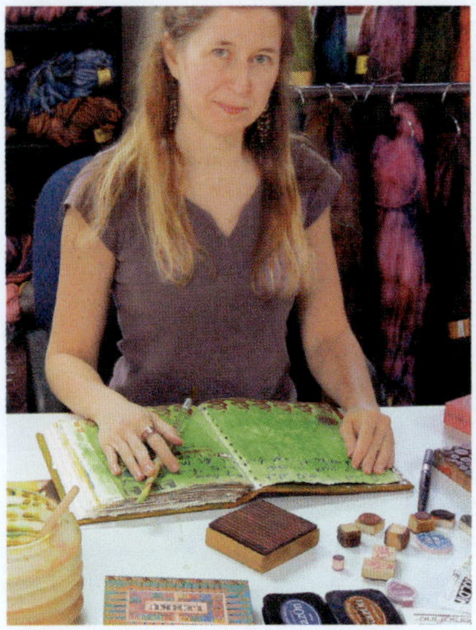

Traci Bunkers ist eine begeisterte und etwas eigene selbstständige Künstlerin, die mit Mischtechniken und Fasern arbeitet und in Lawrence, Kansas, USA lebt. „Ich mag verrostete Gegenstände, Glitzerleim, alte Bücher zum Zerschneiden und billige Kameras. Ich freue mich, wenn meine Hände mit Farbe beschmiert sind oder wenn ich eine Kamera oder etwas anderes in ein Druckwerkzeug umfunktioniert habe. Denn das bedeutet, dass ich meiner Lieblingsbeschäftigung nachgehe: Kunst herstellen und mit meinen Händen arbeiten. Glücklicherweise kann ich von dem leben, was ich am liebsten tue." Obwohl Selbstgemachtes und Aufbereitetes zurzeit in Mode ist, gehörten das Aufbereiten und Wiederverwenden schon immer zum Leben dieses unehelichen Kindes von MacGuyver – wie sie sich selbst nennt – denn Sie musste früh lernen, mit wenig über die Runden zu kommen, und hat so kreative Problemlösungen gefunden. In ihrem Einzelunternehmen Bonkers Handmade Originals verkauft sie ihre eleganten Kreationen, zum Beispiel handgefärbte Spinnfasern und Garne, originelle Gummistempel, handgemachte Bücher, Heimwerkerpakete und originelle Illustrationen. Darüber hinaus gibt sie ein Kunstmagazin mit dem Namen *Tub Legs* heraus, entwirft Strickmode und ist technische Redakteurin für die Themen Stricken, Spinnen und Häkeln. Seit den frühen 1990ern leitet sie Workshops in den USA, und ihre optisch gestalteten Tagebuchseiten, Illustrationen und Strickentwürfe wurden in einer Vielzahl von Büchern und Zeitschriften veröffentlicht. Nähere Informationen über ihre Arbeit finden Sie auf ihrer Website unter www.TraciBunkers.com.

Danksagungen

Ich möchte von ganzem Herzen meinem Freund und Agenten Neil Salkind für seine unendliche Unterstützung danken und dafür, dass er immer an mich glaubt. Ohne ihn wäre dieses Buch nicht möglich gewesen. Vielen Dank an meine Freundin Lydia Ash dafür, dass sie mich bekocht hat, während ich dieses Buch geschrieben habe. Sie hatte die großartige Idee, ihre köstlichen Gerichte gegen meine Gummistempel und anderen Künstlerbedarf einzutauschen, sodass ich mich während der Arbeit an meinem Buch nicht um das Kochen kümmern musste. Alles Liebe und vielen Dank an meine Seelenverwandte Juliana Coles dafür, dass sie immer für mich da war, und einfach nur so. Danke auch an meine Haustiere und insbesondere an meinen Hund Ruby für ihre Geduld angesichts meines vollen Terminplans, durch den ich ihnen nicht immer meine ungeteilte Aufmerksamkeit widmen konnte. Danke an meine Mutter Pennie Bunkers dafür, dass Sie auf Ruby aufgepasst hat, während ich auf Workshop-Reisen war, was mir beim Entwickeln des Konzepts für dieses Buch geholfen hat. Und danke an all meine Workshop-Organisatoren, Schüler und Anhänger in all den Jahren. Zu guter Letzt ein großes Dankeschön an meine Lektorin Mary Ann Hall und das gesamte Team bei Quarry Books für die Veröffentlichung meines Buches und dafür, dass sie es so schön gestaltet haben. Dieses Buch widme ich Ihnen allen.

Mein besonderer Dank gilt auch Golden Artist Colors und Tsukineko für die großzügige Bereitstellung einiger der Farben und Stempelkissen, die ich in diesem Buch verwendet habe.